Matthias Heine

Krass

500 Jahre deutsche Jugendsprache

Dudenverlag
Berlin

Inhalt

Immer wieder *krass*   10

**Wie *Tumult*, Alkohol und Bandenwesen
eine »eigene Kraftsprache« schufen**   14
   *Die Entstehung eines Jugendjargons durch Randale
vom 16. bis zum 18. Jahrhundert*

Der Krieg mit den *Pudeln* und *Schnurrbärten*   21
   Studenten als Halbstarke des 18. Jahrhunderts

Fichte gegen den *Pennalismus*   24
   *Wie der Philosoph als Unirektor in Berlin Duelle
bekämpfte*

Wo die wilden *Renommisten* wohnen   27
   Wie in Jena und Halle »die Roheit aufs höchste« stieg

Wer um 1750 *geprellt* wurde   30
   *Robert Salmasius sammelt die »auf Universitäten
gebräuchlichen Kunstwörter«*

Als das *Hospiz* noch ein Gelage war   35
Woher wir überhaupt etwas über die alte Studentensprache wissen

Wer *krass* war, wurde *Opfer*   37
Die Wörterbücher von Kindleben und Augustin

Wer *abgebrannt* ist, muss jemanden *anpumpen*   44
Alte Studentenausdrücke heute

Wer einen *Kater* hat, der *schwänzt* eben   51
Von den Burschen zu Fridays for Future

Als Goethe *Pech* im Glück hatte   54
Studentensprachliches im Werk des größten deutschen Dichters

Der *Luftikus* in *Schwulitäten*   59
Vom Studentenlatein

***Knopfmachen* oder in den *Puff* gehen?**   64
Der ewige Student – Friedrich Christian Laukhard

Wenn *poussieren* zur *Blamage* führt   68
Latein bekommt Konkurrenz aus Frankreich

Nur wer *schofel* ist, der *mogelt*   71
Einflüsse des Rotwelschen

Philister* machen keine *Faxen   74
Wie Heinrich Heine unter die Kümmeltürken *kam*

Als *Haupthähne* zum Wartburgfest einluden 80
Die Studenten werden politisch

Turnen im *Julmond* soll *Bill* werden 85
Wie Friedrich Ludwig Jahn die Jugendsprache mitprägte

Im Altdeutschen *Gau* des Turnvaters 91
Jahns Programm zur Worterneuerung und sein Fortwirken

***Heil* Wandervogel!** 97
In Steglitz macht die Jugendsprache Fortschritte

Ich möchte Teil einer *Jugendbewegung* sein 105
Das Woodstock von 1913 auf dem Hohen Meißner

Tippeln?* Nicht ohne meine *Zupfgeige 112
Noch mehr Wandervogel-Wörter

Lieder zur *Klampfe* 117
Als bei Bertolt Brecht die bunten Fahnen wehten

Der *Guru* des *Bundes* empfiehlt ein *Fahrtenmesser* 121
Wie plötzlich alle Wandervögel nach dem Morgenland fliegen wollten

Immer Ärger mit den *Paukern* 127
Die Schülersprache um 1900

Eibein Kabapibitebel übüeber Gebeheibeimsprabacheben   131
   Ein Kapitel über Geheimsprachen

Die *Greise* und der »Jargon des Kreises«   134
   Was Thomas Mann von seinen Kindern über Jugendsprache lernte

***Kolossale* Jugend**   138
   Schülersprache um 1930 in »Emil und die Detektive« und anderswo

***Elefantöses* vor dem Untergang**   142
   Jugendsprache bei der Hitlerjugend 1941

Wenn beim *Hotten* die *Tolle* wackelt   148
   Wie Swing Boys *und* Tangojünglinge *redeten – am Beispiel der Geschwister Kempowski*

Wenn Halbstarke mit ihrer *Ische stenzen*   152
   Die Jugendsprache der Fünfzigerjahre

Der lange Weg des *Dealers* zum Görlitzer Park   160
   In der Beat-Literatur von 1962 kommt uns manches bekannt vor

Hippies, Hip-hop, Hipster* – alle sind *hip   165
   Die globale Jahrhundertkarriere eines Jugendworts

Zentralschaffe* mit *steilen Zähnen   170
   Jugendsprache der frühen Sechzigerjahre

Mach schau für die Exis   175
Die Beatles und die deutsche Jugendsprache

Wie dufte verduftete   179
Aufstieg und Fall eines Jugendworts

Gammler und Gendarm im Englischen Garten   182
Ein Dokumentarfilm aus dem Jahre 1967

Fummeln am Schätzchen   189
Noch einmal München: Eine Filmkomödie aus Schwabing

Antiautoritäre, die im Spätkapitalismus alles ausdiskutieren   193
Das 68er-Deutsch als Jugendsprache

Durchgeknallte und Ausgeflippte, die Bambule machen   199
Jugendsprache um 1970 im Grenzbereich zwischen Hippies und APO

Abends in die Disco – trotz Koffer und Giftzettel   202
Pennälersprache der Siebziger

Du, ich bin gefrustet, obwohl ich mich so sehr eingebracht habe, du   205
Der Jargon der Betroffenheit

Würg, ein Fuzzi!   210
Udos Werk und Feuersteins Beitrag: Wie Einzelpersonen die Jugendsprache beeinflussen

Null Bock und trotzdem *aufgegeilt*   215
Ein kurzer Spaziergang auf dem Flickenteppich
der 80er-Jugendsprachen

Glanz und Elend der *Tussi*   220
Eine Germanenprinzessin in der deutschen
Jugendsprache

Alles hat ein Ende, nur das *urst* hat zwei   223
Jugendsprache in der DDR

**Wer *simst*, kann leicht über seine eigenen *Dickies*
stolpern**   230
Die Neunzigerjahre

***Krass* ist wieder da**   235
Die Rückkehr eines uralten Jugendwortes
mit neuer Bedeutung

**Der *Digga*, der *Babo* und ihr *mega Endgegner* –
das *VSCO Girl***   239
Tendenzen der zeitgenössischen Jugendsprache
seit 2000

Anhang   251

Anmerkungen   251

Literatur (Auswahl)   257

Alle Jugendwörter von A bis Z   264

Personenregister   271

Immer wieder *krass*

Jugendsprache wird von den meisten Menschen als eine moderne Verfallserscheinung empfunden, die bestenfalls nervt und unverständlich ist, schlimmstenfalls aber zur Zerstörung des Deutschen beiträgt. Dabei gibt es Grund anzunehmen, dass Jugendliche schon immer eigene Gruppensprachen nutzten – nach innen als Erkennungszeichen, nach außen zur Abgrenzung und natürlich auch ganz einfach zum Spaß. Und damit haben sie unsere Muttersprache nicht zerstört oder verhunzt, sondern ganz im Gegenteil zu allen Zeiten um zahlreiche Ausdrücke und Wendungen bereichert.

In Deutschland ist Jugendsprache seit etwa 500 Jahren nachzuweisen. Schon in Luthers Tischgesprächen, so die spätere Interpretation des großen Sprachhistorikers Friedrich Kluge, zeige sich ein Nachschein von Studentenritualen mit entsprechendem Jargon aus der Universitätszeit des Reformators. Erste verlässlichere Quellen stammen aus dem 17. Jahrhundert. Seit dieser Zeit sammelten Jungakademiker die Begriffe und Phrasen, die sie gemeinsam verwendeten, in speziellen Wörterbüchern. Auch Goethe legte eine kleine handschriftliche Sammlung von Studentenwörtern an.

Die Studentensprache hatte langfristig einen starken Einfluss auf die deutsche Standardsprache. Deshalb wird ihr in diesem Buch viel Platz eingeräumt. Zudem war sie rund 300 Jahre lang die einzige Jugendsprache, die wir in Quellen zu fassen kriegen. Womöglich war sie damals auch tatsächlich die einzige. Jugendsprache setzt ein Gruppenbewusstsein und kommunikatives Vernetzsein voraus, die so nur an Universitäten zu finden waren, vielleicht noch bei Handwerksburschen und -gesellen, aber wohl eher nicht unter Bauernkindern.

Zu Beginn des 19. Jahrhunderts entwickelte sich erstmals eine nicht studentische Bewegung von Jünglingen mit eigenem Jargon: die Turner. Ihr Wortschatz wurde weitgehend von der Gründergestalt Friedrich Ludwig Jahn geprägt, der noch heute als »Turnvater« berühmt-berüchtigt ist. Die Rolle Jahns und seiner Jünger in der Geschichte der deutschen Jugendsprachen ist bisher weitgehend unbeachtet geblieben. Hier werden sie nun erstmals unter diesem Gesichtspunkt in den Blick genommen. Denn wie sich zeigen lässt, hatten die Turner einen erheblichen Einfluss auf die Sprache des Wandervogels und der Bündischen Jugend, die vom Ende des 19. Jahrhunderts an nach alternativen Formen des Gemeinschaftslebens suchten.

Anfang des 20. Jahrhunderts wird dann auch eine mehr oder weniger eigenständige Schülersprache greifbar. Sie bestand einerseits aus burschensprachlichen Ausdrücken, die sich die Schüler angeeignet hatten, andererseits aus ganz neuen Wortschöpfungen. Dazu gehörten Ausdrücke wie *dufte*, *knorke* und *prima*, die zum Beispiel 1929 in Erich Kästners »Emil und die Detektive« auftauchen, ebenso wie in der Verfilmung zwei Jahre später. Diese und andere Filme werden als Quellen für die Jugendsprache der jeweiligen Zeit herangezogen – Material, das bisher kaum in dieser Hinsicht ausgewertet wurde.

Später, in den Vierzigerjahren, nutzten junge Swing-Hörerinnen und -Hörer, die eher quer zum NS-Regime standen, ebenso wie die massenhaft in die Hitlerjugend gepressten Jugendlichen jeweils eigene Sprechstile. Diese überschnitten sich teilweise, betonten aber gleichzeitig bewusst bestimmte Eigenheiten, etwa durch den Gebrauch von englischen Sprachbrocken bei den Swings.

Weiter ging es mit Halbstarken und »Exis« in den Fünfzigern, langhaarigen Vertreterinnen und Vertretern der Gegenkultur in den Sechziger- und Siebzigerjahren, bis sich schließlich die Generationen der Jugendlichen seit den Achtzigern in immer mehr Untergruppen fragmentierten. Sie alle pflegten eigene Jargons und verfügten dennoch über einen verbindenden jugendsprachlichen Basiswortschatz. Dazu gehörte sei den Neunzigern das Wort *krass,* das 250 Jahre zuvor schon einmal, allerdings in einer ganz anderen Bedeutung, bei den Studenten im Gebrauch war. Es lag nahe, dieses Buch nach jenem emblematischen Wiedergänger zu benennen.

Wer ein Buch über Jugendsprache schreibt, muss darlegen, was er überhaupt damit meint. Die Wissenschaft ist sich zwar im Grunde einig, was Jugendsprache ist. Aber so unterschiedliche Bezeichnungen wie »Jugendjargon«, »Jugendslang«, »jugendliche Gruppenstile«, »Sprachgebrauch junger Menschen« oder »Sprechverhalten Jugendlicher« zeigen, dass noch um genauere Definitionen und Abgrenzungen gerungen wird.

Bis diese Debatte entschieden ist, was angesichts der Flüssigkeit geisteswissenschaftlicher Bestimmungen vielleicht nie der Fall sein wird, lege ich diesem Buch eine Selfmade-Definition von Jugendsprache zugrunde, der wohl niemand – sei es ein Linguist, sei es ein Jugendlicher – deutlich widersprechen wird: »Jugendsprache« fasse ich als eine Sprechweise, mit der sich junge Menschen nach außen sowohl von Älteren als auch von anderen Jugendlichen abgrenzen und die nach innen als eine Art Erkennungszeichen wirkt. So etwas gab es vor rund 500 Jahren, als Martin Luther studierte, genauso wie später bei flotten Burschen an Universitäten, Turnern, Wandervögeln, Straßenkindern im Berlin der Dreißigerjahre, Swing-Girls, Hitlerjungen, Halbstarken, Gammlern, Hippies und heutigen Hip-Hoppern oder Gamern.

Bei der Musterung dieser fünf Jahrhunderte werden wir hinter der historisch bedingten Verschiedenheit doch viele Gemeinsamkeiten entdecken. Ganz nebenbei wird noch der Mythos widerlegt, dass Jugendsprache wahnsinnig schnell veraltet und sich ständig wandelt. Im Gegenteil: Einige Leserinnen und Leser werden staunend feststellen, dass der vermeintlich brandneue Wortschatz ihrer eigenen Teenagerjahre schon zu Großvaters Zeiten auf den Schulhöfen in aller Munde war.

Matthias Heine im Januar 2021

Wie *Tumult,* Alkohol und Bandenwesen eine »eigene Kraftsprache« schufen

Die Entstehung eines Jugendjargons durch *Randale* vom 16. bis zum 18. Jahrhundert

Studententumulte sind keine Erfindung des 20. Jahrhunderts, auch wenn uns unser historisches Kurzzeitgedächtnis dabei vor allem die 68er-Revolten in Erinnerung ruft. Vor 250 Jahren gebärdeten sich die Studenten viel krawalliger als heute. Die Häufigkeit und die Verbreitung ihrer Tumulte übertraf sogar alles, was sich in den Sechzigerjahren ohnehin nur in Berlin, Frankfurt und ein paar anderen großen Metropolen abspielte. Um 1750 rumste es selbst in Städtchen, deren Universitäten heute unter anderem deswegen längst nicht mehr existieren, weil Krawallmachen das einzige war, was die Studenten dort noch lernten. Sie duellierten sich und veranstalteten Saufgelage, die nach komplizierten und absurden Ritualen abliefen. Sie schikanierten die *Philister,* wie sie sie die Arrivierten und Honoratioren ihrer Studienorte nannten, oder prügelten sich mit *Gnoten* oder *Knoten,* den Handwerksgesellen, und *Schnurrbärten,* den vor Ort stationierten Soldaten. Nachts schmissen die Studiosi den Bürgern, die ihnen unliebsam geworden waren, die Scheiben ein oder veranstalteten anderen brutalen Unfug. Sie vergnügten sich mit Hürchen, für die sie die Ausdrücke *barmherzige Schwestern* oder *Nymphe*n prägten, oder gefährdeten die Unschuld naiver Mädchen vom Lande, *Kattunbesen* oder *Staubbese*n genannt, die als Haushaltshilfen in die Städte gekommen waren. Selbst die Sittsamkeit gut bewachter, braver Bürgertöchter, der sogenannten *Florbesen,* stellten die Jungakademiker auf die Probe.

In diesen unruhigen Zeiten bildete sich die älteste deutsche Jugendsprache heraus, über deren Existenz wir heute noch etwas wissen. Und sie entstand nicht nur aus Tumult und Randale; sogar die Wörter *Tumult* und *Randale* selbst sind Produkt jener Exzesse. *Rand* hieß in der schlesischen Mundart ein Menschenauflauf, im Bairisch-Österreichischen konnte es »Posse, Streich« bedeuten.[1] Nach dem Vorbild von *Skandal* bildeten die Studenten danach das seit dem frühen 19. Jahrhundert nachweisbare Wort *Randal* (damals noch ohne e) und dazu die Ableitungen *randalieren*, *Randaleur* und *Randalist*.[2] *Tumult* kommt vom lateinischen *tumultus* »Unruhe, Getöse, (Kriegs)lärm«. Die Studenten münzten es auf ihren Widerstand gegen die Obrigkeiten der Universitätsstädte um. So erklärt ein Wörterbuch von 1749: »Ein Tumult aber ist eigentlich nichts anderes, als ein gewisser Krieg, der daraus entstehet, wenn man den braven Burschen ihre Freiheit nehmen will.«[3]

Der Begriff »Freiheit« ist für uns heute äußerst positiv besetzt, und so könnten wir, ohne die Hintergründe genau zu kennen, durchaus Sympathien aufbringen für die Tumulte der *Burschen* oder *Purschen*, wie sich die Studenten seit dem 17. Jahrhundert selbst bezeichneten – eine Anspielung auf die *Bursen*, die Vorläufer moderner Studentenwohnheime, in denen alle idealerweise aus einer Kasse *(Burse)* zehrten. Doch was den Jungakademikern als Freiheit galt, empfanden die meisten ihrer Zeitgenossinnen und -genossen als gefährliche Verwahrlosung. Der evangelische Pfarrer und Pädagoge Christian Gotthilf Salzmann malt in seinem zwischen 1783 und 1788 erschienen sechsbändigen Zeitroman »Carl von Carlsberg« die moralischen Gefahren, die von den Tumulten ausgingen, in den düstersten Farben:

»Unsere Akademien scheinen mir für die Tugend und Zufriedenheit der Menschen so gefährlich zu seyn, als der Sitz der Pest, Constantinopel und Smyrna, für ihr Leben. Und ich kann nicht begreifen, wie ein Vater, der die Akademien kennt, und auf denselben einen Sohn hat, viele frohe Stunden haben kann. Ich werde weit ruhiger seyn, wenn mein Sohn einmal gegen die Russen oder Türken zu Felde liegen sollte, als wenn er auf der Akademie seyn wird. Denn wenn ihm auch eine Kartätsche in den Unterleib geschossen werden sollte – nun – so wird es mir ein paar traurige Wochen kosten, dagegen ich lebenslang den Ruhm haben werde, daß ich ein Vater eines Sohnes bin, der als ein Held starb. Aber wie viele schreckliche Nachrichten muß ich von ihm erwarten, wenn er auf der Akademie ist: daß er sich krank getrunken; daß er sich zum Betrüger herab gespielet hat; daß er an einer venerischen Krankheit darnieder liegt; oder im Duell erstochen worden ist.«[4]

Ein Glück, dass diesen Schrecknissen nur eine relativ überschaubare Menge von jungen Männern ausgesetzt war. Während des 18. Jahrhunderts waren niemals mehr als 9000 Studenten an den 42 deutschen Universitäten eingeschrieben, und ihre Zahl sank sogar – trotz des Bevölkerungswachstums und steigender Schülerzahlen. Offenbar wurde in Salzmanns Roman die nachlassende Strahlkraft und das abschreckende Negativimage der deutschen Universitäten ganz realitätsnah eingefangen.

Orte der Unzucht, des Suffs und der Gewalt waren die Hochschulen schon immer und überall, wie das Beispiel des französischen Dichters François Villon zeigt, der in den 1450er-Jahren nach seinem Bakkalaureat und der Magisterprüfung so sehr verwahrloste, dass er zum Mörder und Berufskriminellen wurde. Genauso hatten Luther und Melanchthon im Wittenberg des 16. Jahrhunderts größte Mühe, gewalttätige Unruhen der Studenten zu zügeln. Andererseits erinnerte sich Luther offenbar noch als Ehemann und weltumstürzender Reformator an bestimmte Trinksitten seiner eigenen Universitätszeit. Bei einer aus lauter Akademikern bestehenden Tischgesellschaft zu Ehren des in Eisleben geborenen Johannes Agricola präsentierte Luther ein großes Weinglas mit drei Reifen. Diese markierten verschiedene Füllstände, die jeweils mit religiösen Ausdrücken verbunden waren: Bis zum ersten Reif ausgetrunken hatte man »die zehn Gebote« erreicht, beim zweiten »den Glauben«, und war das ganze Glas geschafft, so war man bei »Vaterunser und Katechismus« angelangt. Luther leerte ein komplettes Glas auf das Wohl seines Gastes, aber Agricola schaffte es nur bis zum ersten Reif und musste sich dafür milde verspotten lassen: »Ich wußts vorhin wohl, das Mag. Eisleben die zehen Gebote saufen könnte, aber den Glauben, Vaterunser und den Katechismus würde er wohl zufrieden lassen.«[5]

Solche Saufrituale, bei denen es darum ging, dem anderen etwas vorzutrinken und ihn damit zum Leeren des eigenen Glases zu nötigen, gehörten jahrhundertelang zu den Lieblingsspäßen deutscher Studenten, die dafür ein reichhaltiges Vokabular entwickelten. Die Anekdote beweist, dass dergleichen schon um 1500 zu Luthers Studentenzeit üblich gewesen sein muss. Daneben ist die Episode eine der ältesten Überlieferungen deutscher Jugendsprache. Der große Erforscher der studentischen Sprechstile, Friedrich Kluge, geht davon aus, dass der Reformator die Bezeichnung der verschiedenen Füllgrade nicht aus dem Stegreif erfunden, sondern aus der Erinnerung an sein Studentenleben hervorgekramt hatte. Luther war etwa 17 Jahre alt, als er im Sommersemester 1501 an der Erfurter Universität für das Grundstudium eingeschrieben wurde: kein Mönch oder angehender Theologe, sondern ein Söhnchen aus wohlhabendem Haus, das sich nach dem Wunsch der Eltern auf ein Jurastudium vorbereiten sollte. Dass Luther damals mancherlei modischen Jungakademikerunfug mitmachte, lässt sich an der Tatsache ablesen, dass er wie ein echter *Renommist* – so die Bezeichnung für einen stolzen, trinkfesten und prügelfreudigen Studenten – einen Degen trug, mit dem er sich allerdings selbst schwer am Oberschenkel verletzte. Diese Art der Bewaffnung, die an den alten Adel erinnerte, war eine neue Gewohnheit, die gerade Studenten aus gut situierten Aufsteigerfamilien begeistert aufnahmen. Im Jahr 1514 erlaubte Kaiser Maximilian I. den Jungakademikern das Tragen von Stichwaffen ausdrücklich als Zeichen ihrer gehobenen Gesellschaftsposition.

Eine gewisse Zügellosigkeit gehörte schon immer unausgesprochen zum Studentendasein dazu. Sie bildete gewissermaßen die dunkle Kehrseite der akademischen Freiheit als wesentliche Grundlage der Universität, dieser einzigartigen europäischen Institution. Die Autonomie der Hochschulen wurde zuerst in Bologna und Paris, den Ur-Universitäten des Abendlands, erkämpft, ausgehandelt und verteidigt. Mitte des 12. Jahrhunderts schufen Professoren und Studenten Formen der Selbstverwaltung, die ihre soziale, rechtliche und geistige Selbstständigkeit gegen die weltlichen und geistlichen Mächte der jeweiligen Universitätsorte absichern sollten. Ihren Sonderstatus ließen sie sich von übergeordneten Instanzen wie Kaiser und Papst durch Privilegien und Gründungsurkunden garantieren. Bereits 1158 gewährte Friedrich Barbarossa auf dem Reichstag im oberitalienischen Roncaglia Sonderrechte für Scholaren, insbesondere für diejenigen in den Rechtswissenschaften. Und 1217 mahnte Papst Honorius III. die Studenten der Universität Bologna, lieber die Stadt geschlossen zu verlassen als die Beschneidung ihrer *libertas scholarium* hinzunehmen. Der gemeinsame Auszug von Professoren und Studenten gehörte zu den mächtigsten Druckmitteln der Universitätsangehörigen. Viele mittelalterliche Neugründungen von Hochschulen in Frankreich und Italien gingen auf einen solchen Exodus zurück, der damit endete, dass sich die komplette akademische Schicht einer Stadt einfach woanders niederließ. Auch die Gründung der Universität Leipzig, der zweitältesten ununterbrochen bestehenden Hochschule im heutigen Deutschland, erfolgte 1409, nachdem etwa 1000 deutschsprachige Studenten samt ihren Professoren die Universität Prag verlassen hatten. Dort war es zu internen Konflikten um theologische Reformbestrebungen sowie das Verhältnis zwischen deutschen und böhmischen Universitätsangehörigen gekommen.

Doch nicht nur solche rechtlichen Besonderheiten gaben den Studenten das Gefühl, ein ganz eigenes Völkchen zu sein. Durch ihre soziale Zusammensetzung verflüssigten sie zudem die Standesschranken des Mittelalters und der frühen Neuzeit. An den großen und attraktiven Universitäten wie Paris oder Bologna strömten Akademiker aus ganz Europa zusammen. Bekanntlich hat William Shakespeare seinem Hamlet ein Studium im sächsischen Wittenberg angedichtet, das nach der Reformation ein Magnet für Scholaren aus aller Herren Länder geworden war. Unter anderem verbrachte William Tyndale, der die erste protestantisch beeinflusste Bibelübersetzung ins Englische anfertigte, im Jahr 1524 ein Semester in Wittenberg. Vor allem aber war die gesellschaftliche Herkunft der Studenten und Lehrer überaus divers: Adelige fanden sich unter ihnen genauso wie Söhne von Bürgern und Bauern. Der Anteil von armen Studenten, denen man die Gebühren erließ, war immer relativ hoch. Stipendien und sogenannte Freitische, das waren kostenlose Mahlzeiten bei Familien der Stadt, halfen ihnen zusätzlich über die Runden.

Den Erwachsenen außerhalb der Universität war durchaus klar, dass der akademischen Freiheit die Freiheit zum Bummeln, Huren, Saufen, Spielen und Sich-Prügeln gegenüberstand – und oft sogar die Freiheit zum Duellieren und Totstechen. Man nahm es in Kauf. Der Gesellschaftshistoriker Hans-Ulrich Wehler nennt es ein »soziales Ventil«[6]: Die Jünglinge sollten sich ohne Angst vor ernsthaften Strafen die Hörner abstoßen, bevor sie in das Korsett eines viel strikter als heute geregelten Berufs-, Sozial- und Familienlebens gezwängt wurden und sich damit selbst in *Philister* verwandelten. Das Problem war im 18. Jahrhundert, dass die angehenden Akademiker neben all dem Allotria immer weniger lernten. In den Vorlesungen fanden sich oft nur zwei bis drei Hörer ein. Dies waren die *Finken*, wie die anderen sie abfällig nannten. Sie scherten sich nicht um den Komment, das selbst geschaffene Verhaltensregelwerk der Studenten, hielten sich von Schlägereien und Besäufnissen fern, machten keine Schulden und lernten brav.

Für viele Studenten waren gerade die Rechtsfreiheiten der Universitäten ein Hauptanziehungspunkt. Junge Männer kamen nicht mehr unbedingt an die Hochschulen, um zu studieren, sondern um frei zu leben. Hier konnte man zwischen dem 16. und dem 23. Lebensjahr einen relativ ungebundenen und zugleich geschützten sozialen Status genießen. Manch einer kehrte nach ein paar Jahren etwa als Hauslehrer sogar noch einmal an die Alma Mater, die »gütig versorgende Mutter«, zurück und verbrachte dort eine zweite Lebensphase vom 25. bis zum 30. Lebensjahr. Der miserable Ruf der Universitäten stieß zwar die Guten ab, die Schlechten zog er aber magisch an.

Der Krieg mit den *Pudeln* und *Schnurrbärten*
Studenten als Halbstarke des 18. Jahrhunderts

Man ließ den Studenten auch deshalb so viel durchgehen, weil sie für die Universitätsstädte ökonomisch enorm wichtig waren. Gegen Einschränkungen ihrer längst pervertierten Freiheiten wehrten sie sich mit dem schon aus dem Mittelalter bekannten Auszug. Dabei ging es jedoch längst nicht mehr um Neugründungen, sondern nur darum, in der Nähe der Stadt in einer Art Konsumstreik zu verharren, bis die Wirte, Zimmervermieter, Schneider, Schuhmacher, Pferdeverleiher und wer sonst alles noch von den Akademikern wirtschaftlich abhing, die Stadtobrigkeit zum Nachgeben drängten.

Solche Machterfahrungen gaben den Studenten ein giftiges Gefühl für ihre eigene Bedeutung. Der Aufklärungsphilosoph Johann Jakob Engel versprach sich vom Klima der Großstadt einen pädagogisch-abkühlenden Effekt auf die Masse der Lümmel aus der Provinz, wie er in seiner im März 1802 publizierten »Denkschrift zur Errichtung einer großen Lehranstalt in Berlin« ausführt:

> *»Wo der Student einen Grad von Wichtigkeit, von Ansehen hat: da sieht er gern auf seine Mitbürger als auf eine geringere Menschen-Klasse hinab, er macht eine eigene Korporation aus, folgt Tonangebern, die insgeheim zu dem rohesten, ausschweifendsten, kecksten Haufen gehören, errichtet Landsmannschaften, Ordensverbindungen, bekommt einen falschen Ehrgeiz, ein falsches Interesse in die Seele, wird sittenlos in seinem Innern und ungesittet in seinem Äußern. Alles das fällt weg, wo der Student sich unbemerkt unter den übrigen Menschen verliert, wo er noch eben so wenig bedeutet,*

als [er] wirklich ist; wo er sogleich dem öffentlichen Gelächter bloß stände, wenn er sich's einfallen ließe, Figur zu machen, eine eigene Kraftsprache zu reden, eine eigene Kleidertracht anzulegen. Berlin zählt schon jetzt, wegen der einzigen hier blühenden Fakultät, der studierenden Jünglinge mehr als die Universitäten Greifswald, Rostock, Kiel, Rinteln zusammengenommen; aber wer sieht hier solche Karikaturgestalten, hört hier von solchen Wildheiten und Ausschweifungen, als an jeden kleineren Örtern tagtäglich vorkommen?«[7]

Selbst vor der zuständigen Gerichtsbarkeit der Universitätsbehörden mit ihren eigenen Sicherheitsleuten, den als *Pudel* verspotteten Pedellen, fürchteten sich die Studenten längst nicht mehr. Nicht nur friedliche Spaziergänger wurden aus Launen heraus überfallen. Wenn es darauf ankam, schlugen sich die Jungakademiker auch mit Angehörigen der Stadtmilizen oder gar des Militärs, von den Studenten verächtlich *Schnurrbärte* genannt. Diese wurden, wenn es in der Stadt eine Garnison gab wie beispielsweise in Halle, oft herbeigerufen, um dem Studententreiben Einhalt zu gebieten. Den *Burschen* galt nur noch für Recht, was sie selbst untereinander im Komment, dem eigenen Regelwerk ihrer Studentenverbindungen, festgelegt hatten. Der Soziologe Helmut Schelsky urteilt in seinem Standardwerk über die Entstehung der modernen Universitäten: »Man muss sich die Studentenschaft des 17. und 18. Jahrhunderts leider als eine Sammlung der ›Halbstarken‹ jener Zeit vorstellen.«[8]

Da es von diesen frühneuzeitlichen »Halbstarken« sehr viele gab, waren die Universitäten tendenziell überfüllt. Die erwähnten niedrigen Studentenzahlen waren bereits das Ergebnis zahlreicher Maßnahmen, die Ungeeignete vom Studium abhalten sollten. Die meisten Erstsemester kamen mit sehr geringer schulischer Vorbildung, oft nur mit einigen Lateinkenntnissen an die Hochschulen. Preußen erließ 1708, 1718 und 1733 Verordnungen, die Mindeststandards an Kenntnissen verlangten. Dabei ging es nicht zuletzt darum, ein gewisses Schnorrerwesen, das Universitäten gerade für Arme interessant gemacht hatte, einzudämmen. Stipendien und Freitische waren für manche wesentlich verlockender als die Aussicht auf akademische Bildung. Daneben konnte man sich als Student der Militärpflicht entziehen, was den Status des Akademikers für Angehörige der unteren Schichten zusätzlich attraktiv machte. Wer es allerdings allzu toll trieb, konnte trotzdem schneller unter die Soldaten kommen als gedacht. Fürst Leopold von Anhalt-Dessau, ein General Friedrichs des Großen, war in der Universitätsstadt Halle stationiert. Dort ließ der »Alte Dessauer«, wie er genannt wurde, die schlimmsten Ruhestörer verhaften und steckte sie zwangsweise als Rekruten in sein Regiment. Uns kommt das heute wie eine unsagbar drakonische Maßnahme aus schlimmsten Feudalzeiten vor, aber Schelsky schreibt dazu, wir müssten »in Würdigung der historischen Wahrheit wohl doch zugeben, dass diese da besser hingehörten als auf die Universität.«[9]

In dem Edikt von 1708 wird verlangt, nicht »jeglicher von niedrigem Stande« solle seine Kinder auf die Universitäten schicken, wenn sie dazu nicht geschickt seien und auf gemeine Kosten versorgt werden müssten. Besser sei es, wenn »solche unfähigen Köpfe bei Manufakturen, Handwerken, der Miliz oder dem Ackerbau« ihren Broterwerb suchten.[10] Doch erst die Einführung der Abiturientenprüfung 1788 wies den Weg zu Verhältnissen, wie wir sie heute für selbstverständlich halten. In der Instruktion heißt es: »Alle von öffentlichen Schulen abgehenden Jünglinge sollen vorher auf der von ihnen besuchten Schule geprüft werden und ein detailliertes Zeugnis über ihre dabei befundene Reife oder Unreife erhalten.«[11] Heute macht man sich ja gern über das Wort »Reifeprüfung« lustig, aber damals war eine Begutachtung der geistigen und seelischen Reife künftiger Studenten bitter nötig.

Erst durch tiefgreifende Reformen, die in der zweiten Hälfte des Säkulums von Halle und Göttingen ausgingen und dann zum Vorbild für die Hochschulpolitik Wilhelm von Humboldts in Preußen wurden, konnten die deutschen Universitäten gerettet werden. Doch selbst dafür schien Zwang unabdingbar. So erließ der preußische Minister von Massow 1798 eine berüchtigte, aber wohl notwendige »Verordnung wegen Verhütung und Bestrafung der die öffentliche Ruhe störenden Exzesse der Studierenden auf sämtlichen Akademien in den königlichen Staaten«. Darin wurde die Aufsicht über die Studenten der staatlichen Polizei übertragen und ihnen Gefängnis und Prügelstrafen angedroht. Der Protest der Professoren, die sonst auf ihre akademischen Freiheiten bedacht waren, hielt sich in Grenzen. Das Maß war voll.

Fichte gegen den *Pennalismus*
Wie der Philosoph als Unirektor in Berlin Duelle bekämpfte

Für das Unwesen und den Straßenterror, der von den Burschen ausging, prägten die Zeitgenossinnen und -genossen einen eigenen Begriff: *Pennalismus*. Im Jahr 1811, in seiner Antrittsrede mit dem programmatischen Titel »Über die einzig mögliche Störung der akademischen Freiheit«, prangert Johann Gottlieb Fichte als erster frei gewählter Rektor der neugegründeten Berliner Universität den *Pennalismus* als größte Gefahr für das Ideal der Universität an. Für Fichte war die Wurzel allen Übels, dass sich die Studenten für eine besondere Art von

Menschen hielten, die nur ihren eigenen Regeln zu folgen hätten und von allen anderen Akzeptanz und Unterordnung erwarteten. Die verblendete Selbstwahrnehmung der Studenten schildert Fichte so:

> *»[...] sie stellen dar das auserwählte Volk Gottes, alle Nichtstudenten aber werden befaßt unter den Verworfenen. Drum müssen alle andere Stände ihnen weichen, und ihnen allenthalben, wo sie hinkommen, den Vortritt oder Alleinbesitz lassen; alle müssen von ihnen sich gefallen lassen, was ihnen gefällt denselben aufzulegen, keiner aber darf es wagen, ihnen zu mißfallen; alle Nichtstudenten, ihre Lehrer und unmittelbare Obrigkeiten am wenigsten ausgenommen, müssen durch ehrerbietigen Ton, durch Reden nach dem Munde, durch sorgfältige Vermeidung alles dessen, was ihre zarte Ohren nicht gern hören, sich ihrer Geneigtheit empfehlen; das ist die Pflicht aller gegen sie; sie aber dürfen alle Menschen ohne Ausnahme aus dem Gefühl ihrer Erhabenheit und Ungebundenheit herab behandeln, das ist ihr Recht auf Alle.«*[12]

Die Krebsherde dieses Sonderbewusstseins waren nach Fichte die studentischen Verbindungen, Landsmannschaften und Orden, die nicht nur mit dem Trinkkomment, in dem rituelles Betrinken geregelt und erzwungen wurde, das Ziel aller Bildung untergruben. Als noch verwerflicher und zerstörerischer empfand Fichte den selbst auferlegten Zwang der Studentenkaste, alle Dinge durch hemmungslose Schlägereien mit dem Degen zu regeln.

Doch selbst als Rektor der neuen Reformuniversität Berlin gelang es ihm nicht, diese Unsitte zu unterbinden. Eine Auseinandersetzung mit Friedrich Schleiermacher, dem damaligen Dekan der theologischen Fakultät, und dem Universitätssyndikus, dem Juraprofessor Friedrich Eichhorn, um den Duellzwang führte schließlich zu Fichtes Rücktritt: Der jüdische Medizinstudent Joseph Leyser Brogi aus Posen war in Streit mit dem ebenfalls aus Posen stammenden Burschen Melzer geraten. Antisemitische Motive spielten bei dem Konflikt mit Sicherheit eine Rolle. Sogar die sich neutral gebenden Quellen schildern Brogi als »Sohn eines jüdischen Händlers von schlechten Manieren, schäbig in der Kleidung und, was selbst diejenigen, die ihm wohlwollten, nicht zu leugnen vermochten, auch von Gesinnung«. Brogi verweigerte ein von Melzer gefordertes Duell. Daraufhin lauerte dieser ihm am helllichten Tage auf dem Platz vor der Universität auf und schlug ihn mit der Hetzpeitsche. Das entsprach dem studentischen Komment. In Kindlebens Wörterbuch der Studentensprache, von dem später noch genauer die Rede sein wird, wird die Hetzpeitsche als ein quasi-juristischer Gegenstand beschrieben: »Einem die Hetzpeitsche geben ist unter den Musensöhnen die größte Prostitution, das größte Skandal, welches nicht anders als durch einen Duell ausgelöscht werden kann. Oft bekommt auch derjenige die Hetzpeitsche, der von einem herausgefordert worden ist, und sich nicht gestellt hat.«[13]

Brogi beklagte sich über diesen unerhörten Rückfall in übelste Zustände des Pennalismus bei Fichte, der selbst eigentlich ein Judenfeind war. Dennoch wollte der Rektor – ganz im Sinne seiner Eröffnungsrede – gegen solches Mobbing, wie wir heute sagen würden, einschreiten. Er empfahl, den Fall vor den Senat der Universität bringen. Damit wollte er die nicht studentische akademische Gerichtsbarkeit stärken. Doch Schleiermacher und der Syndikus bremsten Fichte aus. Die Affäre gelangte vor eines der berüchtigten studentischen Ehrengerichte. Dort wurde Melzer eine vergleichsweise milde Karzerstrafe von vier Wochen auferlegt – und dem eigentlichen Opfer Brogi genau dieselbe Zeit.

Bald nach der Entlassung wurde Brogi erneut gedemütigt: Ein Student namens Klaatsch ohrfeigte ihn öffentlich. Fichte platzte nun endgültig der Kragen. Diesmal brachte er den Fall wirklich vor den Senat. Als das Gremium ebenfalls nur eine milde Strafe verhängte und eine Drohung gegen das Opfer Brogi aussprach, bat Fichte um seine Entlassung aus dem Rektorenamt. Nach weiteren harten Auseinandersetzungen wurde sie am 16. April 1812 genehmigt.

Wo die wilden *Renommisten* wohnen
Wie in Jena und Halle »die Roheit aufs höchste« stieg

Fichte hatte seinen Kampf verloren. Dabei galt die Berliner Hochschule schon als Reformuniversität, an der es vergleichsweise gesittet, streng und modern zuging. Als schlimmste Brutstätte des Pennalismus galt Jena, gefolgt von Halle, Gießen und Königsberg. Man sprach nicht umsonst von der »jenensischen Lebensart«. Vor allem protestantische Universitäten taten sich bei der Herausbildung dieser Subkultur hervor. Dort war die akademische Freiheit größer als an anderen und sie wurde besonders selbstbewusst verteidigt. Doch dies machte sie auch zu Hochburgen des Renommistenunwesens.

Als *Renommist* bezeichneten sich die nach dem Komment lebenden Studenten selbst, bis das Wort *Bursche* den älteren Ausdruck im späten 18. Jahrhundert allmählich verdrängte. Kindleben erklärt diese Lebensform in seinem Lexikon: »Renommist heißt ein Student, der am Schlagen, Raufen, Saufen und Schwelgen Vergnügen findet, alle Kollegia versäumt, und sich sowohl durch seine ungebundene freie Lebensart, als durch seine Kleidung und Miene auszeichnet.«[14]

Diesen Gesellen widmete Justus Friedrich Wilhelm Zachariä 1744 ein scherzhaftes Heldengedicht namens »Der Renommist«, dessen Hauptfigur Raufbold ein nach den Maßstäben des Komments vorbildliches Studentenleben führt – natürlich in Jena:

> »*Dort war sein hohes Amt, ein großes Schwert zu tragen,*
> *Oft für die Freiheit sich auf offnem Markt zu schlagen,*
> *Zu singen öffentlich, zu saufen Tag und Nacht,*
> *Und Ausfäll' oft zu tun auf armer Schnurren Wacht.*
> *Als Hospes war er oft des Bacchus erster Priester,*
> *Und ein geborner Feind vom Fuchs und vom Philister.*
> *Er prügelte die Magd, betrog der Gläub'ger List;*
> *Bezahlen mußte nie ein wahrer Renommist.*«[15]

Fichte hatte wohl nicht zuletzt deshalb in Berlin so hart reagiert, weil er in seinen Professorenjahren in Jena erlebt hatte, wie derartiges Verhalten eine Universität von innen zerstören konnte. Goethe schrieb 1812 in »Dichtung und Wahrheit« über die Zeit um 1770:

> »*In Jena und Halle war die Roheit aufs höchste gestiegen, körperliche Stärke, Fechtergewandtheit, die wildeste Selbsthülfe war dort an der Tagesordnung; und ein solcher Zustand kann sich nur durch den gemeinsten Saus und Braus erhalten und fortpflanzen. Das Verhältnis der Studierenden zu den Einwohnern jener Städte, so verschieden es auch sein mochte, kam doch darin überein, daß der wilde Fremdling keine Achtung vor dem Bürger hatte und sich als ein eignes, zu aller Freiheit und Frechheit privilegiertes Wesen ansah.*«[16]

Jena war die Hochburg der studentischen Korporationen. Gegen deren Einfluss und Unflätigkeit musste Goethe später selbst als zuständiger Minister im Herzogtum Sachsen-Weimar einschreiten. Im Jahr 1791/92 erläuterte er in einem Gutachten zur »Abschaffung der Duelle an der Universität Jena« die Regeln, die sich die Studenten dort selbst auferlegt hatten: »[D]er wie eine Krankheitsgeschichte merkwürdige Purschen-Komment verdiente von dieser Seite einen Kommentar und man würde sehen, wie man in diesem abenteuerlichen Gesetz gesucht hat, die Leidenschaften und das Betragen eines Bauern, eines Schülers und eines Edelmanns zu vereinigen.«[17] Gegen die Duellsucht empfiehlt Goethe harte, konsequente Strafen: »[...] ich wünschte die Zeit zu sehen, wo auf einen bloßen Schlag die Relegation gesetzt wäre, und ich würde unter wenig veränderten Umständen dieses Gesetz vorzuschlagen wagen. Wer schlägt, gehört dahin, wo man mit Schlägen unterrichtet, und hört auf ein akademischer Bürger zu sein.« Goethe beschreibt zudem die »lächerlichen Aufstufungen von der Ohrfeige bis zum Knittel und Hetzpeitsche« der Schläge, mit denen ein Bursche einen anderen Studenten zum Duell forderte. Am Ende schränkt er jedoch ein, dass das von ihm vorgeschlagene Gesetz, das schon bloßes »Schuppen oder Stoßen« mit einer Strafe im Studentengefängnis, dem Karzer, ahndet und jeden Schlag mit »einer irremissiblen Relegation bestraft«, wohl nur Segen stiften würde, »wenn die Akademie vorher von den Ordensverbindungen gereinigt wäre«, deren ganze Existenz darauf beruhe, »daß sie die Roheren an sich ziehen und die übrigen schrecken.«[18]

Wer den bei aller amtlichen Zurückhaltung sehr deutlichen Goethe-Text kennt, versteht besser, warum Fichte, der zwei Jahre später nach Jena kam und das geschilderte Treiben dort selbst miterlebte, sogar seine eingefleischte Judenfeindlichkeit hintanstellte, um solche Sitten keinesfalls an der neuen Berliner Universität einreißen zu lassen. Trotz Fichtes Niederlage entwickelte sich Berlin aber niemals zum Zentrum irgendeiner Art von Burschenherrlichkeit. Die Großstadt wirkte vielleicht doch abkühlend, so wie Engel es erhofft hatte. In Göttingen, Heidelberg, Halle und Jena hingegen konnte der Komment das Leben viel stärker bestimmen. Und so verwundert es nicht, dass die ältesten Wörtersammlungen jener »eigenen Kraftsprache«, die der Universitätsreformer so lächerlich fand, aus Halle und Jena stammen, die Mitte des 18. Jahrhunderts die ersten berüchtigten Brutstätten des studentischen Größenwahns und der Gewalt waren.

Wer um 1750 *geprellt* wurde

Robert Salmasius sammelt die »auf Universitäten gebräuchlichen Kunstwörter«

Im Februar und März des Jahres 1749 unterhielt ein gewisser Robert Salmasius die Leserschaft der »Vergnügten Abendstunden«, einer in Erfurt erscheinenden Zeitschrift, mit einer mehrteiligen Serie mit dem sich zeitgemäß spreizenden Titel »Kompendiöses Handlexikon der unter den Herren Purschen auf Universitäten gebräuchlichsten Kunstwörter«. Im November erweiterte dann ein unbekannter Autor unter dem Pseudonym Lizentius Prokax die Salmasius'sche Sammlung mit zwei Fortsetzungen im selben Magazin.

Ein Völkchen, das sich so sehr als eigener Stand fühlte wie die Studenten der frühen Neuzeit, musste unweigerlich nicht nur eigene Sitten, sondern auch einen eigenen Sprachgebrauch herausbilden. Was Salmasius »Kunstwörter« nannte und Engels »Kraftsprache«, diente dem gleichen Zweck, den Gruppensprachen bis heute haben: Die Eingeweihten, die diese Ausdrücke kennen und gebrauchen, wollen sich als Clique zusammenschweißen und nach außen abgrenzen gegen all jene, die diese Wörter nicht verstehen oder – noch viel peinlicher – verständnislos nachplappern.

Salmasius, der auf dem Titel als »JCto« (von *Juris consultus*, »Rechtsgelehrter«) bezeichnet wird, hatte in Jena studiert. Er schilderte die Welt, in der die studentische Jugendsprache entstanden war, bereits als untergegangen. Dafür macht er »eigensinnige Fürsten und neuerungsliebende Ministers« verantwortlich. Seine Zustandsbeschreibung klingt, als hätten sich Politiker vom Schlage Goethes und Massows, Militärs wie der Alte Dessauer oder Rektoren wie Fichte schon um 1750 durchgesetzt – was, wie wir gesehen haben, gerade in Jena ganz und gar nicht der Fall war:

> *»Man schrieb andere Gesezze; man bestellete andere Ordnungen; man schränkete die edle Purschenfreiheit auf allen Seiten aufs ungebührlichste ein; man strafete; man relegirete, und mit einem Worte: man taht alles, was prave und für die Freiheit streitende Pursche nur immer kränken, betrüben und in die äusserste Bewegung sezzen konte. Diese Pedanterei hat wie ein Krebsschaden um sich gefressen; und leider ist sie so weit eingerissen, daß der praven Purschen immer weniger werden, und daß solche, die es sonst mit dem Teufel in der Hölle aufgenommen hätten, sich jezt nicht einmal mehr unterstehen, einen Mukker tod zu stechen, da sie sonst wol den pravesten Purschen von der Welt tod stechen konten.«*[19]

Hier lernen wir einige studentensprachliche Wörter kennen. In seinem Lexikon erläutert uns Salmasius: »Mukker heist im algemeinen Verstande so viel wie Klos. Im besondern Verstande heist es ein Pietist.« Unter dem Stichwort *Klos* findet man die weitere Erklärung: »Klösse sind die dummen Kerrels, die immer in die Collegia laufen, sich den Kopf zerbrechen, Petimäters und Pedanten werden; und mit einem Worte: die den praven Purschen entgegen gesezzet sind.« Über *Pedanten* heißt es an der entsprechenden Stelle: »Dis sind eigentlich die Narren, die Latein können; überhaupt diejenigen, die studiren und was lernen, und sich dem Joche der Gesezze unterwerfen.« *Petimäter*, so erklärt Salmasius, seien »solche Leute, die im Reden, in Minen, im Gange, in Kleidung und in allem was besonders vorstellen wollen, allerlei Tohrheiten und Eitelkeiten verrahten, und darüber ausgelachet werden«. Es handelt sich offenbar um eine Art frühe Hipster, denen nichts peinlicher ist als so herumzulaufen wie alle anderen – und die gerade deshalb alle gleich aussehen:

> *»So bald ein Petimäter, der sich gestern erst eine neue Kokarde gekaufet, heute ein siehet, von der er höret, daß sie mehr Mode sey, sobald mus er sie haben. So bald heute eine neue Art von Bändern aus Leipzig komt, so bald mus sie schon an seinem Degen oder Stokke seyn; er mus zehnerlei Uhren, Dosen, Schuhschnallen u[nd] dergl[eichen] besizzen; er mus Ringe am Finger tragen, u[nd] w[as] d[essen] m[ehr] ist.«*[20]

Das Gegenbild zu ihnen ist der *brave Bursch* oder *prave Pursch*. Das P in *Pursch* ist möglicherweise auf eine hyperkorrekte Aussprache der Studenten zurückzuführen, die oft erst an der Universität, wo Erstsemester von überallher zusammenkamen, ihren Dialekt ablegten und Hochdeutsch lernten. Noch Goethe erging es so, als er sein Studium in Leipzig aufnahm. In »Dichtung und Wahrheit« erinnerte er sich Jahrzehnte später:

> *»Ich war nämlich in dem oberdeutschen Dialekt geboren und erzogen, und obgleich mein Vater sich stets einer gewissen Reinheit der Sprache befliß und uns Kinder auf das, was man*

wirklich Mängel jenes Idioms nennen kann, von Jugend an aufmerksam gemacht und zu einem besseren Sprechen vorbereitet hatte, so blieben mir doch gar manche tiefer liegende Eigenheiten, die ich, weil sie mir ihrer Naivetät wegen gefielen, mit Behagen hervorhob, und mir dadurch von meinen neuen Mitbürgern jedesmal einen strengen Verweis zuzog.«[21]

Goethe traf es in Sachsen sicher besonders hart. Denn dort bildete man sich ein, das beste Deutsch zu sprechen, weil Luther die sächsische Kanzleisprache und teilweise die mitteldeutsche Mundart zur Grundlage seines Bibeldeutsch gemacht hatte. Aber einen vergleichbaren Dialektschock erlitt sicher fast jeder Student: Wer die recht kurze Schulzeit mit Latein und einem dialektal gefärbten Deutsch noch gut überstanden hatte, lief an der Universität Gefahr, von den Kommilitonen nicht verstanden oder gar verlacht zu werden.

Brav zu sein, das bedeutete damals genau das Gegenteil von dem, was heute damit gemeint ist. Der Ausdruck war auf dem Umweg über die Soldatensprache aus dem französischen *brave* (»mutig, tapfer«) entstanden. Salmasius fasst anschaulich zusammen, welche Art von Tapferkeit in seinen Universitätsjahren, auf die er »[n]icht ohne Vergnügen, obgleich mit Wehmuht« zurücksah, erwartet wurde: »Was ein praver Pursch war, der stund.« Bei einem Auszug, mit dem man die Stadtobrigkeit unter Druck setzen wollte, galt es durchzuhalten: »Man kampirete zu Hause, und zu Dorfe, ganze Wochen, ganze Monate, ganze Jare«. Vorher und nachher führte man sich möglichst ungestüm auf:

»[...] *man schlug sich; man stach auf der Stelle tod; man prellete die Füchse; man schlug dem Professor so wie dem Philister die Fenster ein, so oft man nur Lust hatte; [...] man wezzete und perirte; man sang die schönsten und kurzweiligsten*

Lieder zum Fenstern heraus; An Stat der Bezalung gab man dem Manichäer eine Tracht Schläge [...]. Man hutschete, man borgete, man prellete, man zog aus. Kurz: man taht alles, wozu man Lust und Belieben hatte [...]. Dis war das güldene Alter der Pursche. Freiheit, Freiheit; Alles war Freiheit!« [22]

Auch bei diesem Zitat sind einige Worterläuterungen nötig: *Wetzen* war der Krach, den die Studenten veranstalten, wenn sie ihre Säbel auf dem Straßenpflaster hin und her scheppern ließen. Möglicherweise hatte sich der junge Luther einst bei einer solchen Aktion ins Bein geschnitten: »Es geschiehet dieses zunachte auf den Gassen. Man hauet von einer Seite zur andern. Je mehr Funken, je mehr Galle.« *Periren* bedeutete das Hinausbrüllen der lateinischen Beschimpfung *pereat* (»Nieder mit ihm!) entweder vor dem Haus eines Gegners oder hinter den uniformierten Häschern – bei Letzteren natürlich mit gebührendem Abstand »von 2 oder 3 Büchsenschus«, »denn«, so Salmasius, »die Kerrels brauchen gar keine raison, sondern sie schlagen auf 2 bis 3 Monate lendenlahm.« *Manichäer* meinte nicht einen Anhänger des altpersischen Religionsstifters Mani, sondern bezeichnet einen Gläubiger, der – Obacht: ein Wortspiel! – sich erdreistet, die Bezahlung seiner Schulden zu mahnen. *Füchse* hießen die unerfahrenen Studenten, die ganz neu auf der Universität sind und von den älteren Semestern beliebig gequält und ausgenutzt wurden. Und *hutschen* nannte man einen rituellen Kleiderwechsel, bei dem sich die Burschen durch kompletten Tausch ihrer Wäsche zu Brüdern auf Lebenszeit erklärten und ewige Treue gelobten.

Diese Begriffe sind außer unter Burschenschaftern in Vergessenheit geraten. Nur *prellen*, das im genannten Zitat gleich zweimal auftaucht, ging wie so viele andere Wörter des studentischen Jargons in die allgemeine Umgangssprache ein. Es bedeutete zunächst »ausnutzen«, denn die Füchse mussten den Burschen Getränke und Essen bezahlen. Im verschärften Sinne hieß es »leihen und nicht wiedergeben«. Sicher sprach Salmasius seinen chronisch klammen Kommilitonen aus dem Herzen, wenn er fragte: »Wie wolte mancher ehrlicher praver Pursch herdurch kommen, wenn kein Prellen erlaubet wäre?« In dieser Bedeutung steckt das Wort noch heute im gängigen Ausdruck *Zechprellerei*. Wenn jemand *die Zeche prellt*, kann er sich also ganz auf die jahrhundertealte Tradition der Burschenfreiheit berufen – zumindest, wenn er Student ist.

Als das *Hospiz* noch ein Gelage war
Woher wir überhaupt etwas über die alte Studentensprache wissen

Salmasius' kleine Sammlung ist keineswegs das älteste Zeugnis, das wir von der Existenz einer Jugendsprache unter den deutschen Studenten haben. Fleißige Forscher trugen schon im späten 19. Jahrhundert etliche Belege zusammen, mit denen sich die Existenz des Burschenjargons mindestens bis in die Zeit um 1600 zurückverfolgen lässt. Es handelt sich um drei verschiedene Arten von Quellen: literarische Texte, die das Studentenleben nachzeichneten; Komments, die Umgangsregeln zwischen den Studenten fixierten, und biografische Aufzeichnungen wie vor allem Stammbücher oder Freundschaftsalben, in die man sich gegenseitig Sprüche hineinschrieb.

Das älteste literarische Zeugnis ist Johann Georg Schochs »Comoedia vom Studentenleben« aus dem Jahr 1658. Auch der schon genannte »Renommist« von Zachariä bietet einige, jedoch vergleichsweise wenige Belege für studentischen Wortschatz.

Der älteste gedruckte Komment ist das 1616 in Leipzig veröffentlichte »Jus Potandi, Oder ZechRecht«. Hierbei handelt es sich um eine deutsche Übersetzung des im gleichen Jahr in London herausgegebenen Buchs von Richard Brathwaite, dessen Titel die barock ausufernden akademischen Disputationsnamen der Zeit parodiert: »Disputatio inauguralis theoretico-practica jus potandi, cum omnibus solennitatibus & controversiis occurrentibus secundum jus civile discussis, breviter adumbrans [...].« Das Werk erschien unter dem Pseudonym Blasius Multibibus. Die deutsche Version wurde allein im 18. Jahrhundert acht Mal aufgelegt und noch im 19. Jahrhundert nachgedruckt. Möglicherweise ebenfalls eine Übersetzung von Brathwaites kleinem Werk ist die 1633 in Wien unter dem nun etwas eingedeutschten Autorennamen Blasius Vielsauf verlegte »Disputation über das Zech und Saufrecht«.

Eine ergiebige Quelle für die Sprache der Musensöhne ist dann »Das Hospitium oder Richtiger Beweis aller bey dem Hospitio üblichen Rechte und Gewohnheiten«. In diesem 1747 gedruckten Werk wird genauestens ausgeführt, wie eine *Hospiz* genannte Veranstaltung mit Alkohol, Tabak und Tanz in der Privatwohnung eines Studenten abzulaufen hatte. Darstellungen solcher Hospize, auf denen den Teilnehmern in der Art von Sprechblasen Sprüche in den Mund gelegt werden, sind aus dem frühen 18. Jahrhundert unter anderem in zahlreichen Stammbüchern überliefert. Diese Zitate sind meistens auf Deutsch, denn seit 1700 verbreitete sich unter dem Einfluss von Wissenschaftlern wie Christian Thomasius und Christian Wolff allmählich die deutsche Sprache in der universitären Lehre. Und so schrieben Studenten nun immer häufiger burschikose Sprüche auf Deutsch in die Freundschaftsalben ihrer Kommilitonen.

Doch erst von der Mitte des 18. Jahrhunderts an wurde die Studentensprache als Phänomen richtig wahrgenommen. Davon zeugen nach Salmasius' Pionierleistung nicht nur die nun in immer kürzeren Abständen erschienenen Wörterbücher, sondern auch literarische Werke, die die Burschensprache ganz gezielt als Stilmittel und Verkaufsargument einsetzten – so wie in den 1970er- und 1980er-Jahren zahlreiche humoristische Werke mit dem zeitgenössischen Sponti- und Hippiedeutsch spielten. Zu den Autoren mit einem Gespür für die neuesten Trends gehörte W. G. Fischer mit seinem Epos »Komische Burschiade« von 1781, in dem erstmals das Wort *mogeln* auftaucht und mit »beim Spiel betrugen« erklärt wird. Einschlägige Ausdrücke finden sich ebenso bei Kasimir Renatus Denarrée alias Karl Friedrich Bahrdt in seiner vulgäraufklärerischen Satire »Leben und Thaten des weiland hochwürdigen Pastor Rindvigius« von 1790. Der wichtigste war allerdings Friedrich Christian Laukhard, ein Zeitgenosse Goethes, dem als Musterbeispiel eines burschikosen Schriftstellers in diesem Buch später noch ein eigenes Kapitel gewidmet sein wird.

Wer *krass* war, wurde *Opfer*

Die Wörterbücher von Kindleben und Augustin

Zunächst aber schauen wir nun in zwei Wörterbücher aus der zweiten Hälfte des 18. Jahrhunderts, die auf Salmasius folgten und ihn an Tiefe und Fülle übertrafen. Sie enthalten noch weitaus mehr Begriffe, die wir heute ganz selbstverständlich nutzen, ohne noch im Geringsten an deren Herkunftsmilieu zu denken. Beide Lexika erschienen in Halle, Heimat der neben Jena berüchtigtsten Krawalluniversität.

Das Nachschlagewerk von Christian Wilhelm Kindleben ist im Grunde genommen sogar das erste echte Wörterbuch. Die

Sammlung vom Salmasius und seinem Ergänzer füllte 1749 nur wenige Zeitschriftenseiten. Kindleben ging 32 Jahre später wesentlich systematischer vor. Der Berliner hatte von 1767 bis Anfang der 1770er-Jahre in Halle Theologie studiert. Doch seine Stelle als Landpfarrer, die er zwischen 1773 und 1776 in Kladow, Gatow und Glienicke innehatte, fand er offenbar nicht erfüllend. Danach schlug er sich als freier Schriftsteller durch und bemühte sich, nachdem er 1779 auf der völlig heruntergekommenen Universität Wittenberg zum »Doctor der Weltweisheit und der freien Künste Magister« promoviert worden war, vergeblich um eine Professur in Halle. Der sich bis zum Schluss in seinen Schriften sehr traditionell religiös und antiaufklärerisch gebende Kindleben hatte völlig zu Recht den Ruf eines Säufers und Hurenbocks. Sein »Studenten-Lexicon« von 1781 wurde genau wie die im gleichen Jahr erschienenen »Studentenlieder« von der Universität Halle, die offenbar gegen ihren üblen Leumund ankämpfen wollte, kritisch beäugt und schließlich vom Prorektor konfisziert. Kindleben wurde aus der Stadt gewiesen, seine Bücher vom preußischen König verboten.

Dabei schlägt er im Vergleich mit Salmasius' Verherrlichung studentischer Exzesse einen deutlich vorsichtigeren Ton an. Die Einleitung seines Buchs enthält eine Rechtfertigung des Studentenjargons, die schon an moderne linguistische Gruppensprachentheorien erinnert – nicht nur, weil Kindleben die vermeintlich gegenderte Form *Studierende* verwendet:

> *»Davon ist nun wohl die Frage nicht, ob es den jungen Studierenden auf Universitäten erlaubt und anständig sey, eine solche besondere Art, sich auszudrücken und ihre Begriffe gegen einander zu bezeichnen, unter sich statt finden zu lassen [...]. Zwey Gründe insonderheit bestimmen mich, diese den Herren Studenten eigenthümliche Art, zu reden, gegen eigensin-*

nige und hypochondrische Tadler, die so ganz vergessen, daß sie auch ehedem jung waren, zu vertheidigen: einmal, weil es einer jeden Gesellschaft, die, ohne dem Ganzen zu schaden, zu gewissen Zwecken und unter gewissen Bedingungen und Vortheilen zusammentritt, erlaubt ist, sich ihre eigenen Gesetze und ihre eigene Sprache zu entwerfen, sobald diese Besonderheit nur nicht den Rechten und Vortheilen eines dritten im Wege stehet; zweitens: weil die Studentensprache, sobald die akademischen Jahre, die so flüchtig dahin rollen, geendigt sind, ohnehin aufhört, und das Andenken daran gleichwohl selbst für manchen ernsthaften, im Amte stehenden Mann manch unschuldiges Vergnügen bey sich führet.«[23]

Kindleben verließ sich seinen eigenen glaubwürdigen Angaben zufolge nicht nur auf eigene Erinnerungen an Halle, sondern recherchierte regelrecht überregional: »Man wird übrigens in diesem Lexikon nicht blos die besonderen Redensarten der Studenten einer einzelnen Universität antreffen; ich haben deren vielmehr durch mündliche Unterredung und Korrespondenz von verschiedenen Universitäten, z. B. von Göttingen, Jena, Frankfurt an der Oder gesammelt.« Darüber hinaus habe er manche zum Zeitpunkt der Veröffentlichung schon wieder veraltete Ausdrücke hinzugefügt, die, als er selbst ein akademischer Jüngling war, noch im Schwange waren.

Allerdings war nach Kindleben selbst der Begriff *Bursche* zu seiner Zeit bereits veraltet. Dieser werde mittlerweile nicht mehr nur für junge Männer gebraucht, die sich nach dem *Burschencomment* (»die Handlungssweise, das freye Leben lustiger Studenten«) richten, sondern auch für alle möglichen anderen Leute:

»Da der Name Bursche nicht allein den Lehrjungen der Kaufleute und Krämer, sondern auch Soldaten und Handwerksge-

sellen beygelegt wurde, so fingen die Studenten an, als dieser Titel unter ihnen aufkam, die Soldaten, sonderlich die Stadtsoldaten und Schaarwächter Schnurren, die Handwerksgesellen und Lehrjungen aber Knüppel zu nennen. Es wäre zu wünschen, daß diese Benennung Bursche, Burschen, von Studenten gebraucht, gänzlich abkäme, ob sie gleich untern den sogenannten Philistern, Aufwärtern und Aufwärterinnen seit geraumer Zeit gebräuchlich ist, weil es für einen Studenten nicht viel Ehre bringt sich von gemeinen Leuten so nennen zu lassen, die damit gemeiniglich eine verächtliche Idee verbinden.« [24]

Über die Entstehung des Begriffs *Bursche* weiß Kindleben:

»Es soll zuerst als ein Wort, das einen Studenten bezeichnet, auf der Unversität zu Halle aufgekommen seyn. Bey den ältesten Studenten nämlich welche ohngefähr vor 70, 80 Jahren hier studirten, mußten alle die, welche nicht für Füchse passiren und die Unbequemlichkeiten des Pennalismus auf sich nehmen wollten, auf die Frage der Schildwacht: Wer da? antworten: ein Pursch, oder ein Bursche.« [25]

Kindleben erklärt, die Wörter *Bursche* und *Renommist* seien gleichbeutend, »Synonyma« also. Das Wort *Renommist*, das heute bestenfalls noch mit anderer Bedeutung aus Erich Kästners Ballade »Die Sache mit den Klößen« bekannt ist (»Ein Renommist, das ist ein Mann, der viel verspricht und wenig kann.«), haben wir schon als Titel von Zachariäs heiterer Versdichtung kennengelernt. Doch die war zu Kindlebens Zeiten schon 40 Jahre alt und *Renommist* als Bezeichnung für die freien und lustigen Studenten kam allmählich aus der Mode. Das Wort hatte für Kindlebens Zeitgenossinnen und -genossen wohl schon einen ähnlich ranzigen Beigeschmack wie für uns heute jugendsprachliche Formulierungen der Siebzigerjahre wie »Das fetzt!«.

Das Gegenteil eines alten Burschen war ein *Fuchs*. Diese Bezeichnung kam erst zu Beginn des 18. Jahrhunderts auf. In den 200 Jahren zuvor waren für die Erstsemester neben dem sehr verbreiteten *Pennal* (nach der gleichnamigen Federbüchse, die der beflissene Neuling immer dabei hatte) noch allerlei fantasievolle, je nach Studienort variierende Namen oft zoologischer Provenienz belegt: *Mutterkalb, Haushahn, Rabschnabel, Spulwurm, Räckel, Scherenschleifer* und *Schindhol*.

Die Herkunft des Ausdrucks *Fuchs* für einen jungen Studenten, der ganz neu an der Universität und noch sehr naiv war – in der heutigen Jugendsprache würde man ihn *Opfer* nennen – erklärt Kindleben nicht direkt. Aber er beschreibt sehr schön, wie mit der Bezeichnung des Tieres das Wort *prellen* im Sinne von »piesacken, quälen, betrügen« aus der Jägersprache in den Studentenjargon gelangt war: »Die Füchse prellen, ist ein eine Art Belustigung der Jäger, da sie ihrer vier einen gefangenen Fuchs in ein weisses Tuch legen, solches bei den vier Zippeln anfassen und denselben immer in die Höhe werfen, doch so, daß der Fuchs nicht heraus kann.« So wie die Jäger den Fuchs quälten, so toll trieben es die *Musensöhne* – ebenfalls eine Bezeichnung für ältere Semester – mit den *Füchsen*: »Ehedem wurden solche junge Leute von ältern Burschen entsetzlich geschoren, um ihre mitgebrachten *Mutterpfennig* geprellt und übervortheilt.«

Noch länger zurückliegend, aber noch gut im studentischen Gedächtnis bewahrt, war der Brauch, dass die Neuankömmlinge auch körperlich gequält wurden. Man nannte das *deponieren* bzw. *Deposition* nach lateinisch *depositio cornuum*, »Ablegen der Hörner«. Der Neustudent wurde gewissermaßen als ein Tier angesehen, dem sein animalischer Charakter erst ausgetrieben werden musste. Man setzte ihm eine Kappe mit Hörnern auf, steckte ihm Eberzähne in den Mund, prügelte ihn mit allerlei überdimensionalen Werkzeugen und bearbeitete ihn sogar mit Rasiermesser und Hobel, wovon sich unser Ausdruck »ungehobelt« ableitet. Diese Folter, an der sich früher selbst die Rektoren beteiligten, war in Jena bereits 1682 abgeschafft worden, aber Kindleben schreibt: »Noch jetzt werden auf der Universität Jena die Instrumente aufbewahrt und vorgezeigt, welche bey dem Hänseln oder Hudeln der neuen Studenten gebraucht wurden.«

Bei Christian Friedrich Bernhard Augustin, einem anderen Hallenser, der 1795 als ein weiteres grundlegendes Wörterbuch das »Idiotikon der Burschensprache« veröffentlichte, erfahren wir noch Genaueres über die Hackordnungen innerhalb der Studentenschaft. Augustin, der aus Gröningen in der Magdeburger Börde stammte, war selbst noch ein *Musensohn* – eine Selbstbezeichnung, die, wie wir gesehen haben, im späten 18. Jahrhundert mit *Bursche* konkurrierte. Er hatte 1790 ein Studium in Halle aufgenommen und sich dort dem »Märkischen Kränzchen« oder »Corps Marchia«, einer landsmannschaftlich ausgerichteten Verbindung, angeschlossen. Im Zusammenhang mit dem Jubiläum der Universität, die 1795 ihr 100-jähriges Bestehen feierte, entstanden seine »Bemerkungen eines Akademikers über Halle und dessen Bewohner«, die unter anderem das »Idiotikon« enthalten. Ein Idiotikon ist allgemein ein Wörterbuch, in dem Dialekte oder Gruppensprachen erläutert werden. Das größte seiner Art ist das »Schweizerische Idiotikon«, ein Generationenprojekt, in dem unsere südwestlichen Nachbarn seit mehr als 100 Jahren die Besonderheiten ihres speziellen Deutsch festhalten. Der Begriff geht zurück auf die griechische Ursprungsbedeutung von Idiot: »Mann aus dem Volke, Ungebildeter«.

Augustin klassifizierte in seinem Werk die Studenten nicht nur nach Jahren der Universitätszugehörigkeit, sondern benannte klipp und klar, welche Eigenschaft den *Fuchs* vom *Brander* (Student nach einem Jahr), vom *Bursch* (das war man erst nach eineinhalb Jahren) oder gar vom *bemoosten Haupt* (im dritten Jahr) unterschied: Es sei seine *Krassität*, also seine Ahnungslosigkeit in Bezug auf studentische Sitten und Regeln. Als *krass* bezeichnete man die Ahnungslosen, die nicht mit dem Komment und dem Kommersbuch vertraut waren. Denn »[d]iese beiden Bücher sind das Gesetz und die Propheten der Studentensprache«, wie Alfred Götze, der neben Friedrich Kluge wichtigste Forscher auf diesem Gebiet, erläutert.[26] Die Unwissenden beschreibt Götze so: »Kraß in diesem Sinne erscheinen dem Studenten vor allem zwei Klassen von Menschen, die Füchse und die Philister. Fast nur in Verbindung mit diesen beiden Wörtern tritt kraß auf.«[27] Über Erstere heißt es in der von Kindleben herausgegebenen Liedersammlung:

> *»Sind sie gleich krasse Füchse,*
> *So soll doch ihre Büchse*
> *Uns Alten dienlich seyn.*
> *Der Alte lehrt den Neuen*
> *Sich jugendlich erfreuen,*
> *Lehrt ihn die Burschenpflicht,*
> *Kommt, zahlet unsre Schulden*
> *Mit euren Muttergulden,*
> *Ihr Füchse, säumet nicht.«*[28]

Mit den im Lied erwähnten *Muttergulden* – sonst meist etwas realistischer *Mutterpfennig* genannt – ist das Extrageld gemeint, das die Mutter dem angehenden Studiosus vor der Abreise in die Universitätsstadt unbemerkt vom Vater zusteckte.

Krass zu sein und in *Krassität* zu leben, stempelte einen jungen Akademiker also zum Freiwild seiner älteren Kommilitonen ab – ein Zustand, aus dem man sich so schnell und glimpflich wie möglich herausarbeiten wollte. Das Wort *krass* stammte vom lateinischen *crassus*, »dick«, ab und hatte als Verkürzung des neulateinischen Ausdrucks *crassa ignorantia*, »grobe Unwissenheit, dicker Schnitzer«, zu Beginn des 18. Jahrhunderts seinen studentischen Sinn »ungeschliffen, grob« angenommen. Erst im frühen 19. Jahrhundert entwickelte sich daraus die allgemeine Bedeutung »extrem, weitgehend, außergewöhnlich«. Und ganz jung ist *krass* als meist positiv gemeinter Ausdruck des Erstaunens, der seit den 1990er-Jahren vergleichbaren älteren Jugendwörter wie *geil* und *cool* Konkurrenz macht. Wie diese ist das neue *krass* heute längst in die Sprache junger Erwachsener eingegangen. Damit ist es wohl das einzige Wort, das gleich zweimal und im Abstand von knapp 300 Jahren aus der Jugendsprache ins allgemeine Umgangsdeutsch gelangte.

Wer *abgebrannt* ist, muss jemanden *anpumpen*

Alte Studentenausdrücke heute

Spätestens jetzt ist wohl der Zeitpunkt gekommen, an dem noch einmal gerechtfertigt werden muss, warum der studentischen Welt vor 200 oder 300 Jahren, deren Rituale heute nur noch in den entlegensten Ecken des deutschen Burschenschaftswesen konserviert sind wie vertrocknete tote Mäuse hinter den alten Folianten eines Bibliotheksregals, in diesem Buch über die Geschichte deutscher Jugendsprachen so viel Gewicht beigemessen wird.

Das hat erstens damit zu tun, dass die Studentensprache die erste Jugendsprache ist, die sich überhaupt in Quellen belegen lässt. Es hat sicher überall und zu allen Zeiten dort, wo Jugendliche als herausgehobene Gruppe zusammentrafen, Rituale und Ausdrücke gegeben, mit denen sie sich von anderen abgrenzten. Von Soldaten wissen wir, dass sie schon immer – vermutlich bereits in den Legionen Roms – ihre eigenen Sprechweisen pflegten. Von fahrenden Schülern und Bettelkindern des Mittelalters dürfen wir es genauso annehmen wie von Handwerksgesellen und Lehrlingen. Der universitäre Brauch der *Deposition* wurde beispielsweise von einem Initiationsritus abgekupfert, dem sich zünftige Handwerker bei ihrer Freisprechung unterziehen mussten, wenn sie ihre Lehre abgeschlossen hatten und vom Meister in den Gesellenstatus entlassen wurden. Genauso sind gewiss auch Wörter aus dem Jargon junger Handwerker in die Studentensprache gelangt. Aber all das ist heute nicht mehr zu fassen. Zwar war in den genannten Milieus Schriftlichkeit spätestens nach der Reformation weiter verbreitet, als wir heute klischeemäßig annehmen. Aber der Stolz auf das individuelle Erlebnis und der Mitteilungsdrang gereifter selbstbewusster Herren, der aus den Studentenwörterbüchern und Dichtungen spricht, war nicht so ausgeprägt wie bei den »Intellektuellen«.

Dieser Drang hat uns – und das ist der zweite Grund, warum die Studentensprache hier so großen Raum einnimmt – sehr viele Quellen beschert. Sechs stolze Bände umfasst die von Helmut Henne, Heidrun Kämper-Jensen und Georg Objartel 1984 herausgegebene »Bibliothek zur historischen deutschen Studenten- und Schülersprache«, in der außer Salmasius, Kindleben und Augustin noch viele weiter Wörterbücher des 18., 19.

und frühen 20. Jahrhunderts nachgedruckt sind. Darüber hinaus enthält diese Sammlung die ältesten einschlägigen wissenschaftlichen Werke von Größen wie Friedrich Kluge, dem Begründer des nach ihm benannten etymologischen Wörterbuchs. Man sieht daran, dass die Beschäftigung mit der Studentensprache um 1900 nicht mehr ein Hobby aktiver oder ehemaliger Studenten aus dem Burschenschaftsmilieu war, sondern eine Aufgabe, der sich Wissenschaftler mit Eifer zuwandten. Und das hatte seinen Grund.

Denn aus dem Gruppenstil trinkfester und leicht reizbarer Akademiker ist ein erstaunliches Quantum an Begriffen in die heute gängige Umgangssprache gelangt. Allenfalls das Rotwelsche, der Jargon der Gauner und heimatlosen Gesellen, sowie die Sprechweise der Soldaten und Seeleute hatten einen ähnlichen Einfluss. Insgesamt 163 Einträge sind im Register der 9. Auflage des »Deutschen Wörterbuchs« von Hermann Paul unter »Studentensprache« versammelt. Zwar ist darunter viel Antiquiertes, das heute nur noch in einem solchen historischen Wörterbuch zum Bedeutungswandel seinen Platz hat. Doch ebenso findet man von *abknöpfen* bis *das ist mir Wurst* etliche Ausdrücke und Wendungen, die immer noch ganz allgemein üblich sind.

Ein schönes Beispiel dafür, wie ein Wort aus dem rotzigen Jargon der Burschen in die Sprache selbst der gehobenen Diplomatie aufgestiegen ist, lieferte 2016 der damalige EU-Kommissionschef Jean-Claude Juncker. Als er darauf angesprochen wurde, ob es nicht undemokratisch sei, ein Freihandelsabkommen mit Kanada ohne Abstimmungen in den nationalen Parlamenten zu verabschieden, antwortete er, rechtlich sei das nicht nötig, und fügte hinzu: »Mir persönlich ist das aber relativ schnurzegal.« Diese Wendung stammt aus der historischen Studentensprache. Im Jahr 1831 taucht in dem Wörterbuch

»Der flotte Bursch« von Carl Albert Constantin von Ragotzky die Redensart *Es bleibt sich schnurz* auf, die mit »es bleibt sich gleich« übersetzt wird.[29] Der Ursprung des Wortes ist unklar; im Grimm'schen Wörterbuch wird vermutet, dass es mit dem 1557 beim Dichter Jörg Wickram belegten *schnarz*, »rauh, barsch«, verwandt sei.

Junckers *schnurzegal* ist also eine Tautologie, denn *schnurz* allein meint ja schon »egal«. Solche Verdopplungen treten häufig auf, wenn die Bedeutung des ersten oder zweiten Teils einer Zusammensetzung nicht (mehr) geläufig ist. Beispiele dafür sind *Guerillakrieg* (*guerilla* heißt auf Spanisch »kleiner Krieg«) oder *Düsenjet* (das englische *jet* bedeutet »Düse«). Bei *schnurz* waren allerdings im 20. Jahrhundert immer beide Varianten gebräuchlich. So lässt Vicki Baum 1929 in ihrem Roman »Menschen im Hotel« jemanden sagen: »Ob du spielen gehst oder Pferde wettest oder ob du einer alten Tunte mal Zweiundzwanzigtausend in Liebe und Güte abnimmst oder ob du Perlen um Fünfmalhunderttausend holen sollst – das ist dir schnurzegal.« Im selben Jahr urteilt Franz Biberkopf, der Held von Alfred Döblins Roman »Berlin Alexanderplatz«, über die Ärzte: »Denen bin ich heute so schnurz, wie ich gestern schnurz war, denen bin ich vielleicht interessant, und darum ärgern sie sich über mir, daß sie mit mir nicht fertig werden.«

Wie die Wörter aus dem engen Kreis des studentischen Komments den Weg in die allgemeine Alltagssprache fanden, erklärt Friedrich Kluge: In den kleineren Hochschulorten, schreibt er 1895 durchaus noch mit einem für ihn aktuellen Bezug zur Gegenwart, beherrsche der Wortschatz der Studentensprache auch den Verkehr der Bürger: »Der Philister«, zitiert Kluge aus dem 1843 erschienenen Roman »Akademische Welt« von Ludwig Köhler, »ist mit der vollständigen Studententerminologie bekannt und thut sich nicht wenig darauf zu gute den

Komment los zu haben wie nur irgend ein bemoostes Haupt.«[30] Und schon 1792 bemerkt Laukhard: »Überhaupt wird man finden, daß da, wo Universitäten sind, die Bürger größtenteils studentenmäßig leben, und den Ton derselben nachäffen.«[31] In den Universitätsstädten ließen sich besonders die Mittelschüler von den nur wenig älteren und sicher oft bewunderten Burschen beeinflussen. Ihrer Pennälersprache wird später noch ein eigenes Kapitel gewidmet sein.

Nach dem Hochschulabschluss nahm der Absolvent die studentische Sprechweise in seine Heimat und seine neuen Lebensverhältnisse mit. Wurde aus ihm ein Schriftsteller, ließ er gerne burschikose Wendungen »in seine ersten Geisteserzeugnisse« einfließen, wie Kluge feststellt. Auf diese Weise kam etwa der s-Plural, der so charakteristisch ist für Schillers »Räuber«, in die Literatur: »Stelle mich vor ein Heer Kerls wie ich, und aus Deutschland soll eine Republik werden, gegen die Rom und Sparta Nonnenklöster sein sollen«, prahlt etwa Karl Moor im ersten Akt des Jugenddramas. Mit der Form *Kerls* statt *Kerle* greift Schiller auf ein beliebtes Element der Studentensprache zurück. Alfred Götze, ihr neben Kluge wichtigster Erforscher, schreibt zu dieser speziellen Pluralform: »Seit dem 16. Jh. ist da eine Vorliebe für die Mehrzahl auf *-s* zu beobachten: *Esels, Flegels, Jungens, Ständchens, Schwerenöterchens*. Aus der Burschensprache haben diese Neigung die Stürmer und Dränger übernommen, und deshalb haben diese Mehrheitsformen für unser Sprachgefühl den Klang des Kraftstrotzenden, Urdeutschen behalten.«[32]

Wie wir später sehen werden, griffen viele Dichter selbst noch in den Produktionen ihrer reiferen Jahre zu studentischen Ausdrücken, um damit bestimme Effekte zu erzielen. Götze erläutert dazu: »[A]us der studentischen Jugend gehen zum größten Teil die Leute hervor, die später die Literatur beherrschen.

Durch die Stürmer und Dränger, durch Dichter wie Bürger, Kortum, Heine, Stoppe, Hauff, Körner und Gaudy ist manches Studentenwort Besitz der deutschen Gemeinsprache geworden.«[33] Und wir können ergänzen, dass Goethe, Schiller und Thomas Mann ebenfalls an dieser Verjugendsprachlichung des Deutschen mitwirkten.

So wundert es nicht, dass vieles, was einst als jugendlicher Insiderwitz in Halle, Jena, Gießen oder Göttingen erdacht wurde, heute noch im Duden steht. *Blamage, paffen, krass, fidel, aufgedonnert, Tatterich, Ulk, mogeln* oder *pomadig* entstammen dem alten Universitätsmilieu genauso wie *Abfuhr, abgebrannt, abknöpfen, abmurksen, Anschiss, aufgekratzt, berappen, blechen, bummeln, Bude, durchbrennen, famos, flöten gehen, foppen, Kneipe, petzen, Schlamassel, Schmöker, Schwof, Skandal, verdonnern, verduften, verknallen* oder die Redewendungen *unter aller Kanone* und *das ist mir Wurst*. Diese Aufzählung ließe sich noch erheblich erweitern.

Die deutsche Sprache verdankt dem universitären Jargon jedoch nicht nur Wörter und besondere Formen wie das Plural-S an Stellen, wo es standardsprachlich nicht hingehört, sondern genauso bestimmte Vor- und Nachsilben. Wenn wir heute im Winter sagen, es sei *saukalt*, oder bemerken, jemand sei *bierernst*, ahnen wir wohl nicht, dass *sau-* und *bier-* Präfixe waren, die zuerst im studentischen Gruppenstil vor Begriffe gesetzt wurden, um deren Gehalt zu verstärken.

Im Wortregister der von Henne und Objartel herausgegebenen »Bibliothek zur historischen deutschen Studenten- und Schülersprache« füllen Ausdrücke, die mit *bier-* anfangen, allein sieben Spalten – von *Bieramseln* bis *Bierzwang*.[34] Nicht ganz so viele Wörter haben die Vorsilbe *sau-*, aber dafür sind von diesen aktuell noch mehr im Gebrauch, wie *Sauglück, Sauhund, Saukerl, saumäßig, Sauklaue, Saupech, Sauschwein* und *sauwohl*.

Von den Nachsilben der Studentensprache sind heute beispielweise *-os/-ös*, *-ität* oder *-alie* feste Bestandteile der Wortbildung. *Lappalie* und *Fressalien* etwa waren ursprünglich Begriffe der Burschenwelt. *Burschikos*, das heute in der Sprache der Mode das Gegenteil von feminin meint, bedeutete früher »studentisch«. Die *Schwulitäten*, in denen auch Heterosexuelle stecken können, finden sich schon 1781 in Kindlebens Wörterbuch: Ursprünglich wurde damit eine Verlegenheit bezeichnet, bei der Burschen ganz *schwul/schwül* wurde. Und mit *-ös* bildeten Musensöhne unter anderem das schöne Wort *schauderös*, das ebenso in einer Donald-Duck-Übersetzung von Erika Fuchs stehen könnte. Dass sie sich mit Studententraditionen auskannte, zeigt die Philologin Fuchs zum Beispiel in der Geschichte »Im Lande der viereckigen Eier«, in der sie Indianer Studentenlieder singen lässt, die ihnen vor langer Zeit ein Professor Püstele aus Entenhausen beigebracht hat – darunter das berühmte »Gaudeamus igitur« (»Lasst uns also fröhlich sein!«). Das Stück wurde erstmals 1781 im Liederbuch von Kindleben abgedruckt; seine Spuren lassen sich aber bis ins Mittelalter zurückverfolgen.

Bei Menschen, die sogar im betrunkenen Zustand noch Lateinisch sangen, ist es kein Wunder, dass sie in ihren Jargon allerhand verballhornte lateinische Bruchstücke aufnahmen – ähnlich wie die Jugendsprache der 1960er und 1970er-Jahre durchsetzt war von halb englischen, halb deutschen Begriffen etwa aus dem Bereich der Rockmusik und des Drogenkonsums. Die antiken Elemente der Studentensprache wollen wir uns in einem späteren Kapitel anschauen. Und auch dem Französischen wird ein eigener Abschnitt gewidmet.

Das ganze fremdsprachliche Gepränge täuscht aber nur darüber hinweg, dass der Alltag der Studenten meist weniger von lateinischen Studien und französischen Manieren geprägt war als von banalen materiellen Sorgen. Entsprechend groß war der Wortschatz für den Bereich des Geldes, des Zahlens, des Schuldenmachens und der Abwehr der schon genannten *Manichäer*. Heute noch gängige Synonyme für Geld wie *Moos* und *Kies* gehen ebenso auf die Welt der Burschen zurück wie das Wort *blechen*. Ein humoristischer Kupferstich aus dem Jahre 1820 zeigt die Szene »Wie ein Student in Krähwinkel einen Philister anpumpt«. Man sieht darauf einen nach der universitären Mode gekleideten Jüngling und einen graugesichtigen älteren Mann. Dieser kniet unter einer öffentlichen Wasserpumpe und wird mit Wasser aus dem Hahn überschüttet, indem der Student den Pumpenschwengel bewegt. Das Interessante daran ist, dass der Philister Münzen erbricht. Anfang des 19. Jahrhunderts war die Redensart *jemanden anpumpen* im Sinne von »sich Geld leihen« aufgekommen, und das witzige Blatt machte eine breitere Öffentlichkeit mit den Kuriositäten der damaligen Jugendsprache bekannt. Heute sind *anpumpen, sich etwas pumpen* und *auf Pump leben* längst ganz allgemein bekannte Wörter und Wendungen.

Wer einen *Kater* hat, der *schwänzt* eben

Von den Burschen zu Fridays for Future

Auch beim *Kater*, den man nach einem Rausch hat, denkt keiner mehr an die burschikosen Saufrituale von Halle, Jena und Gießen. Aber das Wort erschien erstmals um 1850 als Hüllwort: Die Studenten sagten vermutlich ironisch, sie hätten einen *Katarrh*, wenn ihnen übel war; in der Leipziger Aussprache wurde dann *Kater* daraus. Oder es war eine wortspielende Variante des Ausdrucks *Katzenjammer*, der schon seit der Zeit um

1800 für das schlechte Gefühl nach allzu ausgiebigem Alkoholgenuss im Gebrauch war.

Ein anderes altes Studentenwort mit zoologischem Anklang las man sehr häufig, als im Sommer 2019 Deutschlands Schüler jeden Freitag für den Klimaschutz streikten. Da stand auf der Titelseite des »Hamburger Abendblatts«: »Heute demonstriert Greta in Hamburg [...] Schulbehörde warnt vor Schwänzen«. Die Schlagzeile irritierte viele Menschen und bewies wieder einmal, dass die Groß- und Kleinschreibung zu den fiesesten Tücken der deutschen Sprache zählt. Gemeint war aber natürlich nicht der Plural des Substantivs *Schwanz*, sondern das Verb, das das »Digitale Wörterbuch der deutschen Sprache« so definiert: »etw., besonders eine Unterrichtsstunde, Aufgabe, Pflicht, ohne triftigen Grund versäumen, an etw. nicht teilnehmen, weil man keine Lust hat«. In dieser Bedeutung kam das Verb *schwänzen* im frühen 18. Jahrhundert in der Studentensprache auf. Zunächst meinte es »betrügen, etwas schuldig bleiben« und ist so seit 1729 belegt; im Jahr 1749 lässt es sich dann erstmals im Sinne von »eine Vorlesung versäumen« nachweisen.[35]

Entwickelt hat sich diese neue Bedeutung aus einem älteren *swenzen*, das im Rotwelschen, der Sprache der Gauner, »gehen, schlendern, schleichen« bedeutete. Es ist im »Liber vagatorum« von 1510 nachweisbar, einem Lexikon über die Tricks der Bettler. Ähnlich verwendete Martin Luther *swenzen* als Synonym für »herumstolzieren«. Und 150 Jahre später dichtet der Barockpoet Kaspar Stieler: »Du gehst durch alle Gassen schwänzen / und findst dich gern bey Hochzeittänzen.« Dieses *swenzen* wiederum geht zurück auf ein mittelhochdeutsches Verb, das »schwanken« und dann »sich beim Tanz hin und her wiegen« meinte. Der Schwanz eines Tieres wird so genannt, weil sich dieser Körperteil in der Vorstellung, etwa bei Kühen, ständig hin und her wiegt, um Fliegen zu vertreiben.

Im 18. Jahrhundert nahm *Schwanz* ausgehend vom Verb *schwänzen* in der Studentensprache den Sinn »Versäumnis, verpasste Vorlesung« an. Georg Franz Burghard Kloß, der Verfasser eines weiteren »Idiotikons der Burschensprache«, definierte 1808 einen Schwanz als »Lücke im Heft«, also in der Vorlesungsmitschrift. Solche *Schwänze* meinte auch Heinrich Heine, als er 1820 in einem Brief an seine Freunde Friedrich Arnold Steinmann und Johann Baptist Rousseau ausführte, warum er seinen Studienort Bonn gegen Göttingen eingetauscht hatte. Nachdem er in Bonn zu viel Zeit mit der Niederschrift seiner ersten Tragödie »Almansor« verbracht hätte, hätten ihm sogar die lauten Wogen des Rheins mahnend zugerauscht:

> *»Ochse, deutscher Jüngling, endlich,*
> *Reite deine Schwänze nach;*
> *Einst bereust du, daß du schändlich*
> *Hast vertrödelt manchen Tag!«*[36]

Wir sehen daran: Alles, was mit *schwänzen* und *Schwänzen* zu tun hat, war schon immer semantisch und orthografisch zweideutig.

Ebenso zweideutig ist dank der Großschreibung das Wort *Ochse* am Anfang des Heine-Zitats. Es ist keine despektierliche Anrede des Jünglings als männliches Rind durch den mahnenden Rhein, sondern ein Imperativ, der nur großgeschrieben wird, weil er am Satzanfang steht. Denn *ochsen* bedeutete in der Studentensprache das Gleiche wie das heute noch gebräuchliche *büffeln* (ebenfalls aus der Studentensprache), nämlich »sich etwas durch Wiederholen einprägen«. In diesem Sinne erklärt Heine in seinem Brief den Umzug in das ablenkungsfreie Göttingen: »Nur gut ochsen kann man hier. Das war's auch, was mich herzog.« Es zeigt sich: Ein Autor wie Heine ist ohne Kenntnisse der alten deutschen Studentensprache nicht immer hundertprozentig zu verstehen. Beim frechen jungen Heine, dessen berühmtestes Prosawerk »Die Harzreise« von einer Fußwanderung handelt, die an seinem neuen Studienort Göttingen beginnt, ist das nicht allzu verwunderlich. Doch im nächsten Kapitel werden wir erleben, dass selbst ein gefeierter Autor, den man oft zu Unrecht abgehoben von allen menschlichen Sphären im Dichter-Olymp ansiedelt, kreativ mit der Studentensprache umging – und das bis ins hohe Alter.

Als Goethe *Pech* im Glück hatte

Studentensprachliches im Werk des größten deutschen Dichters

Unter den nachgelassenen Papieren Goethes findet sich unter anderem eine Wortsammlung, von der man nicht recht zu sagen vermag, was der Dichter eigentlich damit anfangen wollte. Es handelt sich um eine Seite eines Notizbuchs, das Goethe während seiner Reise durch Italien anlegte und von der Forschung auf 1788 datiert wird. Wenn diese Jahreszahl stimmt, dann enthält das Blatt mit der Überschrift »Studenten Comment«[37] Erstbelege für etliche studentensprachliche Ausdrücke, die dann in den Wörterbüchern der kommenden Jahre gebucht sind. Außerdem ist es ein prominenter Beweis dafür, dass man sich schon zu dieser Zeit der Sprache der Burschen mit einer vorwissenschaftlichen Neugier zu nähern begann und der Trend zum Sammeln, Sichten und Sortieren ging.

Den 15 Ausdrücken stellt Goethe jeweils eine Bedeutungserklärung gegenüber. Und fast alle diese Wörter gebrauchte er auch an anderer Stelle, wie man anhand des großen Goethe-Wörterbuchs nachprüfen kann. Dieses Mammutprojekt wird von mehreren Wissenschaftsakademien seit fünf Jahrzehnten bearbeitet. Am Ende soll es jedes der 120 000 Wörter, die der »Olympier« verwendet, aufführen.[38] Die Studentensprache war für den Dichter also kein exotischer Forschungsgegenstand, sondern ihm ganz eigen.

Das wichtigste Wort in Goethes Sammlung ist *Pech*. Es wird als »Unglück« definiert. In dieser uns heute allgemein bekannten Bedeutung war es vorher nicht im Gebrauch. Augustin erklärt den Begriff ein paar Jahre später, nämlich 1795, folgendermaßen: »*Pech* heißt Unglück. *Saupech* starkes Unglück, auch *Saumalheur* und *Unglück mit Pech vermischt*.«[39] Das Gegenteil von *Pech* ist bei Goethe *Treffer*, was »Glück« bedeutet. Der Jugendsprache-Historiker Helmut Henne schreibt dazu:

> »*Darüber hinaus zeigen Goethes Beispiele wesentliche strukturelle Merkmale jeder ›Jugendsprache‹ an: die hyperbolische (also großsprecherische, in diesem Fall superlativische) Form des Sprechens, neben dem Pech gibt es das Saupech, neben dem Treffer den Sautreffer, dazu eine die Erwachsenenwelt, also die Philister schockierende grobianische Weise des Redens, von z. B. Anschiß (›Wunde beim Duell‹) und Verschiß (›Strafe wegen nicht kommentgemäßen Verhaltens‹). Heutige Jugend bezeichnet die Gegenstände ihrer Entzückung mit superaffengeil.*«[40]

Der letzte Satz des 1982 erschienenen Henne-Texts ist mittlerweile selbst schon wieder historisch.

Weitere Wörter der Liste sind *klemmen* und *schießen* im Sinne von »wegnehmen«, die ich beide aus meiner Jugend noch als schülersprachliche Ausdrücke kenne und von denen zumindest *klemmen* (»stehlen«) bis heute im »Digitalen Wörterbuch der deutschen Sprache« verzeichnet ist. Auch *dämmern*, das Goethe mit der heute so schön altmodisch-poetisch klingenden

Erklärung »bey sich verweilen« versehen hat, ist noch immer für den Zustand zwischen Tag und Traum im Gebrauch. Leider hat Goethes schöner *Dämmerfürst* (»Phlegmaticus«) nicht überlebt. Goethe selbst verwendete den Begriff nur ein einziges Mal in einem Brief von 1814. Hier bezieht er sich auf einen Heidelberger Studienkollegen seines Dienstherrn Carl August von Sachsen-Weimar, über den er schreibt, dass jener »nun aber zu einem heitern Helden aufgewacht ist«.[41]

Nicht mehr gebräuchlich ist die von Goethe notierte Redensart *das genirt mich nicht* (»es geht mich nichts an«). In seinen eigenen Texten entfaltet das Verb *genieren* eine große Bedeutungsvielfalt im weiten Sinn von »einengen«. Berühmt ist etwa Goethes Zitat über Schiller: »Er ist so groß am Theetisch, wie er es im Staatsrath gewesen seyn würde. Nichts geniert ihn, nichts engt ihn ein, nichts zieht den Flug seiner Gedanken herab.« Noch der alte Dichterfürst erinnerte sich an die Studentensprache. Im Jahr 1817 schrieb Goethe dem Göttinger Historiker und Professor Georg Friedrich Sartorius über die von Lord Elgin nach England gebrachten Marmorskulpturen von der Akropolis in Athen: »Was mich aber sonst in der Welt genirt (um den Studentenausdruck zu gebrauchen) das sind die Elginischen Marmore.«

Zumindest in älterer Literatur findet man noch die Wendung *in Verschiss geraten*, die bei Goethe wie erwähnt in ihrer aktivischen Form *in Verschiß thun* (»in Bann thun«) aufgeführt wird. *Anschiss* kennen wir nur noch in der Bedeutung »Rüffel«. Außerhalb von schlagenden Verbindungen benutzt es aber keiner mehr so wie Goethe, der den Begriff aus dem Jargon der studentischen Duelle seiner Zeit heraus erläutert als »Stich mit sichtbarem Dreyek«. Dafür ist *patent* (»tüchtig«) noch allgemein bekannt, obwohl es mittlerweile vielleicht ein wenig tantig klingt.

Rein literarisch interessant, aber auf diesem Gebiet mit umso größerem Nachklang, ist das Wort *Suite* und die dazugehörigen Ableitungen: *Suite reißen* – »Schwanc machen« bzw. *S[u]itier* – »Roué [französisch ›Lebemann, Wüstling‹] im niedrigern Sinne«. Helmut Henne, der Goethes Dokument in seine »Bibliothek zur historischen deutschen Studenten- und Schülersprache« aufgenommen hat, schreibt zum unerklärten Wort *Suite*: »Es ist nicht leicht, eine zutreffende Übersetzung zu geben, weil das Wort, eminent situations- und kontextabhängig, in seiner Bedeutung wechselt. Die Lücke, die Goethe lässt, hat also Gründe.«[42] So kann *Suite* ebenso für »Gefolge«, »Liebesabenteuer«, »Spaß« oder »Fahrt, Ausflug« stehen. Goethe selbst erklärt den Begriff 1812 in »Dichtung und Wahrheit« als »verwegner Humor«: »Diese Dinge sind so gewöhnlich, daß sie in dem Wörterbuche unserer jungen akademischen Freunde Suiten genannt werden, und daß man, wegen der nahen Verwandtschaft, ebenso gut Suiten reißen sagt als Possen reißen.«[43]

Heute kennen wir den *Suitier* nur noch aus Thomas Manns »Buddenbrooks«. Wer den Roman gelesen hat, weiß, dass Christian Buddenbrook, der lebenslustige, jedoch von Zwangsneurosen geplagte Versagerbruder des braven Thomas Buddenbrook sich dort zur Welt der *Suitiers* hingezogen fühlt. Damit sind jene Lübecker Bürger gemeint, die sich nicht allzu sehr um gesellschaftliche Regeln kümmern und sich Freiheiten in Bezug auf Erotik wie Alkoholkonsum herausnehmen – allerdings ohne sich dabei wie Christian zu ruinieren. Die »Buddenbrooks« sind 1901 erschienen. Dass *Suitier* um die Jahrhundertwende ein ganz verbreitetes Wort war, beweist das Libretto von Johann Strauss' Operette »Die Fledermaus« aus dem Jahre 1874. Hier reimt das Kammermädchen Adele:

> *»Was schreibt meine Schwester Ida?*
> *Die ist nämlich beim Ballett [...]*
> *›Wir sind heut auf einer Villa,*
> *Wo es hergeht flott und nett.*
> *Prinz Orlofsky, der reiche Suitier,*
> *Gibt heute abend dort ein Grand-Souper.‹«*[44]

Das können direkte Überreste der Studentensprache sein, aber genauso Nachklänge Goethes, dessen Werk natürlich sowohl die Strauss-Librettisten Karl Haffner und Richard Genée als auch der junge Thomas Mann wie alle deutschsprachigen Autoren dieser Zeit geradezu inhaliert hatten. Denn Goethe hat *Suite* und *Suitier* in seinem Werk häufiger verwendet. Am wichtigsten ist wohl die Stelle aus der Erzählung »Die gefährliche Wette«, die in den Roman »Wilhelm Meisters Wanderjahre« eingeschaltet ist. Hier heißt es:

> *»Es ist bekannt, daß die Menschen, sobald es ihnen einigermaßen wohl und nach ihrem Sinne geht, alsobald nicht wissen, was sie vor Übermut anfangen sollen; und so hatten denn auch mutwillige Studenten die Gewohnheit, während der Ferien scharenweis das Land zu durchziehen und nach ihrer Art Suiten zu reißen, welche freilich nicht immer die besten Folgen hatten. Sie waren gar verschiedener Art, wie sie das Burschenleben zusammenführt und bindet.«*[45]

Der *Luftikus* in *Schwulitäten*

Vom Studentenlatein

Über das Wort *Suite* in Goethe Studentenwörtersammlung merkt Henne an: »Lehrreich ist dieses erste Beispiel auch insofern, als es den fremdsprachigen, in diesem Fall französischen Hintergrund der Burschensprache aufzeigt und zugleich demonstriert, wie die so gewonnenen Bedeutungen produktiv werden und Wortfamilien schaffen.«[46] Die Studenten waren eine Bildungsavantgarde, die sich nicht zuletzt durch die Beherrschung fremder Sprachen auszeichnete. Dazu gehörte schon seit dem Mittelalter das Latein, die Lingua franca der akademischen Welt Europas.

Das Studentenlatein war allerdings sehr weit vom klassischen Latein entfernt. Friedrich Kluge urteilt über den kreativen Umgang mit der toten Sprache:

»*Wenn die Vulgata [die lateinische Bibelübersetzung] und das Korpus Juris, Cicero und Galen auf den Hochschulen Lehrer und Lernende aller Fakultäten zum Latein zwang[en], wenn schon in den Lateinschulen mit Rücksicht auf die hohen Schulen das Lateinsprechen in allgemeiner Übung stand, so dürfen wir erwarten, daß das Latein überall in das Studentenleben älterer Zeit hineinragt. Aber voll Übermut und Keckheit handhabt der Student auf den Kneipen die altehrwürdige Sprache und er zeigt in toller Sprachmischung, in kühnen Verschnörkelungen einheimischen Sprachguts mit lateinischen Floskeln, in rücksichtsloser Abstreifung jeden Regelzwanges, in derb komischer Verschmelzung von Deutsch und Latein, daß er einen lästigen Zwang mit Humor auch beim Bier erträgt.*«[47]

Aus der Welt des rituellen Brüderschaftstrinkens stammte der Zuruf *Ex!* (»Aus!«), den wir heute noch in der Wendung *etwas auf ex austrinken* im Sinne von »vollständig leeren ohne abzusetzen« kennen. Schon Johann Fischart, der in der zweiten Hälfte des 16. Jahrhunderts lebte, dichtete in einem Lied: »Trinkts gar aus! totum ex!«[48] Weiterhin entstammen dem Studentenlatein solche alltäglichen Begriffe wie *Moneten* und *spendabel*. Heute völlig vergessen ist, dass das Wort *Student* selbst ein lateinisches ist.

Die Mischung von Elementen neuerer Sprache mit lateinischen Wortbildungselementen nennt man seit der Renaissance *makkaronisches Latein*. Dieses humoristisch-ironische Stilelement zur Kennzeichnung von Scholaren, Juristen und Medizinern entwickelte sich bereits im Mittelalter und ist beispielsweise in den »Carmina Burana« zu lesen und zu hören. Als in der Renaissance das klassische Latein wieder Stilideal wurde, legten humanistische Schriftsteller ihren Witzfiguren oft makkaronische Wörter und Sätze in den Mund, um sich über deren schlechtes Latein lustig zu machen. Der erwähnte Fischart war ein Meister solcher *Nuttelverse* (»Nudelverse«), wie er sie selbst nannte.

Diese Sprachmischung funktionierte bei den Studenten, indem man deutschen Wörtern lateinische oder pseudolateinische Endungen anhängte: Aus *fressen* und *läppisch* entstanden so *Fressalie* und *Lappalie*, aus *Luft* und *pfiffig* der *Luftikus* und der *Pfiffikus*. Sehr produktiv wurde die Endsilbe *-ität* eingesetzt: Allein Fischart erfand schon *Weinschlauchität, Bierpausität, Altwibität, Stromachität* und *Bienenkorbität*; weiterhin gab es *Grobität, Filzität* und *Knüllität*. Diese witzigen Bildungen orientierten sich an gelehrten deutsch-lateinischen Begriffen wie *Humanität, Antiquität, Quantität* und *Spontaneität*. Letzteres etwa erscheint zuerst als philosophischer Terminus Ende des 18. Jahrhunderts bei Johann Nicolaus Tetens und Immanuel Kant. In ihrer Form waren die Ausdrücke zugleich vom Französischen beeinflusst. So findet sich die *spontanéité* schon 1695 bei Gottfried Wilhelm Leibniz. Überlebt hat von all den humoristischen Schöpfungen der Burschen nur die *Schwulität*, die Kindleben damit erklärt, dass einem in Verlegenheit *schwül*, also heiß wird.

Reichhaltig war einst das Repertoire an Burschen-Wörtern, die allein durchs Anhängen von *-us* geschaffen wurden. Dies sollte den Begriffen einen als typisch lateinisch empfundenen Klang verleihen. Schon Fischart macht sich über diese Manier, in der die Humanisten auch ihre Familiennamen latinisierten, lustig: »Es sind nicht alle Lateiner, die Gabelus-Zinkus können.«[49] Geld hatte der Student am liebsten in *baribus*. Er prügelte sich *cum Stadtknechtibus*. Und wer in Texten des 18. Jahrhunderts Ausdrücke wie *Freundus, Kerlus, Üppikus* (für einen Dicken) oder *Linkus* (für einen Linkshänder) liest, bekommt zuweilen das Gefühl, diese wären gute Freunde von Feistus Raclettus (der römische Statthalter im Band »Asterix bei den Schweizern«) oder Schwanzus Longus (im englischen Original: Biggus Dickus) im Monty-Python Film »Das Leben des Brian«. Geblieben ist uns von all diesen Humorblüten klassischer Studentenbildung neben den schon genannten *Pfiffikus* und *Luftikus* nur der im frühen 19. Jahrhundert aufgekommene *Schwachmatikus*, der heute allerdings meist seines lateinischen Prunks beraubt als *Schwachmat* durch die Umgangssprache geistert.

Neben dem Latein feuerte als weitere antike Sprache das Griechische die Fantasie und Kreativität der Studenten an. Protestantische Theologen mussten es bereits seit der Reformation beherrschen, nachdem Luther, Melanchthon & Co. den griechischen Originaltext des Neuen Testaments für verbindlich erklärt hatten und die im ganzen Mittelalter kanonische lateinische Vulgata-Fassung nicht mehr viel galt. Studenten weltlicher Fächer lernten die Sprache, spätestens seitdem der Kunsthistoriker Johann Joachim Winckelmann im 18. Jahrhundert die »edle Einfalt und stille Größe« griechischer Skulpturen zum Vorbild für den aufkommenden Klassizismus erhoben hatte. Es begann eine 150 Jahre anhaltende Griechen-Schwärmerei, die Goethe und Schiller genauso erfasste wie noch Nietzsche und George. Die englische Germanistin Eliza Marian Butler nennt diese lange geistesgeschichtliche Epoche 1935 in einem Buchtitel übersetzt »Die Tyrannei Griechenlands über Deutschland«.

Dafür, dass es eine Tyrannei gewesen sein soll, sind die griechischen Spuren im Burschenjargon nicht allzu zahlreich – aber es gibt sie. Das Interessante daran ist, dass man für diese Einsprengsel selbst mitten in mit lateinischen Buchstaben geschriebenen deutschen Sätzen oder gar einzelnen Wörtern lange das griechische Alphabet nutzte. Früh wurde die Endsilbe -*ikos*, die in vielen theologischen und wissenschaftlichen Ausdrücken zu finden ist, auf triviale Trinkrituale übertragen. Im ältesten überlieferten Studentenkomment, dem »Jus Potandi« von 1616, stellen die Verfasser zwei Arten des Austrinkens einander gegenüber: florικῶς und haustικῶς. Wir zitieren hier den fremdartigen Text so ausführlich, um einmal die Absurdität solcher Anweisungen zu dokumentieren, bei denen übertriebene Genauigkeit in Parodie umschlägt:

> »*Florικῶς, wenn man die gantze Labaschke oder Waffe [beides obskure Dialektausdrücke für ›Maul‹ – Anm. d. Verf.] oben umb des Glaßes Orificium oder Mundloch herumb zerret, und auff einen Satz den gantzen Trunck in die Gurgel geust, durch welches ungebärdiges Beginnen das Glaß mit weissen Geschtblasen, die man flores nennet, gefüllet wird. Haustικῶς, wenn der gantze Pocal oder Glaß auff einen Zugk oder Athem evacuiret und gelähret wird.*«[50]

Zur gleichen Zeit kam *studentikos* auf. Im Jahr 1658 liest man etwa in Schochs »Comoedia vom Studentenleben« den Satz: »Ich sehe wol, mein Herr hat sich prave gehalten, er hat es recht Studentικῶς gemacht.«[51] Zu Beginn des 18. Jahrhunderts wurde dann genau zwischen studentικῶς und burschικῶς unterschieden. In einem handschriftlichen Studentenalbum aus Jena von 1732, das Friedrich Kluge ausgewertet hat, findet man den Eintrag:

> *»Immer sitzen, meditieren*
> *und die ganze Nacht studieren*
> *dieses heißt studentικῶς;*
> *aber raufen, balgen, saufen*
> *und beständig Dorf zu laufen; –*
> *dieses heißet purschικῶς.«*[52]

Ausgerechnet *burschikos*, das als einzige dieser pseudogriechischen Studentenbildungen heute noch ganz bekannt ist, brauchte 125 Jahre, bis es erstmals in ein deutsches Wörterbuch gelangte. Im Jahr 1725 steht es dort immer noch mit griechischen Lettern am Ende und versehen mit einem Kreuz, dass es als unanständiges Wort kennzeichnet. Die angegebene Bedeutung ist »wie ein liederlicher Student«. In der zweiten Hälfte des 18. Jahrhunderts wurde es dann freundlicher im Sinne von »nach Studentenart« gebraucht und endlich ganz mit lateinischen Buchstaben geschrieben. Den engeren Bereich der Jugendsprache verließ es spätestens, als Schiller das Wort literaturfähig machte und in »Wallensteins Lager« einen Soldaten über den Feldherrn sagen lässt:

> *»Denn zu Altdorf, im Studentenkragen,*
> *Trieb er's, mit Permiß zu sagen,*
> *Ein wenig locker und purschikos«.*[53]

Zum Schluss dieses Kapitels im Banne der Antike kehren wir noch einmal zum Latein zurück: Ganz rätselhaften Ursprungs ist der Ausdruck *Fidibus* für ein zusammengerolltes Stück Papier zum Feueranzünden. Es gibt viele einander widersprechende, fantasievolle Theorien, doch die überzeugendste legt Wolfgang Pfeifer in seinem »Etymologischen Wörterbuch« dar. Demnach ließe sich der Ausdruck von einem Vers des Dichters Horaz ableiten: »et ture et fidibus iuvat placare [...] deos« – »mit Weihrauch und Saitenspiel lasst uns die Götter besänftigen«. Die Studenten hätten nun scherzhaft *ture* (Ablativ Singular von *tus*, »Weihrauch«) zu »Tabakqualm« umgedeutet und *fidibus* (Ablativ Plural von *fides*, »Saite«) zu »Pfeifenanzünder«.

Wer sich so etwas ausdachte, musste sehr *fidel* sein. Das aus *fideliter* gekürzte Wort kam im späten 17. Jahrhundert auf und meinte zunächst das Gleiche wie im Latein: »treu, aufrichtig«. Mitte des 18. Jahrhunderts veränderte sich dann die Bedeutung zu »heiter, fröhlich«, oft mit dem abwertenden Beiklang »liederlich«. Auch hier hatte sich wieder das Französische eingemischt.

Knopfmachen oder in den *Puff* gehen?
Der ewige Student – Friedrich Christian Laukhard

Wir haben Studentenwörter bei Goethe, Schiller und Heine gefunden, aber kein Schriftsteller der Zeit um 1800 verwendete so viele burschikose Ausdrücke wie Friedrich Christian Laukhard. In seiner zweiteiligen Satire »Annalen der Universität zu Schilda« kündigte er 1798/99 sogar ein Lexikon der Burschensprache mit 6000 Wörtern an – geschrieben wurde es jedoch nie.

Die intime Kenntnis und lebenslange Begeisterung für den universitären Jargon verwundert nicht, war Laukhard doch so etwas wie ein ewiger Student. Einerseits im wahrsten Sinne des Wortes, weil er neun Jahre lang mit Unterbrechungen an drei verschiedenen Hochschulen studierte. Andererseits, weil er noch als Soldat und zuletzt als Pfarrer und Schriftsteller etwas von der frech-freimütigen, aber auch liederlich-verbummelten Art beibehielt, die er sich als Student angewöhnt hatte.

Begonnen hatte der Sohn eines lutherischen Geistlichen sein Studium in Gießen, und seine Schilderungen des dortigen Universitätsbetriebs, die er in seinen anschaulichen Erinnerungen »Leben und Schicksale« ausgebreitet hat, decken sich mit den schlimmen Beschreibungen, die wir bereits an anderer Stelle über das Renommistenwesen der Zeit gelesen haben. Laukhard, der schon als Kind eine Neigung zum Alkohol hatte, machte begeistert jeden großen Unfug mit, den die Landsmannschaften und Studentenorden veranstalteten. Und das, obwohl die Stadt in finanzieller Hinsicht offenbar kein einfaches Pflaster war: »Zu Gießen borgen die Hauswirthe nicht, oder sie geben, studentisch gesprochen, keinen Pump.«[54]

Von den Professoren hatte einzig und allein eine der berüchtigtsten Gestalten des späten 18. Jahrhunderts Einfluss auf ihn: Karl Friedrich Bahrdt. Dieser – ein Theologe, Freimaurer, Illuminat und vulgäraufklärerischer Schriftsteller – erregte nicht nur durch seine religionskritischen, fast schon atheistischen Ansichten Aufsehen, sondern auch durch seinen Lebenswandel. So hatte er ein uneheliches Kind mit einer Prostituierten und verstieß später seine Ehefrau, um mit einer Dienstmagd zusammenzuleben.

Nachdem Laukhard an der Reformuniversität Göttingen, über die er kein böses Wort verlor, und schließlich in Halle sein Studium abgeschlossen hatte, meldete er sich aus materieller Not freiwillig zur preußischen Armee. Dies war umso sensationeller, weil Studenten eigentlich vom Militärdienst befreit waren. Als Soldat in den Kriegen gegen das revolutionäre Frankreich nahm Laukhard 1792 an der berühmt-berüchtigten Kanonade von Valmy teil. Seine Schilderung des elenden Rückzugs ist ein Gegenstück zu Goethes Beschreibung derselben Ereignisse – nämlich von ganz unten. Bei seinen Kameraden wie beim Kommandanten des preußischen Expeditionskorps, dem Herzog von Braunschweig, war Laukhard wegen seiner in diesem Milieu ungewohnten Bildung und Fremdsprachenkenntnisse offenbar geachtet. Trotzdem lief er schließlich zu den französischen Revolutionstruppen über. Später nahm er in Veitsrodt bei Idar-Oberstein, das zeitweise unter französischer Herrschaft stand, für ein paar Jahre eine Pfarrstelle an. Seinen Lebensabend verbrachte Laukhard in Bad Kreuznach, wo er 1822 verstarb.

Für seine Autobiografie, die er zwischen 1792 und 1802 in fünf Teilen »zur Warnung für Eltern und studierende Jünglinge« veröffentlichte, konnte er also aus einem reichhaltigen Erlebnisschatz und aus Kenntnis der unterschiedlichsten Lebenssphären schöpfen. Laukhard wusste genau, wovon er sprach, wenn er sich harte Urteile über den verderblichen Einfluss der Burschen auf die Bewohner der kleinen Universitätsstädte erlaubt:

»Man gehe z.B. nach Berlin oder nach Frankfurt am Main, oder auch nur nach Mainz oder nach Strasburg, als wo die Universität von gar keiner Bedeutung ist, und daher keinen Einfluss auf den allgemeinen Ton hat – und sehe, ob da die Bürger in den Wein-, Bier- oder Schnappshäusern ihre Zeit verschleudern. Da findet man arbeitsame, haushälterische Leute: hingegen in Jena, Halle oder Gießen und an anderen Orten, wo Burschenkomment herrschender Ton geworden ist, sieht es anders aus. In Halle zum Exempel sind alle Kneipen täglich voll: man gehe zu welcher Stunde man will, auf den

Ratskeller, in die Bierhäuser und Branntweinschenken, und man wird da nicht eine finden, wo nicht mehrere Schneider, Schuster, Perückenmacher u[nd] a[nderes] m[ehr] anzutreffen wären.«[55]

Laukhards Zielgruppe war nach eigenen Angaben »die akademische Jugend vorzüglich«. Deshalb konnte er nicht nur voraussetzen, dass die anvisierte Leserschaft burschikose Ausdrücke kannte und verstand, sondern er würzte seine Prosa ganz bewusst mit Insidertermini, um den Studenten zu zeigen, dass da einer der ihren zu ihnen sprach. Den Nichtstudenten wird dennoch vieles in Fußnoten erklärt. Über die erotischen Verhältnisse in Gießen schreibt er etwa: »Nur wenig Studenten in Gießen machen Knöpfe: das wird überhaupt daselbst für petimätrisch und unburschikos gehalten.«[56] Dazu gibt es dann eine Fußnote: »Knopfmachen heißt dem Frauenzimmer aufwarten; daher Knopfmacher. Diese Phrasis ist auch in Wezlar bekannt, und schon in einem Stück des deutschen Museums erklärt worden.«

Die an den Frauenzimmern so desinteressierten Gießener Studenten hatten offenbar auch keine *Puffs* nötig. Das Wort für ein Bordell benutzt Laukhard nur in seiner Beschreibung von Halle, über das er sagt:

»Es giebt zwar keine Bordelle öffentlich in Halle: aber es giebt doch Löcher, worin der Auswurf des weiblichen Geschlechts dem thierischen Wollüstling mit ihrer halbfaulen Fleischmasse für ein geringes Geld zu Gebote steht. [...] Ich berichte also denen, welche sonst in Halle gewesen sind, und den Buffkeller, die tiefe Demuth, das rothe Läppchen, den Korb und mehr dergleichen scheusliche Löcher gekannt haben, daß diese nicht mehr sind, und daß nur noch einige meist ganz unbekannte Spelunken dieser Art übrig sind.«[57]

Ein paar Seiten zuvor erzählt Laukhard, dass er seinen Bruder, der ihm nach Halle gefolgt sei, in einem Haus untergebracht habe, das man wegen seiner kupplerischen Vermieterin den »Hanauer Puff« nenne, denn früher hätten dort vorwiegend Burschen aus Hanau logiert.

Laukhard gibt zudem ein anschauliches und sehr konkretes Beispiel, wie *Finken* oder *Klöße* – also Studenten, die den ganzen Irrwitz des Komments nicht mitmachten – geplagt werden:

> »*Wer den Gießer Studenten Petimäterei schuld giebt, thut ihnen wahrlich Unrecht. Die meisten traten einher — nach dem Liedchen — wie die Schweine. Ein gewisser Nöllner aus dem Elsaß hatte keine Lust, das Burschikose mitzumachen; er kam also selten in die Gelage, und ließ sich auch ein gutes Kleid machen. Dies war Losung genug, ihn nicht schlecht zu verfolgen: in allen Kollegien wurde ihm Musik gemacht, und auf der Straße nachgeschrieen. Das wurde so lange getrieben, bis er endlich abzog, und nach Göttingen gieng.*«[58]

Dass man in Göttingen als *Petimäter* tatsächlich besser aufgehoben war, lehrt uns der folgende Abschnitt.

Wenn *poussieren* zur *Blamage* führt
Latein bekommt Konkurrenz aus Frankreich

Seit dem späten 17. Jahrhundert wurde Französisch an den Universitäten immer wichtiger. Dies zeigte sich nicht so sehr in akademischen Texten, sondern vielmehr in der Alltagswelt der Burschen mit ihren Fechtduellen, Tanzvergnügen und Modetorheiten. Der Historiker Friedrich Kluge setzt den Beginn dieser neuen Epoche der Studentensprache um 1700 an, als das Französische in den Sprüchen und Gedichten der Stammbücher sowie anderen privaten Dokumenten das Latein zunehmend verdrängte. Dennoch blieb Latein weiter bedeutsam. So musste selbst Konrad Duden, der großer Reformer der deutschen Orthografie im 19. Jahrhundert, seine Dissertation noch auf Latein verfassen.

Doch auf den Jargon – übrigens ein lautmalerischer französischer Ausdruck für »Kauderwelsch, unverständliches Gemurmel« – der Studenten übte die lebende Sprache des Nachbarlandes einen direkten Einfluss aus. Um 1700, im Zeitalter des Sonnenkönigs Louis XIV., war Frankreich endgültig zur kulturell führenden Nation Europas aufgestiegen. Natürlich eiferten auch die Studenten dem französischen Vorbild nach. Dies waren die von Salmasius 1749 beschriebenen *Petimäters*, deren französierendes Wesen mit einem verballhornenden Spitznamen nach französisch *petit maitre*, »Stutzer«, verhöhnt wurde. Kluge erläutert, wie sich parallel zum Aufkommen dieser »Zierbengel« die Rangliste der tonangebenden Hochschulen verschob, denn die *Petimäters* hatten ihren Schwerpunkt zunächst in Leipzig und Göttingen: »[M]it Entsetzen sahen die Renommisten Jenas und Halles, wie man aus jenen Universitäten diese modische Geckerei ›bei ganzen Zentnern herholte‹ und damit die alte Burschensitte gefährdete.«[59]

Der französische Wind wehte eine Reihe neuer Elemente in die Studentensprache. Zu ihnen gehörten zwitterhafte Substantivbildungen mit dem französischen Suffix -ier wie *Kneipier*, *Wichsier* (»Stiefelputzer«), *Fechtier* (»Fechtlehrer«), *Juxier* und der schon genannte *Suitier* (beide mit der Bedeutung »Spaßvogel, Lebemann«), *Zotier* (»Zotenreißer«), *Schanzier* (»fleißiger Student«) und *Pumpier* (»Wucherer, einer, bei dem man pumpt«).

Ein anderes, bei den Burschen sehr produktiv gewordenes französisches Wortbildungselement war das Suffix -*age*. Schon um 1750 tauchte die *Blamage* auf, die es im Französischen gar nicht gibt. Dazu kamen etliche weitere, längst wieder vergessene Schöpfungen wie *Schenkage, Spendage, Knallage, Bammelage, Renommage* und *Poussage*.

Auch Adjektive mit der aus dem Französischen übernommen Endung -ös wie in *fameux* oder *heureux* wurden im Rausch kreativer Trunkenheit massenhaft geschaffen. Neben den heute noch gebräuchlichen *philiströs* und *schauderös* waren das beispielsweise *pechös, luderös, schmissös* (mit Duellwunden, den sogenannten Schmissen, übersät) oder *winkulös*.

Friedrich Kluge sammelte zahlreiche Beispiele, wie sogar Schriftsteller französische Präpositionen in deutsche Sätze einbauten. Bei Laukhard sind Formulierungen wie *sans Spieß* oder *en canaille besoffen* ganz und gar studentensprachliche Gewohnheit. Schiller und Goethe setzten ähnliche Wendungen als Stilmittel ein, um Figuren durch ihre Umgangssprache zu charakterisieren oder witzige Effekte zu erzielen. Der Schwabe ließ in seinem Frühwerk »Die Räuber« den Outlaw Razmann über seinen Räuberhauptmann Karl Moor prahlen, dieser habe mit seinem Ruf »schon ehrliche Kerls in Versuchung geführt. [...] Sans Spaß! und sie schämen sich nicht unter ihm zu dienen.«[60] Später berichtete Heine in der »Harzreise« von einem tumultuösen Kneipenbesuch: »Ein wohlbekannter, nicht sehr magerer Freund, der mehr getrunken als gegessen hatte [...] kam jetzt in allzu gutem Humor, d.h. ganz en Schwein, vorbeigerannt [...], polterte nach der Haustüre, und wirtschaftete draußen ganz mörderlich.«[61]

Wäre der Dicke nicht so betrunken gewesen, hätte er vielleicht noch ein wenig *poussieren* können. Das französische Verb lautet eigentlich *pousser* und bedeutet »drücken«. Als es in der zweiten Hälfte des 17. Jahrhunderts mit der Bedeutung »antreiben, sich um etwas bemühen« entlehnt wurde, wollte man in Deutschland französischer sein als die Franzosen und ergänzte die Endung *-ieren*. Im frühen 19. Jahrhundert nahm es dann in der Studentensprache die Bedeutung »hofieren, schöntun, liebeln« an.

Nur wer *schofel* ist, der *mogelt*
Einflüsse des Rotwelschen

Wir haben gelernt, dass bei der Entscheidung für ein Studium nicht unbedingt das Bildungsstreben den Ausschlag gab – und sei es nur das Bildungsstreben hoffnungsvoller Eltern. Ein genauso wichtiger Anreiz waren die Aussichten, dass man als Student leichter pumpen, prellen, schnorren oder sich vor dem Militärdienst drücken konnte. Solche Bettelstudenten überschritten dann leicht die Grenze zur echten Kriminalität, ähnlich wie Karl Moor in Schillers »Die Räuber« erst durch unglückliche Umstände vom Studenten zum Banditen wurde.

Die wohl schillerndste und berüchtigtste Gruppe in der Grauzone zwischen Universität und Galgen waren die sogenannten fahrenden Schüler oder Scholaren. Sie trieben sich auf Landstraßen umher, immer auf der Suche nach leichtgläubigen Opfern, denen sie unter Vorspiegelung magischer Fähigkeiten und höherer akademischer Bildung – was für die einfachen Leute ohnehin kaum auseinanderzuhalten war – Geld und Gut abnehmen konnten. Diese zwielichtigen Akademiker murmelten alte Zauberformeln aus Sammlungen wie »Hygromantia Salomonis« oder »Ägyptische Geheimnisse«, die dem mittelalterlichen Bischof und Gelehrten Albertus Magnus zugeschrieben wurden. Die Traktätlein, die sie bei sich trugen, stammten angeblich von Platon oder Aristoteles, waren tatsächlich aber selbst verfasst. Sie versprachen, Gold zu machen, den Teufel zu beschwören oder doch zumindest einen entlaufenen Liebhaber zurückzubringen. Während sie selbst oft hochtrabend den Titel eines »Professors der Nekromantie«, also der Totenbeschwörung, führten, nannten die anderen sie »Landfahrer«, »Kunzenjäger«, »Kunzenspieler« oder eben »fahrende Scholaren«.

Hans Sachs schilderte in seinem Fastnachtspiel »Der fahrende Schüler im Paradeis« von 1550, wie sich ein solcher Scholar einer naiven Bäuerin als weit herumgekommener Gelehrter anpreist:

> »[W]ann ich gar viel der künste hab,
> die ich in Büchern hab gelesen.
> Ich bin in Venusberg gewesen,
> da hab ich gsehen manchen Buhler;
> wiß, ich bin ein fahrender Schuler
> und fahr im Lande her und hin.
> Von Paris ich erst kummen bin
> itzundt etwa vor dreien Tagen.«[62]

Weil die Frau »Paris« mit »Paradies« verwechselt, hat der Schüler leichtes Spiel. Sie ist nämlich eine wiederverheiratete Witwe und möchte gerne wissen, ob sich ihr erster Ehemann im Paradies befinde. Der Schüler lässt sich den Verstorbenen beschreiben und bestätigt dann, ihn dort gesehen zu haben. Allerdings laufe er nackt herum, weil man ihn so ins Grab gelegt habe. Also gibt die Bäuerin dem Betrüger, der ihr versichert, er sei schon wieder zum Paradies unterwegs, Geld und Kleider für den Toten mit.

Solche Gestalten übernahmen auf ihren Wanderungen Wörter aus dem Rotwelschen, der seit dem Mittelalter existierenden Gruppensprache der Bettler, Gauner, Vaganten und Angehörigen von Berufsgruppen, die allgemein als unehrlich galten wie Hausierer, Lumpensammler, Kesselflicker und Spielleute. Durch die fahrenden Schüler gelangten Ausdrücke vom Rotwelschen in die Spelunken der Universitätsstädte, wo die ortsansässigen Studenten sie aufgriffen und in ihren eigenen Jargon integrierten. Als ein Beispiel für einen solchen Sprachtransfer haben wir schon das Wort *schwänzen* kennengelernt. Ebenso stammen *blechen* und *pumpen* aus dem Rotwelschen. *Blech* wird bereits in Conrad Gessners proto-linguistischem Sprachvergleichswerk »Mithridates« von 1555 als Synonym für »Geld« im Rotwelschen aufgeführt, und *pumpen* steht schon 1755 in der anonym in Frankfurt publizierten »Rottwellschen Grammatik« – lange bevor beide Wörter den Weg in die Studentenwörterbücher fanden.

Auf ähnliche Weise kam das um 1500 in der Gaunersprache auftauchende *foppen* zu den Studenten. Der Ausdruck bezeichnet im Rotwelschen eine besondere Art des Bettelns. In dem lange Pamphilius Gengenbach zugeschriebenen »Liber vagatorum« oder »Bettlerorden« von 1510 wird das Vorgehen der Bettler erklärt: »[S]obald die selben in ein stat kommen, vergens ir kappen oder hüt und brichten dan gar bald die lüt, sie sigen in gestolen worden oder man habs in zü leid verborgen, so es gevopt ist ›was sie sagen‹.«[63] Obwohl Kaspar Stieler *foppen* im Jahr 1691 in seinem großen allgemeinsprachlichen Wörterbuch noch als äußerst vulgären Ausdruck charakterisierte, benutzte es Johann Georg Schoch schon 1658 in der »Comoedia vom Studentenleben« ganz unbefangen. Hier lässt er einen Bürger zur clownesken Figur Pickelhering sagen: »Ihr seyd ein Narr, und wollet mich auch noch fuppen.«[64]

Auf dem Umweg über das Rotwelsche gelangten auch jiddische Ausdrücke in die burschikose Sprache. Hierzu gehört *scho-*

fel von hebräisch *šāfāl*, »schlecht, armselig, erbärmlich«. Belegt ist es erstmals 1702 in der Form *schaufle* mit einer ans Französische angelehnten Aussprache. Zur gleichen Zeit tauchte im studentischen Kontext die Wendung *Schmu machen*, »schöne Worte machen«, auf, die sich vom Hebräischen *šemū'ah*, »Erzählung, Kunde, Gerücht«, ableitet. Ebenfalls einen jiddischen Ursprung vermutet Kluge für das bereits vorgestellte *mogeln*, »schummeln«. Es habe einmal das betrügerische Beschneiden von Karten bezeichnet und erinnere an den *Mohel*, den Fachmann, der in der jüdischen Tradition die männliche Beschneidung oder *Brit Mila* vollzieht. Diese Etymologie wird mittlerweile angezweifelt. Sicher ist jedoch, dass *Kniff* und *Pfiff*, auf das der *Pfiffikus* zurückgeht, im Sinne von »Trick« ursprünglich für ähnliche versteckte Markierungen an Spielkarten standen.

Philister machen keine *Faxen*

Wie Heinrich Heine unter die *Kümmeltürken* kam

In seinem 1827 erschienen »Das Buch Le Grand« wendet sich Heinrich Heine wie so oft in seinen Texten an eine imaginäre Frau, die er – die Vergeblichkeit schon ahnend – resigniert umwirbt. Ihr schildert er die Traumbilder, die ihn nachts plagen, wie ein großes Spektakel:

> »[I]n meinem Kopf giebt's dann einen Congreß von allen Völkern der Gegenwart und Vergangenheit, es kommen die Assyrer, Egypter, Meder, Perser, Hebräer, Philister, Frankfurter, Babilonier, Karthager, Berliner, Römer, Spartaner, Türken, Kümmeltürken – Madame, es wäre zu weitläufig, wenn ich Ihnen all diese Völker beschreiben wollte, lesen Sie nur den

*Herodot, den Livius, die Haude- und Spenersche Zeitung, den Curtius, den Cornelius Nepos, den Gesellschafter«.*⁶⁵

Die *Frankfurter* und *Berliner* sind selbst für heutige Leserinnen und Leser noch als »Völker der Gegenwart« zu erkennen. Nähere Informationen lieferten hier nicht antike Schriftsteller, sondern die »Haude- und Spenersche Zeitung« und »Der Gesellschafter oder Blätter für Geist und Herz«, die beide zu Heines Zeiten in Berlin erschienen.

Doppeldeutiger sind da schon die *Hebräer*. Hiermit waren einerseits die Juden der Antike gemeint, an die sich etwa der früher dem Apostel Paulus zugeschriebene »Hebräerbrief« des Neuen Testaments richtet. Andererseits bezeichnete *Hebräer* im Sprachgebrauch um 1800 genauso die damals gegenwärtigen Juden. Gewiss geisterte oft einer seiner Onkel durch Heines Träume: Salomon Heine, ein reicher Hamburger Bankier, unterstütze den Neffen finanziell, allerdings verbunden mit Erwartungen an dessen Karriere, was zu einem nicht immer ganz ungetrübten Verhältnis führte.

Bei zwei anderen Wörtern konnte sich Heine darauf verlassen, dass jüngere Zeitgenossinnen und -genossen sie sofort in ihrem eigentlichen Sinn verstehen würden. Ältere Leserinnen und Leser hingegen, die nicht so sehr mit der aktuellen Jugendsprache der Zeit vertraut waren, fassten sie vermutlich genau wie wir heute ganz konkret und wörtlich auf. Am meisten irritiert hier wohl das Wort *Kümmeltürken*, das wir als fremdenfeindliches Schimpfwort kennen. Man wundert sich vielleicht, was dieser scharfe Ausdruck zwischen all den relativ neutralen Volksbezeichnungen verloren hat.

Doch auch *Kümmeltürke* war ein Studentenausdruck der Zeit und bedeutete etwas ganz anderes als heute. Es war ein Abgrenzungswort, mit dem man eine Linie zwischen *braven Bur-*

schen und eher uncoolen Studenten zog. Zu Kindlebens Zeiten konnten *Kümmeltürken* noch aus Schkopau, Schkeuditz oder Zwochau stammen und »Biodeutsche« sein, in deren Blutlinie sich vielleicht ein paar Slawen, aber gewiss keine Türken gemischt hatten. Stattdessen hatte das Wort in etwa den Sinn von »Muttersöhnchen«. Damit bezeichneten die Studenten der Universität Halle solche Kommilitonen, die aus der näheren Umgebung der Stadt stammten und denen ihre Mütter regelmäßig Essen brachten, wenn sie nicht gar noch zu Hause wohnten. In der Gegend um Halle wurde damals tatsächlich *Kümmel* angebaut, und für die Region ist der Spottausdruck *Kümmeltürkei* nachweisbar. Außerdem war *Kümmel* ein Studentenwort für »Lebensmittel« allgemein, die die so benannten Studenten angeblich von ihren Müttern immer zugesteckt bekamen. Von Halle aus verbreitete sich der Ausdruck dann in der ganzen Studentenschaft. Wie die Wörterbücher von Georg Franz Burghard Kloß und Daniel Ludwig Wallis aus den Jahren 1808 und 1813 belegen, war *Kümmeltürke* bereits in Göttingen bekannt, als Heinrich Heine dort zwischen 1820 und 1825 studierte. Wallis' »Ausdrücke und Redensarten der Studenten« fasst zusammen: »Kümmel-Türk heißt der Student, dessen Heymath nicht über 2 Meilen entfernt ist.«[66]

Auch die *Philister* darf man – wir ahnten es schon – natürlich nicht ausschließlich im Zusammenhang der anderen genannten Wörter des Alten Testaments und der Antike sehen. Die biblischen Philister waren die Erzfeinde der Israeliten; zu ihnen gehörte der Riese Goliath, den David mit seiner Steinschleuder bezwang. Aber wir wissen natürlich längst, dass *Philister* unter den Studenten in den 1820er-Jahren, als »Das Buch Le Grand« erschien, längst einen ganz anderen Sinn angenommen hatte. Kindleben erläuterte schon 1781: »Philister, heißt in der Sprache der Studenten, alles, was nicht Student ist; insonderheit werden Bürger, welche Studenten im Hause wohnen haben, so genannt. [...] Sobald der Bursche die Universität verläßt und Kandidat wird, sobald wird er auch Philister.«[67] Der Legende nach soll Georg Götze, ein Pfarrer der Stadtkirche St. Michael in Jena, irgendwann in den Jahren zwischen 1688 und 1699 eine Leichenpredigt für zwei von unbekannten Bürgern erschlagene Studenten gehalten haben. Diese schmückte er durch das Zitat »Philister über Dir, Simson!«, mit dem die tückische Delila im biblischen »Buch der Richter« ihren Verrat am israelitischen Helden Simson einleitet. Daraufhin, so behaupten viele alte Quellen, hätten die Studenten den Ausdruck *Philister* begeistert aufgegriffen. Friedrich Kluge hat diese Geschichte kritisch dekonstruiert und gesteht ihr dennoch einen geschichtlichen Kern zu: »[M]an wird wohl Jena als Heimat und das Ende des 17. Jahrhunderts als Entstehungszeit gelten lassen müssen.«[68]

Als Heine »Das Buch Le Grand« schrieb, war *Philister* längst aus dem engen studentischen Kreis in die Literatursprache gewandert und hatte den Sinn »Spießbürger, Kunstfeind« angenommen. Diesen Ritterschlag verdankte der Ausdruck unter anderem der von August Wilhelm und Friedrich Schlegel herausgegebenen kurzlebigen, aber sehr einflussreichen Zeitschrift »Athenaeum«, in der *Philister* in diesem Sinne verwendet wird. Schon in der ersten Ausgabe veröffentlichte der Dichter und Philosoph Friedrich von Hardenberg, genannt Novalis, einen Text mit dem Titel »Blüthenstaub«, in dem es heißt: »Der derbe Philister stellt sich die Freuden des Himmels unter dem Bilde einer Kirmeß, einer Hochzeit, einer Reise oder eines Balls vor: der sublimirte macht aus dem Himmel eine prächtige Kirche mit schöner Musik, vielem Gepränge, mit Stühlen für das gemeine Volk parterre, und Kapellen und Emporkirchen für die Vornehmern.«[69]

Bei Heinrich Heine hat das Wort also einen dreifach schillernden Sinn: den alten biblischen, den studentischen sowie den neuen literarischen, den Frühromantiker wie die Schlegel-Brüder und Novalis ihm gegeben hatten. Übrigens hatte August Wilhelm Schlegel an der Universität Bonn zu Heines wichtigsten Professoren gehört und einen nachhaltigen Eindruck hinterlassen, wie man Heines typisch ironischen Schilderungen entnehmen kann.

Die Darstellung der Stämme, die Heines Traum bevölkern, ist beispielhaft. Wir können den genauen Sinn vieler Stellen in der Literatur um 1800 gar nicht richtig erfassen, ohne die akademische Jugendsprache des frühen 19. Jahrhunderts besser zu kennen. Das gilt nicht nur für eine Figur wie Laukhard, für die sich heute eher Spezialisten interessieren. Wie wir gesehen haben, trifft dies genauso auf Goethe und den jungen Schiller zu. Und es zeigt sich in besonderem Maße bei Heine, der in seiner Prosa, die er oft für ein Zeitungspublikum verfasste, ganz nah dran war am Sound der Umgangssprache junger Leute seiner Zeit.

Vor allem die berühmte »Harzreise«, die ja eine Wanderung aus Heines Studentenzeit beschreibt, ist voll von burschikosen Ausdrücken. Dort heißt es etwa über die Stadt Göttingen:

»*Im allgemeinen werden die Bewohner Göttingens eingeteilt in Studenten, Professoren, Philister und Vieh, welche vier Stände doch nichts weniger als streng geschieden sind. Der Viehstand ist der bedeutendste. Die Namen aller Studenten und aller ordentlichen und unordentlichen Professoren hier herzuzählen, wäre zu weitläuftig; auch sind mir in diesem Augenblicke nicht alle Studentennamen im Gedächtnisse, und unter den Professoren sind manche, die noch gar keinen Namen haben. Die Zahl der Göttinger Philister muß sehr groß sein, wie Sand oder, besser gesagt, wie Kot am Meer; wahrlich, wenn ich sie des Morgens mit ihren schmutzigen Gesichtern und weißen Rechnungen vor den Pforten des akademischen Gerichtes aufgepflanzt sah, so mochte ich kaum begreifen, wie Gott nur so viel Lumpenpack erschaffen konnte.«*[70]

Diese Stelle verstehen wir mittlerweile problemlos. Etwas rätselhafter ist eine Passage, in der Heine über das Alter der Stadt Göttingen fantasiert:

»Sie muß schon sehr lange stehen, denn ich erinnere mich, als ich vor fünf Jahren dort immatrikuliert und bald darauf konsiliiert wurde, hatte sie schon dasselbe graue, altkluge Ansehen, und war schon vollständig eingerichtet mit Schnurren, Pudeln, Dissertationen, Thédansants, Wäscherinnen, Kompendien, Taubenbraten, Guelfenorden, Promotionskutschen, Pfeifenköpfen, Hofräten, Justizräten, Relegationsräten, Profaxen und anderen Faxen.«[71]

Hier wimmelt es geradezu von akademischen Ausdrücken. Neben den eher bürokratischen Verben *immatrikulieren*, was bis heute »sich an der Universität einschreiben« bedeutet, und *konsilieren*, das auf die Ausstellung eines *consilium abeundi*, einer Verbannung aus der Universitätsstadt anspielt, steht der Relegationsrat, ein Amt, das es gar nicht gab. Gemeint sind hier vielmehr die Mitglieder des Gremiums, das über Relegationen, also endgültige Verweise von der Hochschule entschied. Die *Promotionskutsche* ist ein Wortspiel mit dem Doppelsinn von *Promotion*, was sich etymologisch von »vorwärts bewegen, vorschieben« ableitet, im akademischen Sinne aber »den Doktortitel erlangen« bedeutet. Diese Zusammensetzung ist Heines ureigene Schöpfung, und sie kommt nur ein einziges Mal in den gesamten Texten der deutschen Sprache seit 400 Jahren vor: in der »Harzreise«.

Beispiele für die geläufige Studentensprache der Zeit sind *Schnurren, Pudel* und *Profaxen. Schnurren* findet man schon 1749 bei Salmasius als Synonym für die *Schnurrbärte,* also die uniformierten Häscher, die den Studenten im Auftrag der Obrigkeit den Spaß verdarben. *Pudel* ist eine gerade für Göttingen belegte Verballhornung von *Pedell.* Ein solcher Universitätsdiener übernahm im akademischen Leben unter anderem die Aufgaben eines Sicherheitsdienstes oder interner Polizei. Wegen seines Eifers, unerlaubte Handlungen der Studenten wie etwa die Duelle aufzudecken und den Universitätsbehörden zu melden, lag der Vergleich des *Pedells* mit einer Hunderasse nahe, die man speziell zum Apportieren von Jagdbeute gezüchtet hatte. *Profax* wiederum ist ein abwertendes, pseudolateinisches Wort für die Professoren.

Als *Haupthähne* zum Wartburgfest einluden

Die Studenten werden politisch

Obwohl Heinrich Heine die burschikose Sprache auch in späterer Zeit noch ironisierend nutzte, stand er dem organisierten Studententum doch zunehmend kritisch gegenüber. Während seines Studiums in Bonn ab 1819 hatte er sich für das Burschenschaftsleben ebenso wie für altdeutsche Geschichte und Kunst begeistert. Doch in den folgenden Jahren wurden ihm die Burschen immer unheimlicher. Die studentischen Verbindungen hatten sich Anfang des 19. Jahrhunderts durch die Befreiungskriege gegen Napoleon politisiert. Sie waren nun von einem gesamtdeutschen Patriotismus erfasst, der nicht zuletzt die alten landsmannschaftlichen Spaltungen in den eigenen Reihen überwinden wollte. Zum Vergleich: Noch Laukhard, der aus der Pfalz stammte, schrieb, er sei im hessischen Gießen ein »Ausländer« gewesen.

Am 12. Juni 1815, sechs Tage vor der endgültigen Niederlage Napoleons in der Schlacht von Waterloo, gründeten Mitglieder der zuvor aufgelösten landsmannschaftlichen Vereinigungen Thuringia, Vandalia, Franconia, Saxonia und Curonia im Gasthaus »Grüne Tanne« bei Jena die sogenannte Urburschenschaft. In dieser Vereinigung traten erstmals die Burschenschaften hervor, die wir heute noch kennen. Ihre Konstituierung war ein fortschrittlicher und zivilisierender Akt – was man sich angesichts heutiger Burschenschaften mit ihrem auf antiquierte Weise konservativ wirkenden Kostüm- und Fechttheater kaum vorstellen kann.

Die Pläne zur Gründung einer Urburschenschaft gingen unter anderem auf Friedrich Ludwig Jahn zurück, dem wir bald als Schöpfer einer ganz anderen, neuen Jugendsprache wiederbegegnen werden. Viele Studenten hatten sich im Krieg gegen Napoleon – ganz entgegen den alten Drückeberger-Privilegien – freiwillig zum Militärdienst gemeldet. Etliche Gründungsmitglieder der Urburschenschaft gehörten zum Lützowschen Freikorps, einem Regiment von Freiwilligen aus ganz Deutschland. Unter ihnen waren Jahn und Friedrich Friesen, die beide bereits 1812 die Grundidee einer national gesinnten Burschenschaft formuliert hatten.

Ebendiese neue Jenenser Burschenschaft spielte nun eine führende Rolle beim Versuch, die deutschen Studenten zu vereinen. Ihre Anführer baten die »lieben Freunde« von den Universitäten in Berlin, Breslau, Erlangen, Gießen, Göttingen, Greifswald, Heidelberg, Kiel, Königsberg, Leipzig, Rostock und Tübingen zu einem Fest auf der Wartburg bei Eisenach. Der Einladungsbrief erwähnt die »drei schönen Beziehungen«, in deren Geist das Fest stehen solle, »nämlich der Reformation, des Sieges bei Leipzig und der ersten freudigen und freundschaftlichen Zusammenkunft deutscher Burschen von den meisten vaterländischen Hochschulen«.[72]

Zum Wartburgfest am 18. Oktober 1817, dem vierten Jahrestag der Leipziger Völkerschlacht, kamen etwa 450 Studenten. Einige von ihnen übergaben am Abend dieses von Reden, Liedern und Fackelzügen geprägten Tages Relikte des alten Militärabsolutismus' – einen hessischen Soldatenzopf, einen österreichischen Korporalstock sowie den Uniformschnürleib eines preußischen Ulanen – zusammen mit etlichen Ballen von Makulaturpapier, die stellvertretend für missliebige Bücher standen, einem »Feuergericht«. Obwohl manche der Studenten konstitutionell-monarchistisch gesinnt waren, andere jedoch bürgerlich-demokratisch, war man sich über alle Grenzen hinweg einig in der Forderung nach einer Verfassung.

Was Heinrich Heine an solchem Aktivismus missfiel, war nicht nur der buchstäbliche Mief der beibehaltenen althergebrachten Studentenrituale – das damit verbundene Rauchen und den Tabakqualm hasste er besonders. Vor allem störte er sich am nationalistischen und antifranzösischen Tenor des studentischen Politisierens. Die vulgärromantischen Vorstellungen von einem herrlichen Mittelalter, in das man zurückkehren müsse, um Deutschland von importierten aufklärerisch-modernen Ideen zu befreien, hatte Heine nach dem kurzen geistigen Flirt zu Beginn seines Studiums spätestens 1827, als er »Das Buch Le Grand« schrieb, schon wieder überwunden.

Ihm war klar geworden, dass es für einen Juden und Liberalen keinen Platz in dieser Welt gab. Zwei Jahrzehnte nach seiner Studienzeit erinnerte sich Heine 1840 in seiner Polemik gegen Ludwig Börne:

> *»Im Bierkeller zu Göttingen mußte ich einst bewundern, mit welcher Gründlichkeit meine altdeutschen Freunde die Proskripzionslisten anfertigten, für den Tag wo sie zur Herrschaft gelangen würden. Wer nur im siebenten Glied von einem Franzosen, Juden oder Slaven abstammte, ward zum Exil verurtheilt. Wer nur im mindesten etwas gegen Jahn oder überhaupt gegen altdeutsche Lächerlichkeiten geschrieben hatte, konnte sich auf den Tod gefaßt machen.«*[73]

Der Herr Jahn, von dem Heine da schreibt, ist der berühmte Turnvater, dessen Einfluss auf die deutsche Jugend und ihre Sprache noch ein eigenes Kapitel gewidmet wird. Zudem erinnerte Heine die Bücherverbrennung auf der Wartburg in gruseligster Weise an die Autodafés der Inquisition. So war es für die meisten Zeitgenossinnen und -genossen klar, auf welches »Feuergericht« er anspielt, wenn in seiner Tragödie »Almansor« von 1820/21 der berühmte prophetische Satz fällt:

> *»Das war ein Vorspiel nur, dort wo man Bücher Verbrennt, verbrennt man auch am Ende Menschen.«*[74]

Ausgesprochen wird er übrigens von einem Muslim im eroberten Granada, der die Nachricht kommentiert, dass der Erzbischof von Toledo und spätere Großinquisitor Francisco Jiménez de Cisneros mitten auf dem Marktplatz den Koran verbrannt habe.

Über den Geist, der beim Wartburgfest wehte, fasst Heine in seiner Börne-Schrift zusammen:

> *»[H]ier aber auf der Wartburg, krächzte die Vergangenheit ihren obscuren Rabengesang, und bei Fackellicht wurden Dummheiten gesagt und gethan, die des blödsinnigsten Mittelalters würdig waren! [...] auf der Wartburg hingegen herrschte jener beschränkte Teutomanismus, der viel von Liebe und Glaube greinte, dessen Liebe aber nichts anders*

war als Haß des Fremden und dessen Glaube nur in der Unvernunft bestand, und der in seiner Unwissenheit nichts Besseres zu erfinden wußte als Bücher zu verbrennen!«[75]

Das alte Burschenschaftswesen mit seinen nach Landsmannschaften organisierten Vereinigungen gefiel Heine aber auch nicht mehr. Für ihn war dies nur noch antiquiertes Brimborium. Und so gab er, als er in der »Harzreise« über das Alter der Stadt Göttingen spottet, die vergangene Burschenherrlichkeit der Lächerlichkeit preis:

»Einige behaupten sogar, die Stadt sei zur Zeit der Völkerwanderung erbaut worden, jeder deutsche Stamm habe damals ein ungebundenes Exemplar seiner Mitglieder darin zurückgelassen, und davon stammten alle die Vandalen, Friesen, Schwaben, Teutonen, Sachsen, Thüringer u.s.w., die noch heutzutage in Göttingen, hordenweis und geschieden durch Farben der Mützen und der Pfeifenquäste, über die Weenderstraße einherziehen, auf den blutigen Wahlstätten der Rasenmühle, des Ritschenkruges und Bovdens sich ewig unter einander herumschlagen, in Sitten und Gebräuchen noch immer wie zur Zeit der Völkerwanderung dahinleben, und teils durch ihre Duces, welche Haupthähne heißen, teils durch ihr uraltes Gesetzbuch, welches Komment heißt und in den legibus barbarorum eine Stelle verdient, regiert werden.« [76]

Was ein Komment ist, wissen wir längst. *Haupthahn*, erklärt Carl Albert Constantin von Ragotzky in seinem Wörterbuch »Der flotte Bursch« von 1831, »ist der größte Ehrentitel, der einem Burschen auf der Universität beigelegt werden kann, und heißt so viel, als allgemein für einen der ersten Burschen bekannt sein.«[77] Heine gebraucht es an anderer Stelle ganz ironisch, wenn er in seinem zeitgleich mit »Das Buch Le Grand« erschienen Reisezyklus »Die Nordsee« England mit Deutschland vergleicht. Dort gebe es echte Hahnenkämpfe, in der deutschen Heimat hingegen werde alle Kampfeslust und aller Blutdurst ins Journalistische-Publizistische sublimiert: »Statt Hahnenkämpfe haben wir Journale, worin arme Teufel, die man dafür füttert, sich einander den guten Namen zerreißen, während die Philister freudig ausrufen: sieh! das ist ein Haupthahn! dem dort schwillt der Kamm!«[78]

Heine suchte seinen eigenen Weg zwischen *Philistern* und *Haupthähnen* und bekanntlich fand er ihn – auch wenn er ihn ins Pariser Exil führte.

Turnen im *Julmond* soll *Bill* werden

Wie Friedrich Ludwig Jahn die Jugendsprache mitprägte

Zum Programm des ersten Wartburgfestes 1817 gehörte eine Versammlung von Turnern, und aus ihren Kreisen stammten auch die Studenten, die abends die Bücherverbrennung veranstalteten. Die Idee ging wohl auf Friedrich Ludwig Jahn zurück, den man heute als »Turnvater« in Erinnerung hat. Zu Beginn des 19. Jahrhunderts war er jedoch ganz und gar nicht »väterlich«, sondern ein junger Mann mit radikalen Ideen zur patriotischen Erneuerung Deutschlands. Das Turnen war ihm dafür nur ein Mittel zum Zweck. Daneben vertrat er ein sprach- und kulturpolitisches Programm. In Jahns Schrift »Deutsches Volksthum« von 1810 heißt es dazu: »Unreife Bücher sind weit gefährlicher, als unreife Kartoffeln; schlechte Bücher verderblicher, als ungesundes Fleisch. [...] Es giebt Bücher genug, die von Henkershand, sammt ihren Verfassern verbrannt zu werden verdienten.«[79]

Bei der Feier 1817 wurde jedoch nur Altpapier verbrannt, Makulaturballen, die man bei einem Eisenacher Buchhändler besorgt hatte. Auf manche hatte man vorher noch die Titel der Werke geschrieben, für die sie stellvertretend der Glut überantwortet wurden. Vielen Zuschauern war vermutlich gar nicht klar, dass hier keine echten Bücher ins Feuer flogen. Die einzelnen Schriften galten den Turnern aus sehr unterschiedlichen Gründen als gefährlich und verderblich. Der Student Hans Ferdinand Maßmann, den Friedrich Ludwig Jahn als Verbindungsmann der Turner an die Universität Jena entsandt hatte, überliefert die Verdammungsurteile, die jedes Mal, wenn ein Makulaturballen im Feuer landete, ausgerufen wurden. Sie richten sich gegen Werke, die man als antipatriotisch empfand, wie etwa die »Geschichte des deutschen Reiches« des Erfolgsschriftstellers August von Kotzebue. »Die Restauration der Staatswissenschaft« des reaktionären Denkers Karl Ludwig von Haller musste brennen, denn: »Der Gesell will keine Verfassung des Deutschen Vaterlandes!«[80] In manchen Sprüchen äußert sich purer Judenhass, so bei Saul Aschers »Germanomanie«: »Wehe über die Juden, so da festhalten an ihrem Judenthum und wollen über unser Volksthum und Deutschthum spotten und schmähen!« Und dem freimütigen Nationalökonom Friedrich von Coelln, der es sich mit Frankreich und Preußen gleichermaßen verscherzt hatte, gelten die Vorwürfe: »Will ein undeutsches Preußenthum, hat die löbliche Turnkunst verketzert.«

Maßmann wurde zur Strafe für die Verbrennung zu acht Tagen Haft verurteilt, nachdem der preußische Polizeiminister und der russische Botschafter diesen revolutionären »staatsverbrecherischen« Akt verdammt hatten. Dies war nur ein Vorspiel zu dem, was kommen sollte. Als zwei Jahre später der Student Karl Ludwig Sand den bei jungen Radikalen so verhassten russischen Generalkonsul August von Kotzebue erstach, wurden Burschenschaften und Turnvereinigungen durch die sogenannten Karlsbader Beschlüsse unter Druck gesetzt: Zu den aus Furcht vor einer drohenden Revolution von den Abgesandten wichtiger Teilstaaten des Deutschen Bundes beschlossenen Maßnahmen gehörten neben Zensur und Berufsverboten für liberale Professoren die Aufhebung der Burschenschaften und die Schließung sämtlicher Turnplätze. Diese galten den Vertretern der Reaktion, angeführt vom österreichischen Staatsmann Fürst Metternich, als Brutstätten des nationalrevolutionären Geistes. Und sie hatten allen Grund zu dieser Sicht: Sand hatte Jahns »Deutsches Volksthum« mehrfach gelesen und zur Richtschnur seines Denkens und Handelns gemacht. Im Sinne Jahns agitierten auch die Kommilitonen Sands an der Universität Erlangen, die er in einer national gesinnten Burschenschaft neuen Typs versammelt hatte. Außerdem hatte er an der Vorbereitung des Wartburgfestes sowie später an der Bücherverbrennung mitgewirkt.

Die Kämpfe zwischen der Reaktion und den progressiven Geistern des »Vormärz«, die sich über mehr als 30 Jahre vom Wartburgfest bis zur sogenannten Märzrevolution von 1848/49 hinzogen, können hier nicht ausführlicher geschildet werden. Uns interessiert, wie die neuen geistigen Strömungen eine eigene Jugendsprache hervorbrachten und welche Rolle dabei Friedrich Ludwig Jahn spielte. Eine erste Vorstellung vermittelt schon der Titel von Maßmanns Erinnerungen an das Wartburgfest: »Kurze und wahrhaftige Beschreibung des großen Burschenfestes auf der Wartburg bei Eisenach am 18ten und 19ten des Siegesmonds 1817«. Die Burschenschafter nannten den Monat, in dem ihre Feier stattfand, nicht *Oktober*, sondern *Siegesmond*. Auch der Student Ludwig Rödiger, der die Verbrennung der Bücher mit einer »Feuerrede« eingeleitet hatte, die – vielfach abgedruckt – entscheidend zur medialen Wirkung des Wartburg-Spektakels beitrug, benutzte den Ausdruck *Siegesmond*. Es war der kurzlebige Versuch, den römischen Monatsnamen aus dem Kalender zu tilgen und mit der Erinnerung an den Sieg über den verhassten Usurpator Napoleon in der Völkerschlacht bei Leipzig, die vom 16. bis zum 19. Oktober getobt hatte, zu überschreiben.

Das entsprach den Intentionen Friedrich Ludwig Jahns, denn *Siegesmond* klang noch dazu so schön altdeutsch. In seiner Schrift »Neue Runen-Blätter« von 1828 lobt Jahn den mittelalterlichen Kaiser Karl den Großen, der sich schon 1000 Jahre vor der Schlacht bei Waterloo »mit deutschen Monatsnamen beholfen und ohne die Römer recht gut gewußt, wie es an der Zeit gewesen«.[81] Immer wieder gebrauchte Jahn in seinen Werken und Briefen altertümelnde Monatsnamen wie *Hornung, Lenzmond, Wonnemond, Brachmond, Heumond, Erntemond, Weinmond*, die sich bis auf Kaiser Karl zurückführen lassen. Und Jahn selbst prägte die Bezeichnung *Julmond* für den Dezember.

Altdeutsch ist ein Schlüsselbegriff in Jahns Werk »Deutsches Volksthum«, aus dem hier schon die Bücherverbrennungsidee zitiert wurde. Das Wort *Volkstum* hat er übrigens selbst erfunden, genauso wie das Adjektiv *volkstümlich*, die sich beide erstmals 1810 in dem genannten Buch nachweisen lassen. Hier führt er beispielsweise aus: »Deutsche Reichsstädte sind lange erhaltene Hallen Deutscher Alterthümer. Dort, und bei dem gemeinen Mann sind noch Altdeutsche Sitten in Ursprünglichkeit und Reinheit zu finden. Sitte ist gesellschaftliche eingewohnte Bill.«[82]

In dem Buch finden sich noch viele weitere Stellen, die alles, was angeblich altdeutsch ist, als vorbildlich anpreisen. Heinrich Heine nannte folgerichtig die aufmüpfigen Jungmänner des Wartburgfestes nur »die Altdeutschen«. Und Joseph von Eichendorff, der wie Jahn zum Lützow'schen Freikorps gehört hatte, beschrieb in seiner Novelle »Aus dem Leben eines Taugenichts« sogar die Tracht, an der sich diese Leute erkannten: »Der Andere war viel jünger, kleiner und feiner, auf altdeutsche Mode gekleidet, wie es der Portier nannte, mit weißem Kragen und bloßen Hals, um den die dunkelbraunen Locken herab hingen, die er oft aus dem hübschen Gesichte wegschütteln mußte.«[83] Auch Karl Ludwig Sand schilderte in seinen Tagebüchern, die Freunde nach seiner Hinrichtung veröffentlichten, wie er mit dieser »altdeutschen Kleidung« an einem studentischen Gelage teilnahm: »Hier wurde die deutsche Tracht allgemein belobt, in mancher deutschen Seele erweckte sie deutsche Empfindungen.«[84]

Schon in der zweiten Hälfte des 18. Jahrhunderts war *altdeutsch* für viele Schriftsteller ein äußerst positiv besetztes Wort, so etwa für Laukhard, August Wilhelm Schlegel und Johann Heinrich Voß. Aber für Jahn wurde der Begriff zur fixen Idee – vor allem nach der katastrophalen Niederlage Preußens gegen die Franzosen bei Jena und Auerstedt. Die Doppelschlacht im Jahr 1806 hatte nicht nur Deutschland aufs Tiefste erniedrigt, wie viele vermeinten, sondern Jahn ganz persönlich die Universitätskarriere vermasselt, war er doch zuvor auf dem besten Wege zu einer Professur in dem nun besetzten Göttingen gewesen. Nur durch eine Wiederbelebung alles »Altdeutschen« könne das Land wieder zu Kräften kommen und die Tyrannenherrschaft Napoleons abgeschüttelt werden. Ein Mittel zu dieser großen geistig-moralischen Umprogrammierung sollte die Veränderung der Sprache sein, für die Jahn eine Rückkehr zu ihren ungetrübten Quellen anstrebte: »Die Deutsche Sprache vereint reine Ursprünglichkeit mit Weiterbildsamkeit, und hohes Alter mit jugendlicher Frische. Sie ist ein Werk aus einem

Guß und Fluß. Ihr großer Reichthum an Urwörtern giebt ihr ein entscheidendes Übergewicht.«[85]

Einerseits war es sein Anliegen, Fremdwörter auszumerzen, denn »kein gründlicher Sprachkenner, kein echtdeutscher Volksmann hat auch je der Wortmengerei die Stange gehalten«[86]. Andererseits wollte Jahn verloren gegangene altdeutsche Wörter wieder in Gebrauch bringen: »In seiner Muttersprache ehrt sich jedes Volk, in der Sprache Schatz ist die Urkunde seiner Bildungsgeschichte niedergelegt.«[87]

Ein Beispiel hierfür ist das seltsame Wort *Bill* im oben zitierten Satz: »Sitte ist gesellschaftliche eingewohnte Bill.« *Bill*, das heute nur noch in Wörtern wie *billig* und *Unbill* fortlebt, bedeutet im Althochdeutschen »Gesetz«. Nun gehörte es zu den Wörtern, die Jahn unbedingt in die deutsche Sprache wieder einführen wollte.

Mit *Bill* hat das nicht so gut funktioniert, aber dafür umso besser mit dem Wort, das Jahns körperliches Reformprogramm für die – neudeutsch – erschlafften Zeitgenossen zusammenfasste: *turnen*. Jahn hielt *Turn* für ein sogenanntes Urwort. Und so erschien es ihm als ideale Bezeichnung für die Art von Leibesübungen, die er im Frühling 1811 mit 313 Schülern auf der Hasenheide vor den Toren der Stadt Berlin ausprobierte. In einem Brief an seinen Freund Wilhelm Harnisch vom 25. Juli 1811 nennt Jahn diese Tätigkeit erstmals *turnen*. Fünf Jahre später begründet er seine Neuprägung in der Schrift »Die Deutsche Turnkunst«:

> *»Jedes wieder in Gebrauch kommende Urwort ist eine reichhaltige Quelle, die den Fahrstrom speiset, den Thalweg austiefet, und allen Oberwohnern Vorfluth schafft. Turn mag als Beispiel dienen. [...] Turn in turnen, Turner u.s.w. ist ein Deutscher Urlaut, der auch in mehren Deutschen Schwesterspra-*

chen vernommen wird, in ausgestorbenen und noch lebenden, und überall drehen, kehren, wenden, lenken, schwenken, großes Regen und Bewegen bedeutet. So durchklingt er Langbardisch, Altfränkisch, Angelsächsisch, Englisch, Schwedisch und Isländisch.«[88]

So ein bis in die Germanenzeit zurückreichendes Wort war für Jahn natürlich die rechte Bezeichnung für die Turnkunst, die er ebenfalls nicht als Neuerfindung sah, sondern für »eine verschollene Alterthümlichkeit« hielt. Dann zählt er stolz über 60 Zusammensetzungen des Urworts auf, die er in wenigen Jahren »redebräuchlich« gemacht habe – eine weitere dieser typischen altdeutsch tuenden Wortbildungen, von denen Jahns Sprache durchsetzt ist. Viele der aufgelisteten Ausdrücke haben bis heute überlebt: *Turnen, mitturnen, vorturnen, Turner, Turnanstalt, Turnplatz, Turnsaal, Turnboden, Turnstunde, Turnlehrer, Turnzeug, Turngerät*. Aber Jahn, dem man neben seinem Charisma eine gewisse Kreativität nicht absprechen kann, belebte noch eine ganze Menge anderer Wörter neu oder führte sie erst ein. Eines davon entfaltete viel später eine verhängnisvolle Wirkung.

Im Altdeutschen *Gau* des Turnvaters

Jahns Programm zur Worterneuerung und sein Fortwirken

Bisher haben Germanisten, die die Geschichte der deutschen Jugendsprachen erkunden, die Wortschöpfungen und Gruppenstile von Jahn und seinen Anhängern nicht als Teil ihres Forschungsgebietes in den Blick genommen. Hier wird jedoch ein wichtiger Traditionsstrang ignoriert, der von der Studentensprache am Ende des 18. Jahrhunderts über die Turner bis zur Sprache des Wandervogels und der Bündischen Jugend an der Wende zum 20. Jahrhundert führt. Die Sprache Jahns und seiner Jünger ist eine Gruppensprache postadoleszenter Jugendlicher, vergleichbar dem 68er-Jargon. Wie die 68er pflegten auch die Turner des 19. Jahrhunderts eine ideologisch hoch aufgeladene Redeweise, deren spezielle Termini einerseits der Abgrenzung gegen konkurrierende Weltanschauungen dienten, andererseits den Anspruch auf besonders tiefe Erkenntnisse signalisierten. Zudem lassen sich in beiden Fällen jeweils ältere Leitfiguren ausmachen, deren Sprache und Ideen von ihrer jüngeren Anhängerschaft in reduzierter Form übernommen und abgewandelt wurden. Der Unterschied ist nur, dass bei den Turnrebellen ein einziger Mann als Schöpfer all ihrer sprachlichen Besonderheiten erscheint, während sich die 68er bei verschiedenen Vertreterinnen und Vertretern der marxistischen Gesellschaftstheorie und zum Teil der Psychoanalyse bedienten.

Bei seinem Ringen um eine Erneuerung der deutschen Sprache durch bewusste Veralterung konnte Jahn auf die Arbeit zurückgreifen, die eigentlich seine akademische Karriere anschieben sollte: Mit dem 100-seitigen, weniger polemisch als wissenschaftlich akribisch gehaltenen Werk »Bereicherung des Hochdeutschen Sprachschatzes – versucht im Gebiethe der Sinnverwandtschaft« wollte sich Jahn 1806 in die laufende Debatte um das Wesen der deutschen Allgemeinsprache einmischen. Der Untertitel lautete »Nachtrag zu Adelung's und eine Nachlese zu Eberhard's Wörterbuch.«. Das hier erwähnte, von Johann Christoph Adelung erstmals ab 1774 bzw. 1793 herausgegebene »Grammatisch-kritische Wörterbuch der hochdeutschen Mundart« wurde unter anderem von Goethe und Schiller genutzt und trug erheblich zur Vereinheitlichung der deutschen Sprache bei – aber auch zu ihrer Normierung. Was nicht im »Adelung« stand, lief Gefahr, als dialektal nach und nach aus der Literatur zu verschwinden.

Bereits damals war es Jahns Absicht, trotz aller im Vorwort herausgestellten Bescheidenheit, den deutschen Wortschatz zu erweitern und seinen Reichtum bewusster zu machen:

> »Noch immer werden neue Wörter gebildet für Begriffe, wofür wir schon bessere besitzen; noch immer wird aus fremden Sprachen Schleichwaare eingeschwärzt, die eigene Erzeugnisse vollkommen ersetzen. Treffliche alte Wörter werden übersehen, fristen in abgelegenen Winkeln ihr Dasein, und gelten so für veraltet. Kürze und Wohllaut würden viel gewinnen, wären die Eigenthümlichkeiten gewisser Gegenden allgemein bekannt, und hätte nicht ein unerträglicher Landschaftsstolz herrliche Schätze verwünscht.«[89]

Das war eine Spitze gegen Adelung, der als Maßstab der deutschen Hochsprache nur das Meißner Sächsisch gelten ließ, weil es die Basis für Luthers Bibelübersetzung gewesen sei und man zudem in Sachsen immer noch das beste Deutsch schreibe.

Jahns Rettungswerk für bedrohte Wörter ist nach einer langen theoretischen und sprachgeschichtlichen Einleitung wie ein Lexikon sinnverwandter Wörter aufgebaut. Den Kern bilden 58 Gruppen von Synonymen (»Neue Sammlung von Sinnverwandtschaften«). Das Hauptgewicht liegt auf Begriffen, die mit der Landschaft und dem gewöhnlichen Leben zu tun haben wie Ackerbau, Kleidung und häuslicher Alltag. Dabei ergänzt Jahn den akzeptierten Sprachschatz um Wörter aus dem nicht elitären, nicht städtischen Umfeld, die oft einen mundartlichen oder altertümlichen Einschlag haben. Es beginnt mit der Synonymreihe *Abdachung – Abhang – Lehne – Leite – Gesenke – Böschung*. Heute sind davon nur noch *Abhang* und *Böschung* standardsprachlich üblich. *Lehne* und *Leite* stehen als süddeutsche bzw. österreichische Varianten im Duden, während *Abdachung* nur mehr eine geringe Häufigkeit bescheinigt wird; *Gesenk* ist in dieser Form als ein Fachausdruck des Bergbaus verzeichnet.

In Jahns Büchlein begegnen wir auch einem Wort, das uns schon einmal beschäftigt hat: *Bill*. Auf Seite 24 wird unter *Bill* auf den Abschnitt mit Synonymen für *Recht* verwiesen, der im Buch allerdings fehlt. Die Synonymgruppen sind alphabetisch nach dem ersten Wort gegliedert: Was mit *Abdachung* beginnt, endet mit *Meerenge*. Vermutlich plante Jahn mindestens noch einen zweiten Teil, in dem er bis zum Recht vordringen wollte.

Oberflächlich betrachtet blieb diese frühe Schrift des »Turnvaters« folgenlos. Sie wurde sowohl von seinen Zeitgenossinnen und -genossen als auch von der Germanistik der vergangenen 200 Jahre wenig zur Kenntnis genommen. Immerhin gehörte Jahn 1815 aufgrund seiner sprachpolitischen Interessen zu den Mitbegründern der »Berlinischen Gesellschaft für deutsche Sprache«, die in ihren Statuten die »gesellschaftliche Erforschung« des Deutschen als erste ihrer drei Hauptaufgaben nennt. Einen Nachhall fand Jahns Sammlung vor allem als Inspirationsquelle für seine eigenen späteren, viel gelesenen Schriften, mit denen er die Wörter unter seinen Schülern aussähte.

Jahns körperliche wie geistige Aktivitäten entfalteten im Deutschland des 19. Jahrhunderts langfristig eine große kulturelle Wirkung. Zwar wurde das Turnen schon im Sommer 1819 in Preußen verboten, nachdem es bei der sogenannten Breslauer Turnfehde zu teilweise beleidigenden Auseinandersetzungen zwischen radikalen Turnern und Vertretern der alten Ordnung gekommen war. Anfang 1820 erließ König Friedrich Wilhelm III. noch einmal eine ausdrückliche und verschärfte »Turnsperre«, wie sie Jahn nannte. Er selbst musste als potenzieller Umstürzler für sechs Jahre in Haft. Infolge der Karlsbader Beschlüsse wurde die Turnsperre über den gesamten Deutschen Bund ausgeweitet, wobei allein 100 Turnplätze zerstört wurden. Es gab zwar Gebiete wie Schaumburg-Lippe, die sich nie nach den Beschlüssen richteten. Aber vollständig aufgehoben wurde die Turnsperre in ganz Deutschland erst 1842. Der »Turnvater« war schon 1840 durch den neuen preußischen König Friedrich Wilhelm IV. rehabilitiert worden. Schließlich wurde 1848 in Hanau der Deutsche Turner-Bund gegründet, der nach diversen Metamorphosen bis heute existiert.

Die Zeit der Verfolgung und Bedrängungen hatte Jahn noch härter gemacht. Mit Ausdrücken wie *durchjuden, duchnegern, verzigeunern* oder *jüdeln* verunglimpfte er jeden, der seiner Meinung nach das deutsche Volkstum schwächte. Das konnten ebenso Auswanderer nach Amerika sein wie Schriftsteller und Intellektuelle des »Vormärz«, die die französische Julirevolution 1830 begrüßten. Den aus Deutschland nach Paris geflohenen Heine bezeichnete er als *Läufling*, womit ein vaterlandsloser Söldner gemeint war. Obwohl er 1848 hochbetagt noch in die Frankfurter Nationalversammlung gewählt wurde, mutierte Jahn immer mehr zu einem Reaktionär, der für Deutschland ein Erbkaisertum herbeisehnte und sich dadurch von der eher demokratisch gesinnten Turnbewegung entfremdete.

Seine Sprache wirkte dennoch weiter fort. Dies betrifft nicht nur Fachausdrücke aus dem Bereich des Turnens wie *Reck, Barren, Aufschwung, Abschwung, Bockspringen, Grätsche* und die bereits genannten Zusammensetzungen mit *Turn-*. Jahns Einfluss zeigte sich auch in manchem wiederbelebten altdeutschen Wort.

Das wohl berüchtigtste unter ihnen ist *Gau*.[90] Diesen um 1800 weitgehend vergessenen Begriff für »Landschaft« empfahl Jahn 1810 als Verdeutschung für das aus dem Französischen abgeleitete *Distrikt*: »Unsere wortreiche Sprache hat auch hierin keinen Mangel, daß wir vom Überrhein Kunstausdrücke borgen müßten: Mit ›*Landen, Marken, Kreisen* (Gauen), *Gemeinden*‹ kann das größte Deutsche Reich auskommen.«[91] Um 1819 war das Wort dann schon so verbreitet, dass Ludwig Börne über »altdeutsche Narren« spottete, die Deutschland in 20 Gaue aufteilen wollten. Geholfen hat es nichts. Der Deutsche Turner-Bund organisiert sich bis heute in *Gauen* – obwohl das Wort durch die Nazis eigentlich ruiniert ist. Auch der Deutsche Sängerbund, der heute im Deutschen Chorverband aufgegangen ist, und der ADAC waren früher in Gaue gegliedert. Die Zwischenstation, über die der Begriff in den Naziwortschatz geriet und uns den unseligen *Gauleiter* bescherte, war aber eine andere Jugendsprache, von der im nächsten Kapitel die Rede sein wird: die Sprache des Wandervogels und der Jugendbewegung um 1900.

Vorher soll aber noch die Frage beantwortet werden, die sich bei der Lektüre des Kapitels über Jahn gestellt haben mag: Hat dieser Mann in einem Buch über deutsche Jugendsprachen überhaupt etwas zu suchen? So klar wie bei den Studenten liegt der Fall nicht und trotzdem meine ich: ja. Zwar war der »Turnvater« schon 32, als er 1810 auf der Hasenheide erstmals seine Turnfreunde um sich scharte. Aber seine Schüler waren jünger. Für sie erfüllte das altertümelnde Deutsch, das Jahn ihnen beibrachte, genauso wie der Fachwortschatz des Turnens den Zweck, den typischerweise jede Jugendsprache hat: Beides sollte nach außen abgrenzen und nach innen zusammenschweißen. Es war ein Code, an dem die Eingeweihten und Erweckten sich untereinander erkannten. Junge Leute wie Maßmann, der beim Wartburgfest erst 20 war, übernahmen die Sprechweise und behielten oft zumindest einige Elemente in ihren späteren Erwachsenenjahren bei – so wie es Kluge schon für den Studentenjargon beschrieben hat.

Jahns Zugehörigkeit zur Geschichte der deutschen Jugendsprachen lässt sich nicht zuletzt daran ablesen, dass sich viele seiner Wortprägungen für die lebensreformerischen Jugendbewegungen, die im späten 19. Jahrhundert entstanden, als anschlussfähig erwiesen. Auf diesem Weg wurde so manches aus dem Turner-Code in die Sprache des 20. Jahrhunderts hineingeschleust.

Heil Wandervogel!
In Steglitz macht die Jugendsprache Fortschritte

Bizarre Beispiele für naturnahes Alternativleben hatte es schon bei den Turnern und Burschen gegeben: Friedrich Ludwig Jahn wohnte zeitweilig in einer Höhle; Karl Ludwig Sand kleidete sich gerne in Bärenfelle. Doch das entsprang eher den Fantasien über eine urdeutsch-germanische Vorwelt, an die man spirituellen Anschluss suchte, als irgendeiner Naturschwärmerei. Man lebte ja, ob man wollte oder nicht, ohnehin noch ziemlich naturnah. Etwa 75 Prozent der Bevölkerung wohnten auf dem Lande, wo man von früh bis spät damit beschäftigt war, die Natur in Gestalt von Schädlingen und Unwettern von Haus, Vieh und Ernte fernzuhalten. Dort rückte den Menschen die Natur mit Ratten, Mäusen, Läusen und anderem Ungeziefer noch ganz wahrhaftig auf den Leib ebenso wie mit Kälte, Hitze, Regen und Blitz.

Eine Sehnsucht nach der Natur konnte sich erst entwickeln, nachdem man auf Distanz zu ihr gegangen war. Der Blick zum freien Himmel auf offenem Feld war nur eine Sensation für Menschen, die sich nicht mehr zwangsweise von morgens bis abends auf Äckern abplagten. Das *Abkochen* – ein Ausdruck, der ursprünglich aus dem Militärjargon kam – von Wasser aus Bächen und Quellen am Lagerfeuer fanden nur Menschen attraktiv, die ganz selbstverständlich einen Herd und fließendes Wasser zur Verfügung hatten.

Industrialisierung und Verstädterung schritten im Deutschland des 19. Jahrhunderts innerhalb weniger Jahrzehnte rasch voran. Die deutsche Einigung und der daraus resultierende wirtschaftliche Aufschwung leiteten nach 1871 endgültig eine Phase der Hochindustrialisierung und des Stadtwachstums ein. So zählte die Hauptstadt Berlin bereits 1877 erstmals eine Million Einwohner. Viele Menschen, die in solchen Großstädten lebten, empfanden ihr Dasein auf eine unbestimmte Weise als entfremdet und ungesund. Und dieses Unbehagen erstreckte sich auch auf bürgerliche Kreise, die nicht unter schlechten hygienischen Bedingungen in den lichtarmen Mietskasernen der neuen Proletarierviertel zusammengepfercht wurden.

Aus diesem Milieu stammte der Student Hermann Hoffmann, der 1896 einen Studienkreis für Kurzschrift am neu gegründeten Gymnasium des südlichen Berliner Vororts Steglitz ins Leben rief. Hoffmann, der bereits 1890 als Schüler in Magdeburg 18 Tage mit Kameraden durch den Harz gewandert war, unternahm nun mit seinen Berliner Zöglingen Gruppenausflüge, zunächst in den Grunewald und in das nähere Umland von Brandenburg. In den Folgejahren wanderten sie zusammen wochenlang am Rhein, im Harz und 1899 schließlich einen Monat lang durch den Böhmerwald.

Für einen Außenstehenden wäre damals schwer zu erkennen gewesen, dass sich in dieser kleinen Gruppe von Stenografen ein ganz neues Lebensgefühl anbahnte. Gewandert wurde ja schon vorher und keineswegs immer nur aus bloßer Notwendigkeit – man denke an Heinrich Heines literarisch verewigte Harzreise oder die Verherrlichung von Fußmärschen durch die

Landschaft in Liedern wie »Das Wandern ist des Müllers Lust« oder »Mein Vater war ein Wandersmann«, die beide in der ersten Hälfte des 19. Jahrhunderts entstanden waren.

Aber die Gruppe um Hoffmann und die mächtige Jugendbewegung, die sich aus diesen bescheidenen Anfängen entwickelte, suchten ein ganz anderes Erlebnis als Sommerfrischler, Wochenendausflügler, picknickende Familien oder Schmetterlingsjäger. Man wollte möglichst weit abseits von der Stadt mit ihren modernen Zwängen und Bequemlichkeiten den ebenso angenehmen wie befreienden Kitzel eines Daseinszustands spüren, den viel später die existenzialistische Philosophie »Geworfenheit« nannte. Und man wollte die Erwachsenen, die Eltern, Lehrer und anderen Aufsichtspersonen abschütteln, die das Leben dieser Jünglinge in einem Maße regulierten, das heute unvorstellbar ist. In den Fahrtengruppen dagegen, für die Hoffmann die ursprünglich aus dem Mongolischen stammende Bezeichnung *Horde* übernahm, unterwarfen sich die Jungen im Alter von zwölf bis 19 Jahren selbst gewählten Anführern, die nur ein paar Jahre älter waren als sie selbst. Hoffmann legte die Hierarchie innerhalb einer solchen *Horde* in zwei stenografisch notierten und hektografierten »Mitteilungen« kurz vor der Böhmerwaldfahrt im Juni 1899 fest.[92]

Sich selbst nannte er *Oberhäuptling* – es war die Zeit, in der Karl May zum Erfolgsschriftsteller aufstieg – und ließ sich von zwei *Häuptlingen* unterstützen. Zusammen mit dem *Schatzmeister* und dem *Baumeister* bildeten sie den *Löblichen Rat*, das Organisationsteam des frühen Wandervogels. Die Mitglieder des Rats und weitere erfahrene Teilnehmer einer Tour hießen *Wanderburschen*. Die Jüngeren und Neulinge nannte man *Füchse*. Die von den Füchsen als Unterführer gewählten Wanderburschen hießen *Leibburschen*. Schließlich gab es noch *Kronfüchse*, die unmittelbar dem Oberhäuptling oder den Häuptlingen unterstanden. Der Linguist und Jugendsprachenforscher Helmut Henne fasst die recht unterschiedlichen Zusammenhänge, denen Hoffmann seine Bezeichnungen entnahm, zusammen: »Corpsstudentisches Ideengut (*Fuchs, Leibbursch* usw.), Antizivilisatorisches (*Horde, Häuptling*) und Bürger- und Vereinstraditionen (*Schatzmeister, Baumeister*) werden sorglos gemischt«.[93]

Hoffmann hatte wohl kaum im Sinn, eine ganz Deutschland umspannende Bewegung zu gründen. Er war ein Idealist, aber kein Charismatiker. Und im Januar 1900 verließ er Berlin, um in Istanbul in den diplomatischen Dienst zu treten. Am Vorabend der Abreise überredete er Karl Fischer, der im Vorjahr im Böhmerwald sein Unterhäuptling gewesen war, in einer langen Unterredung auf dem Fichtenberg in Steglitz, die Gruppe künftig zu leiten und ihre Ideen am Leben zu halten. Fischer war aus anderem Holz geschnitzt als Hoffmann. Er hatte eine Vision und die Überzeugungskraft, Menschen für seine Ideen zu begeistern.

Unter seiner Weisung trafen sich die Wandervögel, wie sie sich nannten, nicht mehr nur an Wochenenden. Aus einer Freizeitbeschäftigung in Ausnahmesituationen wurde eine Bewegung, die den Anspruch hatte, das Leben ihrer Mitglieder ganz zu erfassen. Fischer führte einen Erkennungspfiff ein, genauso wie einen eigenen Gruß: *Heil!* – eine Vokabel, die die Nazis später gerne übernahmen.[94] Wir haben schon beim Wort *Gau* gesehen, wie der Weg vom Wortschatz des Wandervogels zum nationalsozialistischen Sprachgebrauch führte. Das Gruß- und Segenswort *Heil* kam in dieser Zeit in nationalvölkischen Kreisen ebenso auf wie unter Anhängerinnen und Anhängern der zivilisationskritischen Lebensreform. Es leitet auch die Kaiserhymne »Heil Dir im Siegerkranz« ein; heute erscheint es noch in Formeln wie »Ski Heil« oder »Petri Heil«. Das »Reallexikon der indogermanischen Altertumskunde« erklärt 1917 den Sinn des vermeintlich uralten, auf die Germanen zurückzuführenden Grußes: »Mit der Grußformel ›Heil‹ wünscht man dem Anderen Ganzheit, Unversehrtheit, ein in den Zeiten ewiger Kämpfe und Verwundungen naheliegender Wunsch«.[95]

Ebenfalls zentral für die Bewegung wurde durch Fischer der Begriff *Führer*. Der Wandervogel besitzt das Urheberrecht für den Gebrauch des Wortes im Sinne von »naturgegebener Anführer«, der später genau wie *Heil* und *Gau* einen so unheilvollen Klang bekommen sollte. Darüber hinaus änderte Fischer die Gruppenorganisation, die er nach einem strikten Führerprinzip ausrichtete. Es gab nun keinen Löblichen Rat mehr, dessen Mitglieder gleichberechtigt neben dem Oberhäuptling gestanden hatten. Stattdessen besetzte Fischer als *Oberbachant* oder gar *regierender Oberbachant* nun alle anderen Funktionen selbst und konnte die Ernannten auch wieder entlassen.

Zur kitschigen Stilisierung des Begriffs *Führer* trug vor allem Hans Blüher als erster Chronist der Bewegung bei. Blüher zufolge verfügt der Führer, dieser »stärkere und höhere Affektmensch«, über eine »höhere Art des Glücks«, »die den Bürgerlichen unverständlich ist«. »Führer werden geboren unter günstigem Stande der Gestirne«; begabt mit einer »schöpferischen Phantasie« seien sie zugleich »ungartenhafte, unidyllische, oft recht ungemütliche Wesen«.[96] Wenn man die homosexuellen Aspekte der Bewegung kennt, kann man diese Sätze, die zwei Jahrzehnte nach der Wandervogel-Gründung geschrieben wurden, wohl als rückblickende Liebeserklärung Blühers an den als schwierig geltenden Fischer lesen.

Bald bekamen die Wandervögel auch eine Art Uniform verpasst. Diese sogenannte *Kluft* hatte den praktischen Zweck, dass man die Jünglinge auf ihren Fahrten nicht mehr mit Hausierern oder Landstreichern verwechseln sollte. Die Tracht bestand aus Fahrtenhemd, kurzer Lederhose oder Bundhose und oftmals einem achteckigen Barett. Letzteres war eine Kostümanspielung auf die Fahrenden Scholaren des Mittelalters, von deren Einfluss auf die früheste deutsche Studentensprache schon einmal die Rede war. Weil die korrekte Bezeichnung *Vagant* von lateinisch *vagus*, »umherstreifend«, aber zu sehr nach den negativ konnotierten *Vagabunden* klang, wandelte Fischer das Wort zu *Bachant* oder *Pachant* ab. In der Hierarchie der Gruppe, die sich *Pachantey* nannte, fingen Neulinge als *Scholaren* an, stiegen dann zu *Burschen* auf (ein Nachhall der älteren Jugendsprachen von Turnern und Studenten) und wurden schließlich *Bachanten*. Fischer selbst war, wie wir gesehen haben, der *Oberbachant*. Für die Versammlungen des Vereins wählte er den altgermanisch klingenden Namen *Thing* – ebenfalls ein Wort, das später über mancherlei Zwischenstufen in den NS-Jargon überging.[97]

Selbst die während der NS-Zeit so beliebten Sonnenwendfeiern wurden bereits von Fischers Wandervögeln wiederbelebt. Mit all dem wollte man an das einfache Leben der Altvorderen und ihre »heitere Naturreligion« anknüpfen; zugleich sollten die alten Traditionen mit modernen Inhalten gefüllt werden: »Wir wollen das Sonnenwendfest feiern als moderne Menschen des 20. Jahrhunderts und wir wollen es feiern als Wandervögel vor allem.« Das heidnische Element ging problemlos zusammen mit einem christlich geprägten Wortschatz. So hatte man *heilige* Schriften, sah im Wald *Gottes Dom* und stand voller *Andacht* in der Natur.

Das Ziel war insgesamt, die Jungen zu *feinen Kerlen*, abgekürzt *F. K.*, zu machen. Sie sollten *patent* sein (hier erstmals in der Bedeutung »anpassungsfähig, sich gut in eine Gruppe einfügend, geschickt«) und *anständig* sein, also Leute, die nicht *rumdrucksten*. Positive Attribute für Mädchen im Wandervogel waren *fröhlich* oder *kameradschaftlich*.[98] Wenn übrigens hier zum ersten Mal in der Geschichte der Jugendsprachen Mädchen nicht als außenstehende Objekte der Begierde vorkommen, sondern als zum inneren Zirkel gehörig, dann ist das kein Zufall: An den Universitäten waren bis um 1900 Frauen bestenfalls als Gasthörerinnen zugelassen und auch die Turner, die ja prinzipiell offener waren und nicht ausschließlich aus Akademikern bestanden, waren ein reiner Männerbund. Dagegen ließen manche Sektionen des Wandervogels auch Mädchen zu. Dies war aber – genau wie die Mitgliedschaft von Juden – durchaus umstritten.

Die strikte hierarchische Struktur, die im Gegensatz zur ziemlich demokratischen Hoffmann'schen Vorgängergruppe stand, drückte sich bei Fischer und den Seinen nicht zuletzt durch die Anredeformen aus. Oberbachant und Bachanten ließen sich von Scholaren mit *Sie* und *Herr* anreden, während sie selbst die Scholaren und sich untereinander duzten. Das *Du* wurde erst nach genauerer Bekanntschaft von Fall zu Fall gewährt.[99] Von diesen feinen Unterschieden löste sich die Jugendbewegung bald wieder. Das vertrauliche *Du* wurde eines ihrer wichtigsten Kennwörter.

Bei aller verstiegener Germanen- und Mittelalterromantik erkannte Fischer doch klar, dass man im wilhelminischen Deutschland ein eingetragener Verein sein musste, um akzeptiert zu werden. Deshalb gründete er an einem Novemberabend 1901 zusammen mit anderen Ur-Mitgliedern der Bewegung im Hinterzimmer des Steglitzer Ratskellers den Verein »Wandervogel, Ausschuß für Schülerfahrten«. Der zu diesem Zeitpunkt schon 42 Jahre alte Schriftsteller Heinrich Sohnrey wurde Präsident, und gemeinsam mit Fischer entwarf er eine Satzung, ohne die ein deutscher Verein bis heute nicht denkbar ist.

Bis dahin hatten die Jünglinge sich noch nicht *Wandervögel* genannt. Den Namen der Gruppe ersann erst am Gründungsabend einer der wenigen, die nicht aus bürgerlichen Gymnasiasten-Kreisen stammten und der zugleich der Jüngste der Gruppe war: Wolf Meyen war erst 17 und von Beruf Mechaniker. Das Wort *Wandervogel* existierte seit dem 18. Jahrhundert zunächst in der zoologischen Bedeutung »Zugvogel«. Der Erste, der es auf Menschen anwandte, war Joseph von Eichendorff: In seinem Buch »Dichter und ihre Gesellen« bezeichnet er eine Gruppe reisender Komödianten als »künstlerische Wandervögel«.[100] Im Jahr 1851 reimte dann der heute vergessene Erfolgsschriftsteller Otto Roquette in seinen Versepos »Waldmeisters Brautfahrt«:

> *»Ihr Wandervögel in der Luft,*
> *Im Aetherglanz, im Sonnenduft,*
> *In blauen Himmelswellen,*
> *Euch grüß ich als Gesellen!*
> *Ein Wandervogel bin ich auch,*
> *Mich trägt ein freier Lebenshauch,*
> *Und meines Sanges Gabe*
> *Ist meine liebste Habe.«*[101]

Meyen hatte das Wort aber bei einem Spaziergang in den von Steglitz aus noch weiter südlich gelegenen Berliner Vorort Dahlem auf einem Grabstein gelesen. Darunter liegt die 1877 gestorbene Kaethe Branco, und auf dem Stein heißt es:

> *»Wer hat euch Wandervögeln*
> *Die Wissenschaft geschenkt,*
> *Dass ihr auf Land und Meeren*
> *Nie falsch den Flügel lenkt?«*[102]

Zwei Tage nach seiner Gründung veröffentlichte der Verein ein erstes gedrucktes Blättchen, mit dem man um Unterstützung bei Eltern warb und neue Mitglieder anlocken wollte. Mit Erfolg: Bald wollten junge Menschen in ganz Deutschland mit den Wandervögeln aufbrechen. Schon 1902 wurde die erste Gruppe außerhalb von Steglitz im heutigen Ortsteil Berlin-Lichterfelde gegründet, bald darauf die erste jenseits des Berliner Raumes in Lüneburg. Kurz vor dem Ersten Weltkrieg gab es etliche Zehntausend Wandervögel in Gruppen, die über ganz Deutschland verteilt waren, und auch in Österreich und der Schweiz hatte die Bewegung Fuß gefasst. Allein zu Fischers »Alt-Wandervogel« gehörten 15 000 Scholaren. So stellt 1912 ein Autor in der Zeitschrift »Die Grenzboten« fest: »Man kann sich heute keine Landschaft mehr ohne Wandervögel denken. Überall, wo es schön ist, ziehen sie in Scharen und kleinen Schwärmen durch die grüne Waldeswelt.«[103]

Ich möchte Teil einer *Jugendbewegung* sein
Das Woodstock von 1913 auf dem Hohen Meißner

Der Oktober 1913 war in vielerlei Hinsicht ein erinnerungsträchtiger Monat: 100 Jahre zuvor hatten die verbündeten Preußen, Österreicher und Russen Napoleon in der mehrtägigen Völkerschlacht bei Leipzig besiegt. Und vier Jahre später waren im Oktober 1817 zum Gedenken an Leipzig die nach Freiheit dürstenden Burschen auf der Wartburg zusammengekommen. Beide Daten riefen nun symbolträchtig jene jungen Menschen in Erinnerung, die sich am 12. und 13. Oktober 1913 auf dem südwestlich von Kassel gelegenen Berg Hoher Meißner zum »Ersten Freideutschen Jugendtag« trafen. Hier wollte man mit einem »Fest der Jugend« die in kürzester Zeit zersplitterte Bewegung wieder einen. Die verschiedensten Gruppen hatten dazu 2000 bis 3000 Delegierte entsandt, die über die Gründung einer Dachorganisation namens »Freideutsche Jugend« entscheiden sollten.

Sie alle empfanden schon jene Sehnsucht, die die deutsche Intellektuellenrockband Tocotronic viel später 1995 in einem berühmten Lied formulierte:

> »Ich möchte Teil einer Jugendbewegung sein.
> Ich, ich möcht' mich auf euch verlassen können [...]
> Jede unserer Handbewegungen
> Hat einen besonderen Sinn,
> Weil wir eine Bewegung sind«.[104]

Nur wollten die Menschen auf dem Hohen Meißner eben nicht Teil *einer* Jugendbewegung sein, sondern Teil *der* Jugendbewegung, denn es gab damals nur eine. Der Historiker John R. Gillis bemerkt in seiner »Geschichte der Jugend«: »Erst im Jahre 1901 trat eine Organisation auf, die kein anderes Interesse beanspruchte als das der Jugend selbst.«[105]

Der Begriff *Jugendbewegung* umfasst die zahlreichen Gruppen, die den Geist der ersten Wandervögel weiterleben ließen. Als sein Schöpfer gilt gemeinhin der Reformpädagoge Gustav Wyneken. Geboren 1875, beeinflusste er als junger Erwachsener in der Zeit kurz vor und kurz nach dem Ersten Weltkrieg die Entstehung einer Jugendkultur, die der vom Wilhelminismus geprägten deutschen Gesellschaft und ihren Zwängen entgegenstand. Die von ihm 1906 gegründete Freie Schulgemeinde Wickersdorf im Thüringer Wald, eine Urzelle der sogenannten Reformpädagogik, gehörte zu den Institutionen, die 1913 zum Treffen auf den Hohen Meißner einluden. Allerdings lässt sich *Jugendbewegung* schon 1907 in Zeitungen nachweisen, lange bevor Wyneken mit dem Wandervogel in Berührung kam. Sicher ist dagegen, dass der Ausdruck *Jugendkultur* von Wyneken stammt. Im Jahr 1913 hielt er in München einen Vortrag mit dem Titel »Was ist Jugendkultur?«. Später führte er genauer aus, was damit gemeint ist:

> »Das Schlagwort Jugendkultur [...] bedeutet zunächst eine besondere [...] Lebensführung der Jugendlichen. [...] Das Wandern diente dazu, die Jugend aus dem Schoß der Familie herauszuführen, diente ihrer Absonderung und gab ihr Gelegenheit, sich draußen eine Geselligkeit zu bilden, [...] unabhängig von den Erwachsenen und oft im Gegensatz zu ihnen sich eigene Interessen und Ideale, ja eine eigene Sprache und Gesittung zu schaffen.«[106]

Innerhalb weniger Jahre entwickelte sich die Jugendbewegung sehr unübersichtlich. Es würde den Rahmen dieses kleinen Buchs sprengen und ist auch nicht sein Thema, die einzelnen Verzweigungen und Brüche nachzuzeichnen, die sich immer wieder über ideologische Grundfragen wie die Aufnahme von Juden oder Mädchen ergaben. Walter Laqueur, der 1962 mit »Die deutsche Jugendbewegung« das bis heute beste wissenschaftliche Werk über diese Epoche veröffentlicht hat, benötigte viele Dutzend Seiten, um zu beschreiben, wie sich ab 1904 der durch Karl Fischer & Co. in Steglitz gegründete Verein in »Wandervogel«, »Alt-Wandervogel«, »Wandervogel, Deutscher Bund für Jugendwanderungen« und »Jung-Wandervogel« aufspaltete. Die Gründe waren vielfältig. Zunächst stießen sich Mitglieder immer wieder am autoritären Führungsstil des Oberbachanten Fischer. Andere Konfliktpunkte waren die Einstellungen zur Homosexualität, zum Eintritt von Mädchen oder Volksschülern sowie die nicht von allen gutgeheißene Forderung, strikt auf Alkohol und Nikotin zu verzichten.

Zu diesem Zeitpunkt hatte der Wandervogel bereits seinen ersten großen Skandal hinter sich: Der Rittergutsbesitzer und – wie man heute sagen würde – Homosexuellen-Aktivist

Wilhelm Jansen, der unter anderem die einschlägige Zeitschrift »Der Eigene« finanziell unterstützte, hatte eine wichtige Rolle bei der Entmachtung Fischers und dessen Verdrängung aus dem »Alt-Wandervogel« gespielt. Doch schon bald geriet Jansen selbst unter Druck, weil er homosexuelle Beziehungen zu anderen Wandervögeln unterhielt. Zwischenzeitlich zum Oberbachanten aufgestiegen, musste Jansen 1908 zurücktreten; 1910 wurde er ganz ausgeschlossen. Es gab aber weiterhin Wandervögel, die sexuelle Aktivitäten zwischen Mitgliedern der Bewegung ganz normal fanden. Gustav Wyneken, der wohl – vorsichtig formuliert – einen besonders freizügigen Umgang mit wesentlich jüngeren Jugendbewegten pflegte, wurde 1922 wegen sexuellem Missbrauchs verurteilt, weil er einen zwölfjährigen Jungen und einen 17-Jährigen »in völliger Nacktheit umarmt und geküßt« hatte. Solche Episoden brachten 2015 den Journalisten Christian Füller dazu, in seinem Buch »Die Revolution missbraucht ihre Kinder« nahezu die gesamte Jugendbewegung als eine Art Päderasten- und Pädophilen-Netzwerk zu interpretieren. Dieser unheilvolle Geist sei bis in die allerjüngste Vergangenheit wirksam gewesen, etwa an der Odenwaldschule oder bei dem sogar noch von Jugendämtern in Berlin geförderten massenhaften Missbrauch von Jungen.

Das mag stimmen. Aber jede genauere Betrachtung der Jugendbewegung zu Beginn des 20. Jahrhunderts zeigt eben auch, dass diese unendlich vielfältig war. Von ganz rechts bis ganz links, von germanisch-deutschnational bis fernöstlich-esoterisch war dort alles im Angebot, oft sogar alles zugleich. Sinnbildlich für diese Zersplitterung ist, dass zwar der Jung-Wandervogel und der österreichische Wandervogel zum Treffen auf dem Hohen Meißner anreisten, aber ausgerechnet die größte Gruppe, der Wandervogel e. V., kurz vorher seine Teilnahme absagte, obwohl er selbst zu den Einladenden gehört hatte. Man ging lieber auf Distanz zum Hurrapatriotismus vieler anderer Mitwirkender, die sich bei der Versammlung zu einer einzigen »Freideutschen Jugend« zusammenschließen wollten. Diese waren neben den genannten Wandervogel-Zweigen die Akademische Vereinigung Jena, die Akademische Vereinigung Marburg, der Bund Deutscher Wanderer, der Bund für freie Schulgemeinden, die Burschenschaft Vandalia Jena, die Deutsche Akademische Freischar, der Deutsche Bund abstinenter Studenten, Wynekens Freie Schulgemeinde Wickersdorf, der Deutsche Vortruppbund, Germania – Bund abstinenter Schüler, das Landschulheim am Solling bei Holzminden und der Sera-Kreis Jena.

Das Treffen in Hessen begann mit einem hochsymbolischen Wetterereignis. Nach einem mehrstündigen abendlichen Anmarsch zum Hohen Meißner im strömenden Regen brach am Morgen des ersten Tages die Sonne verheißungsvoll durch und wärmte die Seelen der Teilnehmer. Für zusätzliche Temperatur sorgte das Anzünden eines Holzstoßes. Im Lichte seiner Flammen hielt Knud Ahlborn, Mitbegründer und Bundesführer der Deutschen Akademischen Freischar, eine »Feuerrede«. Diese unterschied sich inhaltlich aber durchaus von der Rede, die 100 Jahre zuvor zu Füßen der Wartburg beim Spiel mit dem Feuer und der Bücherverbrennung gehalten wurde. Ahlborn sprach sich gegen »Fanatismus« und für »Toleranz« aus. Als er vor den »Dunkelmännern« warnte, die solche Tendenzen schürten, blieb er ganz in der Lichtmetaphorik, die typisch für die Bewegung war – die Feldpostkarte zum Meißnertreffen zeigt einen nackten Jüngling, der sich dem Licht und der Sonne mit ausgebreiteten Armen darbietet. Entworfen hatte sie der Lebensreformer und Maler Hugo Höppener, der sich als Künstler Fidus nannte. In den frühen Wandervogelschriften waren Licht- und Feuermetaphern allgegenwärtig, etwa in

Sätzen wie diesem: »Das Licht, die leuchtende Flamme ist uns aber auch das Symbol der Freude, der echten Jugendfreude.«[107]

Die angewärmten und gut ausgeleuchteten Menschen auf dem Hohen Meißner waren nun sicher: Heute oder nie musste die Einigung gelingen. Doch die Kluft vor allem zwischen dem Wandervogel und den Übrigen war fast unüberwindlich. Die Ur-Gruppe der Jugendbewegung hatte in einem Selbstporträt zur Toleranz aufgerufen und sich vorgestellt als »bunte Gemeinde vieler ganz verschieden gearteter Menschen. In seinen Mauern vertragen sich die größten Querköpfe – wenn sie sich nicht in den Haaren liegen. Glücklicherweise kommt das nur in Nebendingen vor. Denn alle sind sich in dem Hauptpunkte völlig einig, der heißt: Wandern!«[108] Die anderen Organisationen waren meist nur daran interessiert, die Jugendbewegung für ihre verschiedenen Kampagnen zu irgendeiner Art von Lebensreform zu nutzen. Die Tendenz ging allgemein stark ins Völkische. So gehörte zur bunten Schar eine Gruppe namens »Volkserzieher«, die verkündete: »Für uns ist Deutschland das Heilige und das Gelobte Land, nicht Palästina«.[109] Näheres erläuterten sie in ihren ideologischen Grundlagenwerk, der »Germanenbibel«, und dem Bundesbuch »Unterm Hakenkreuz«. Allerdings muss hier angemerkt werden, dass sich das Hakenkreuz erst nach 1918 zum Symbol des extremen Antisemitismus entwickelte. Im Wandervogel wurde das Zeichen häufig benutzt.

Man hielt noch weitere Reden auf dem Hohen Meißner. Der beeindruckendste Vortrag stammte von dem Schriftsteller Hans Paasche, der am Ende ausrief: »Es brennt im Deutschen Haus und wir sind die Feuerwehr«.[110] Daneben trug man Manifeste vor, und man hatte bereits im Vorfeld eine »Meißnerformel« formuliert, auf die sich die meisten Lebensreformer und der Wandervogel einigen konnten: »Die Freideutsche Jugend will nach eigener Bestimmung, vor eigener Verantwortung, in innerer Wahrhaftigkeit ihr Leben gestalten. Für diese innere Freiheit tritt sie unter allen Umständen geschlossen ein.«[111]

Am zweiten Tag hielt Wyneken eine offenbar mitreißende Ansprache. Die großen Helden von 1813 seien Patrioten und Bürger der Welt gewesen. Er warnte prophetisch vor einem engstirnigen Nationalismus und dessen Folgen für die »Täler des Vaterlandes«: »Möge nie der Tag erscheinen, wo des Krieges Horden sie durchtoben. Und möge nie der Tag erscheinen, wo wir gezwungen sind, den Krieg in die Täler eines fremden Volkes zu tragen.« Das hielt ihn jedoch nicht davon ab, sich in seinem Appell in militärischen Metaphern zu ergehen: Die Jugend solle »getrennt marschieren«, aber Schulter an Schulter kämpfen«. Und sie müsse »das Schwert, das Kant und Schiller dem deutschen Volke reichten«, wiederfinden.

Am zweiten und letzten Abend hatte man sich zwar noch immer nicht über alle Gegensätze verständigt, doch alle zogen heim im unbestimmten Gefühl, dass eine Einigung der gesamten Jugendbewegung bald bevorstünde. Dies sollte nicht nur zum Zusammenschluss verschiedener Wandervogelgruppen in der Freideutschen Jugend führen, sondern alle Jugendorganisationen vom nationalistischen bis ins sozialistische Lager verbinden. Es blieb ein Traum. Schon Anfang 1914 wurden Wyneken und sein reformpädagogischer Kreis wegen ihrer starken linken Tendenzen und Radikalität aus der Freideutschen Jugend ausgeschlossen. Walter Laqueur resümierte in seinem Überblickswerk: »Die gesamte Geschichte der deutschen Jugendbewegung ist eine Geschichte der Spaltungen und temporären Wiedervereinigungen, die Energien dieser Bewegung wurden zum größten Teil für diese unfruchtbaren Dinge eingesetzt.«[112] Zunächst einmal wurden die Energien der jungen Männer aber an der Front gebraucht. Im August 1914 brach der Erste Weltkrieg aus.

Als Erste rüsteten Teile des Wandervogels nun auch sprachlich auf. Eine Gruppe um den ultranationalistischen, charismatischen Otger Gräff verlangte, die deutsche Sprache müsse nun von allen Fremdeinflüssen gesäubert werden.[113] Wer *Adieu* statt *Auf Wiedersehen* sagte, galt von nun an als Vaterlandsverräter. Nichtdeutsche Schrifttypen wie vor allem die Antiqua sollten nicht mehr benutzt und nur noch die als echt deutsch empfundene Fraktur-Schrift verwendet werden. Außerdem wurde verlangt, dass die alten deutschen Monatsnamen wieder eingeführt werden, die schon den Turnern und Burschen 100 Jahre zuvor so germanisch-heimelnd im Ohr geklungen hatten. Für eine Zeit setzten sich diese Bestrebungen sogar in der Monatszeitschrift »Wandervogel« durch, langfristig hatten sie aber keinen großen Einfluss.

Tippeln? Nicht ohne meine *Zupfgeige*
Noch mehr Wandervogel-Wörter

Zur Jugendbewegung im weitesten Sinne gehörten einige kulturell einflussreiche Persönlichkeiten. Ich spreche hier nicht von Figuren wie Blüher oder Wyneken, die beide nur innerhalb der Bewegung und der Reformpädagogik wirkten, darüber hinaus aber heute vergessen, verlacht und zum Teil sogar verachtet sind. Da hilft es auch nicht, wenn irgendwelche Wandervogel-Nostalgiker Blüher einen überlangen Wikipedia-Artikel widmen – als ginge es hier darum, das komplexe Werk eines weltbewegenden Geistes vom Schlage Goethes, Hegels oder Freuds zu würdigen.

Tatsächlich große Bedeutung erlangte aber zum Beispiel Walter Benjamin, der ein Schüler Wynekens im Landerziehungsheim Haubinda gewesen war. Der Pazifist Hans Paasche, der auf dem Hohen Meißner eine so bewegende Rede gehalten hatte, verfasste den zivilisationskritischen Roman »Die Forschungsreise des Afrikaners Lukanga Mukara ins innerste Deutschland«, der noch bis mindestens in die 1980er-Jahre von alternativbewegten Studierenden gelesen wurde. Ernst Jünger und sein Bruder Friedrich Georg schlossen sich 1911 der Wunstorfer Ortsgruppe des Wandervogels an. Im gleichen Jahr erschien Jüngers erste Publikation im Novemberheft von »Hannoverland«, dem Gaublatt der niedersächsischen Wandervögel. Das Gedicht mit dem Titel »Unser Leben« beginnt mit:

> *»Noch eh' der erste Hahnenschrei verklungen,*
> *Erhebt der Wandervogel sich vom Stroh,*
> *In seinen klaren Augen blitzt es froh,*
> *Denn heute wird gewandert und gesungen.«*[114]

Und Hermann Hesse, der vom Wandervogel geradezu entdeckt worden war, brachte von 1919 bis 1925 eine pazifistische und lebensreformerische Jugendzeitschrift namens »Vivos Voco« heraus.

Es gab auch regelrechte Bestseller aus dem Geist des Wandervogels. Etwa den Roman »Wiltfieber, der ewige Deutsche« von Hermann Burte, der 1912 erschien. Zwei Jahre zuvor hatte bereits Hermann Popert seinen allem Nordischen und Germanischen holden Titelhelden »Helmut Harringa« durch ein von Schnapsbrennern und Presseschmierern verdorbenes Deutschland gehetzt. Tatsächlich verkaufte sich das Buch innerhalb weniger Jahre 320 000 Mal.

Interessant an Poperts Buch sind die wilden Attacken auf die Lebensweise der studentischen Korporationen mit ihren Trinkgelagen und Duellen. Man sieht daran, wie weit sich die geistige Avantgarde der deutschen Jugend um 1900 von der alten Studentenherrlichkeit entfernt hatte. Diese florierte an den Universitäten zwar noch immer. Allerdings waren die Burschenschaften im Laufe des 19. Jahrhunderts immer konservativer und staatstragender geworden. Mit ihren Trachten, ihren Farben und ihren Schmissen, wie man die Narben nennt, die von den Verletzungen beim Fechtduell herrühren, aber ebenso mit ihren Liedern und Umzügen bestimmte die Burschenherrlichkeit sogar mehr denn je das Bild der deutschen Universitäten im In- und Ausland. Doch sie war Teil einer überkommenen Tradition, die die Jugendbewegung längst verachtete.

Ihre wahre kulturelle Wirkung entfaltete die Jugendbewegung nicht durch Romane, sondern auf dem Feld der Musik und des Volksliedes. Als größter Beitrag kann hier ein von Hans Breuer zusammengestelltes Liederbuch gelten. Breuer hatte schon der Gruppe um Hermann Hoffmann angehört und war 1901 bei der Gründung des Wandervogels im Steglitzer Ratskeller dabei. Nach dem Abitur studierte er Medizin, parallel begann er ab 1904 auf den Fahrten des Wandervogels Volkslieder zu sammeln. Diese gab er 1909 unter dem Titel »Der Zupfgeigenhansel« heraus. Die erste Ausgabe hatte eine Auflage von 500 Exemplaren. Doch schon in den Dreißigerjahren war das Buch mehr als eine Million Mal verkauft.

Ob Breuer das demonstrativ altdeutsch-volkstümlich klingende Wort *Zupfgeige* für die Gitarre selbst erfunden und in den Wortschatz der Jugendbewegung eingeführt hatte, bleibt ungewiss. Sicher ist nur, dass es zu einem regelrechten Erkennungswort des Wandervogels und wesensverwandter Gruppen wurde – genau wie *Laute* und *Klampfe*, von dem später noch die Rede sein wird. Hans Paasche, der uns in der Vorkriegsjugendbewegung immer wieder begegnet, schrieb 1912 in der »Vortrupp«-Zeitschrift:

»Eine Sehnsucht nach Kraft und Gesundheit zittert durch deutsches Land. Junge Männer und Mädchen stürmen hinaus, durch den Wald, über Berge und winterliche Schneefelder. Was früher Anstrengung und Entbehrung hieß, wird Weg zum höchsten Genuß. Das Wanderlied erschallt, die Zupfgeige klingt, Pfadfinder stürmen den Wall. Jung Deutschland ist erwacht.«[115]

Die Passage klingt nicht nur wegen ihres Schlusssatzes wie reinster NS-Stil. Doch dies zeigt einmal mehr, wie viel Rhetorik die Nazis von der Jugendbewegung übernahmen. Paasche selbst schwor spätestens nach dem Ersten Weltkrieg allem rechtsnationalistischen Denken ab. Im revolutionären Berlin gehörte er 1918 dem Vollzugsrat des Arbeiter- und Soldatenrates an und wurde 1920 von konterrevolutionären Reichswehrsoldaten ermordet.

Nicht nur mit dem »Zupfgeigenhansel«, dieser Einzeltat Breuers, sondern ganz allgemein hatte die Jugendbewegung entscheidenden Einfluss auf die Musikkultur. Sie leitete eine Renaissance des deutschen Volkslieds ein. Viele Mitglieder sammelten und veröffentlichten alte Lieder und bewiesen dabei durchaus Geschmack. Gruppensingen wurde zum festen Bestandteil der Zusammenkünfte; man übte sich in Volkstänzen und machte Laute und Gitarre als Instrumente wieder populär. Viele Gesänge des Wandervogels wie der Bündischen Jugend der Nachkriegszeit sind zu echten Hits geworden. Sie sind der eigentliche dauerhafte Beitrag der Jugendbewegung zur deutschen Kultur.

Im Weltkrieg und in der Zwischenkriegszeit wurde der Ton der Lieder deutlich martialischer. Man sang echte und nachgeahmte Landsknechtlieder sowie Lieder, die das aktuelle Kriegserlebnis reflektierten. Schon der Vorkriegs-»Zupfgeigenhansel« hatte ein eigenes Kapitel mit Soldatenliedern enthalten. Die Auswahl der Instrumente, die beim Wandern und Marschieren gespielt wurden, wurde um Trommel und Trompete erweitert. So näherte man sich mehr und mehr dem musikalischen Erscheinungsbild der Hitlerjugend, die nach 1933 alle anderen Jugendgruppen zwangsintegrierte. Ein nihilistischer Ton kam auf; der Soldat verdrängte den fahrenden Scholaren als Leitbild. Nun wurde ordentlich marschiert und nicht mehr in langgestreckten, aufgelösten Gruppen *getippelt* – eine Bezeichnung, die die Wandervögel aus der Sprache der Landstreicher, wandernden Hausierer und kleinen Gauner übernommen hatten.

Das berühmteste Lied aus diesem neuen Geist war »Wildgänse rauschen durch die Nacht«, das Walter Flex in seine Kriegsnovelle »Der Wanderer zwischen beiden Welten« von 1916 einschob. Flex widmete das schmale Werk, das zum viel gelesenen Kultbuch der Jugendbewegung wurde, seinem gefallen Freund und Kameraden Ernst Wurche. Wurche war für Flex das »Idealbild des deutschen Kriegsfreiwilligen und Frontoffiziers, aber auch des neuen Menschen und Menschenführers, der beiden Welten, Erde und Himmel, Leben und Tod, gleich nahe ist«. Flex' »Wanderer« war das erfolgreichste Buch eines deutschen Schriftstellers im Ersten Weltkrieg und eines der sechs erfolgreichsten deutschen Bücher im 20. Jahrhundert überhaupt. Gerade unter Jugendbewegten war es lange Zeit viel beliebter als etwa Ernst Jüngers »In Stahlgewittern« oder Erich Maria Remarques »Im Westen nichts Neues«.

Flex' Lied, das später auch von den Nazis geschätzt wurde, beginnt mit einer volksliedhaften Naturbeschwörung:

> *»Wildgänse rauschen durch die Nacht*
> *Mit schrillem Schrei nach Norden.«*

Rasch zieht Flex Parallelen zwischen den Vögeln am Himmel und den Soldaten unter ihnen in ihren ganz ähnlich gefärbten Uniformen: »Graureisige Geschwader!« Beide seien »ein graues Heer« in einer Welt »voller Morden«. Doch während die Gänse, ganz nach Wunsch und Jahreszeit, nach Süden oder Norden entkommen können, zieht das poetische Ich eine düstere Bilanz:

> *»Was ist aus uns geworden!*
> *Wir sind wie ihr ein graues Heer*
> *Und fahr'n in Kaisers Namen,*
> *Und fahr'n wir ohne Wiederkehr,*
> *Rauscht uns im Herbst ein Amen!«*[116]

Das Gedicht mit seiner Mischung aus Pathos, quasi-expressionistischen Wortverdrehungen wie bei Flex' Zeitgenossen August Stramm (»Fahlhelle zuckt«) und resignativer Schicksalsergebenheit wurde schon 1916 von Robert Götz vertont. Für die national gestimmten Mitglieder der Jugendbewegung im und nach dem Krieg wurde Ernst Wurche zum Inbegriff des Wandervogelsoldaten. Im Grunde sind die Verse aber von einer unübersehbaren, ganz unkriegerischen Melancholie durchzogen. Diese sprach auch nicht rechte Milieus an und machte das Stück daher zu einem wahren Volkslied.

Lieder zur *Klampfe*
Als bei Bertolt Brecht die bunten Fahnen wehten

Deutlich fröhlicher ist das andere berühmte Lied der Jugendbewegung, das heute noch in Liederbüchern und YouTube-Videos, auf Pfadfindertreffen und Heino-Alben weiterlebt: »Wenn die bunten Fahnen wehen« vom damals 24-jährigen Alfred Zschiesche. Es wurde 1933 im Liederbuch des Nerother Wandervogels, einem nach einem Ort in der Eifel benannten und nach 1918 blühenden weiteren Ableger der Bewegung, veröffentlicht. Sein Text ist geprägt von Fernweh, Reiselust und Naturbegeisterung:

>»*Wenn die bunten Fahnen wehen,*
> *Geht die Fahrt wohl übers Meer.*
> *Woll'n wir ferne Lande sehen,*
> *Fällt der Abschied uns nicht schwer.*
> *Leuchtet die Sonne,*
> *Ziehen die Wolken,*
> *Klingen die Lieder weit übers Meer. [...]*
> *Hei, die wilden Wandervögel*
> *Ziehen wieder durch die Nacht,*
> *Schmettern ihre alten Lieder,*
> *dass die Welt vom Schlaf erwacht.*
> *Kommt dann der Morgen,*
> *Sind sie schon weiter,*
> *über die Berge wer weiß wohin.*«[117]

Da das Lied so unverbindlich und harmlos war, konnte es vielseitig verwendet werden. Ab 1935 wurde »Wenn die bunten Fahnen wehen« auch von der Hitler-Jugend in Liedblättern und Liederbüchern verbreitet. Dort ist die Strophe über die »wilden Wandervögel« allerdings gestrichen. Die HJ-Fassung wurde ab 1936 in Schulliederbücher übernommen. Für das Regime war das Lied trotz seiner Harmlosigkeit besonders reizvoll, weil das Wort *Fahne* darin so eine große Rolle spielt. Der Begriff hatte in der Ideologie der NS-Bewegung einen hohen Symbolwert – man denke nur an die erste Strophe des »Horst-Wessel-Liedes«: »Die Fahne hoch!« Der Parteidichter Herybert Menzel ahmte 1938 mit seinem NS-Gesang »Wenn wir unter Fahnen stehen«

die Motivik von Zschiesches Lied nach. Gleichzeitig blieb das Stück bei den unterdrückten Wandervögeln selbst populär: In einem handschriftlichen Liederbuch aus dem KZ Sachsenhausen tauchte es noch im Jahr 1942 mit allen vier Strophen auf.

Nach dem Krieg wurde das Lied – nun wieder in seiner vollständigen Fassung – vor allem von Pfadfinderinnen und Pfadfindern sowie kirchlichen Jugendgruppen weitergesungen. Und es gelangte in das auflagenstärkste Liederbuch der Nachkriegszeit: »Die Mundorgel«. Spätestens jedoch nach der Interpretation durch Heino galt es der 68er-Generation als hoffnungslos spießig und nicht mehr akzeptabel. Zschiesches Lied war allenfalls noch für Parodien gut: »Wenn die schlanken Pershings fliegen«, sang die Kabarettgruppe »Die 3 Tornados« 1983 vor dem Hintergrund des Wettrüstens im Kalten Krieg. Dabei gab es in linken Kreisen durchaus Versuche, die deutsche Volksliedtradition vom Nazi-Ruf zu befreien. Eine erfolgreiche deutsche Folk-Gruppe der Siebzigerjahre hieß wie das berühmteste Wandervogel-Liederbuch: »Zupfgeigenhansel«.

Die musikalischen Aktivitäten der Jugendbewegung haben sprachliche Spuren im Deutschen hinterlassen. So gelangte durch den Wandervogel das ursprünglich süddeutsch-österreichische Dialektwort *Klampfe* für eine Gitarre in die allgemeine Umgangssprache. Im Jahr 1912 schrieb ein Autor in der Zeitschrift »Die Grenzboten«:

> *»Bei allen Wanderungen, die ich als Eufrat [Abkürzung für Mitglieder im Eltern- und Freundesrat der Wandervögel] mitgemacht habe, ist's mir immer wieder klar geworden: Wo man zupft, laß die Bedenken schweigen, / Böse Wandrer zupfen nicht auf Geigen. Wie natürlich klingen die wieder auflebenden Volkslieder aus unserem Zupfgeigenhansl zum bescheidenen Surren der Klampfe!«*[118]

Zwei Jahre später erläuterte die Zeitschrift des Vortrupp-Bundes: »Klampfen nennen die Wandervögel, was männiglich Guitarre heißt.«[119] Und Alfred Zschiesche gab »Wenn die bunten Fahnen wehen« und anderen Gesängen, die er gedichtet hatte, den Namen »Klampfenlieder«.

Berühmter sind allerdings die »Lieder zur Klampfe von Brecht und seinen Freunden«. Diese erste Gedichtsammlung des jungen Bertolt Brecht aus dem Jahr 1918 ist nur als Manuskript aus dem Nachlass überliefert. Die Lieder entstanden, wenn sich der junge Dichter mit seiner Augsburger »Clique« in »Gablers Taverne« traf oder vor die Stadt zum Lech zog. Einige atmeten den Geist der frühen Wandervogellieder, besonders das »Lied der wilden Empörer«, nur dass Brecht seinen Stücken im letzten Weltkriegsjahr eine kräftige Infusion des von Laqueur erwähnten zeitbedingten Nihilismus verabreichte. Tatsächlich war Brecht als Teenager in der Vorkriegszeit vom Wandervogel beeinflusst. Mit Gleichaltrigen, die sich »Die lustigen Saitenzupfer« nannten, gründete er 1912 das Septett »Amicitia«, dessen Repertoire aus Gesängen der Jugendbewegung und des Wandervogels sowie Eigenkompositionen Brechts bestand. Mit Interesse verfolgte er das Treffen auf dem Hohen Meißner im gleichen Jahr. Eine Figur wie der spätmittelalterliche französische Dichter François Villon, mit der sich der junge Brecht sehr beschäftigte, war ja geradezu der Inbegriff des unsteten fahrenden Scholaren, den die frühen Wandervögel zum Vorbild auserkoren hatten. Man darf also annehmen, dass das Wort *Klampfe* bei ihm kein Echo des Dialekts ist – was bei einem Augsburger ja denkbar wäre –, sondern direkt aus dem Wandervogel-Wortschatz stammte.

Der *Guru* des *Bundes* empfiehlt ein *Fahrtenmesser*

Wie plötzlich alle Wandervögel nach dem Morgenland fliegen wollten

Nach dem Ersten Weltkrieg begann ein neues Kapitel der Jugendbewegung. Kreise, die dem Wandervogel und seinen Abspaltungen bisher ferngestanden hatten, wurden von der Idee erfasst, sich in einem *Bund* zusammenzuschließen: Pfadfinderinnen und Pfadfinder, Wandervögel, Angehörige verschiedener Konfessionen, Linke und Rechte – wobei der Unterschied zwischen den beiden Letztgenannten nicht immer so deutlich war: »Im Deutschland vor 1930 war in der Tat jedermann Sozialist und Befürworter der Planwirtschaft, genauso wie jeder gegen den Versailler Vertrag war.«[120]

Man nennt diese Phase, die bis zur »Machtergreifung« des Nationalsozialismus andauerte, die *Bündische Jugendbewegung*. Zu den Unterschieden führte Laqueur aus:

>*Der Wandervogel hatte der Gesellschaft kritisch gegenüber gestanden, war aber nie auf den Gedanken verfallen, er sei berufen, die Welt zu verändern. Genau das aber wollten die Bünde tun; es war der romantische Versuch, es mit der Realität aufzunehmen. [...] Es herrschte strengere Disziplin, und man sah im Bund eine allumfassende Verpflichtung, die den Einzelnen für den Rest seines Lebens total beanspruchte.*«[121]

Idee und Begriff des Bundes hatte der protestantische Pfarrer Martin Voelkel zunächst bei den Neupfadfindern propagiert. Vorbereitet wurde dieses geistige Konzept aber schon vor dem Weltkrieg im Kreis um den priesterlich auftretenden Dichter

Stefan George. Im Jahr 1914 erschien Georges Gedichtband »Der Stern des Bundes«. Die Vorstellung einer auserwählten Gruppe, die sich nach innen zusammenschließt und nach außen abkapselt, übte auf viele Jugendliche in der orientierungslosen Zeit nach der Weltkriegsniederlage und dem Zusammenbruch des deutschen Kaiserreichs große Faszination aus. Sie verband sich mit einem verstärkt völkischen Zug, den – kein Namenswitz beabsichtigt – Voelkel so formulierte: »Wo deutsches Blut ist, da ist der Helden Heimat.«[122] *Ritter, Burg, Gral, Kampf* und *Gefolgschaft* waren wichtige Leitbegriffe in Voelkels Neupfadfinder-Ideologie, und schon 1920 hatte er die Vision von einem *Dritten Reich* als »Reich der Deutschen«, allerdings erst dann, »wenn die slawische Seele, der die kommenden tausend Jahre gehören, tot ist.«[123] Trotzdem leistete dieser konservativ-nationalistische Geistliche später in seiner Gemeinde in Berlin-Karlshorst den Nazis passiven Widerstand.

Voelkels Prophezeiung einer 1000-jährigen Herrschaft der »slawischen Seele« entsprach dem Zeitgeist. Die Bündische Jugendbewegung drängte es zu den Quellen östlicher Weisheit. Denn die Niederlage und der folgende Zusammenbruch der alten Ordnung hatten zu einer großen religiösen Erschütterung vor allem unter Protestanten geführt. Der Glaube an die göttliche Auserwählung Deutschlands hatte durch den verlorenen Krieg und die Demütigung im sogenannten Diktatfrieden von Versailles einen mehr als herben Dämpfer erlitten.

In dieser Krise wandte man den Blick nach Asien, von wo angeblich schon immer das Licht gekommen sei. Die einen hielten den roten Stern, der über Russland mit dem Sieg der Bolschewiki aufgegangen war, wie den biblischen Stern von Bethlehem für ein quasigöttliches Himmelszeichen. Die anderen suchten Erleuchtung noch weiter im Fernen Osten und interessierten sich nun vermehrt für indische oder chinesische Weisheitslehren. Es war die Zeit, als Hermann Hesse seine »indische Dichtung« »Siddharta« schrieb, und selbst handfestere Naturen wie Bertolt Brecht trösteten sich mit Asiatica. Seit 1920 beschäftige er sich immer wieder mit dem Denken des altchinesischen Philosophen Laotse, und eines von Brechts berühmtesten Lesebuchgedichten handelt von der Entstehung des »Tao-Te-King«, in dem die Lehren Laotses gesammelt sind.

Anleihen bei östlichen Weisheiten machten auch fast alle der »Inflationsheiligen«. So bezeichnete man eine vielgestaltige Gruppe von Wanderpredigern, Naturpropheten und sonstigen langhaarigen Erlösern, die unter den verunsicherten Deutschen der frühen Zwanzigerjahre eine Zeit lang recht große Anhängerschaften um sich versammeln konnten. Hermann Hesse verfasste 1932 rückblickend die Novelle »Die Morgenlandfahrt«, in der er zwei der berühmtesten Inflationsheiligen – Gusto Gräser und Friedrich Muck-Lamberty – ein literarisches Denkmal setzt:

> *»[U]nmittelbar nach dem Ende des großen Krieges, war unser Land voll von Heilanden, Propheten und Jüngerschaften, von Ahnungen des Weltendes oder Hoffnungen auf Anbruch eines Dritten Reiches. Erschüttert vom Kriege, verzweifelt durch Not und Hunger, tief enttäuscht durch die anscheinende Nutzlosigkeit all der geleisteten Opfer an Blut und Gut, war unser Volk damals manchen Hirngespinsten, aber auch manchen echten Erhebungen der Seele zugänglich«.*[124]

Gräser gehörte wohl zu den charismatischsten Figuren der so vielgestaltigen Lebensreformbewegung, die im zweiten Drittel des 19. Jahrhunderts aus einem Unbehagen an Industrialisierung, Verstädterung und Materialismus entstanden war.

Als Wege zurück zum Naturstand empfahlen die Lebensreformerinnen und -reformer weite Kleidung aus Wolle oder

Baumwolle und besser noch Freikörperkultur, Vegetarismus oder sogar seine Extremform, den Frutarismus, bei dem nur Früchte verzehrt werden dürfen. Zum Speiseplan gehörten ebenso Vollwertkost und Müsli, dessen Erfinder Maximilian Bircher-Benner der Bewegung angehörte. Natürliche Heilmethoden wie Homöopathie und Kneippkuren sollten Linderung verschaffen. In Landkommunen experimentierte man mit neuartigen Schulkonzepten und in Teilen auch schon mit der Lockerung alter Sittengesetze, die den Sexualtrieb hemmten. Der Inflationsheilige Muck-Lamberty hatte im Ersten Weltkrieg zu einer Gruppe Marinesoldaten auf Helgoland gehört, die alle Wandervögel waren und vollständig vegetarisch ernährt wurden.

Bereits vor dem Weltkrieg hatte es Berührungen zwischen Lebensreform und Wandervogel gegeben: So stammte die Einladungskarte zum Meißnerfest vom Künstler Fidus, der ein Lebensreformer war. Für eine Übersetzung der »Bhagawadgita«, einen bedeutenden Ausschnitt des altindischen Epos »Mahabharata«, gestaltet er einen Einband und in der Zeitschrift »Theosophische Kultur« flocht er jugendstilhaft ästhetisierte Elemente indischer Religiosität in seine Zeichnungen ein.[125] Beim Freideutschen Jugendtag auf dem Hohen Meißner prophezeite ein Redner gar eine »Renaissance der Weltanschauung des orientalischen Ostens«.[126]

Er sollte recht behalten. Nach dem Krieg, in dem sich Europa blamiert und selbst zerstört hatte, verspürte die Jugendbewegung wie vorher die Lebensreform einen unstillbaren Durst nach außereuropäischen Weisheiten. Ihr Chronist Laqueur erklärte dazu in seinem Geschichtsbuch: »Ein regelrechter Sturm auf die neuentdeckte Weisheit des Ostens – Russland, Indien und China – setzte ein. [...] Oft schien es, als ob siebzig und nicht sieben Jahre die Welt des Jahres 1920 von der Vorkriegswelt trennten.«[127]

Doch die meisten Bündischen Jugendlichen verweilten spirituell lieber im vergleichsweise gemütlichen Indien. Zum Indienboom gehörte eine Schwärmerei für den indischen Dichter Rabindranath Tagore. Der Nobelpreisträger von 1913 bereiste im Juni 1921 Deutschland und löste eine regelrechte Begeisterung in der Jugendbewegung aus.

Diese Asiatica-Mode führte dazu, dass ausgerechnet im Wandervogel-Milieu das Wort *Guru* erstmals in seiner heutigen freien Bedeutung »jemand, der über besondere Weisheit verfügt« verwendet wurde. Vorher, seit dem frühen 18. Jahrhundert, war es nur für Weisheitslehrer des fernen Subkontinents in Gebrauch, aber nur in Reiseberichten oder Literaturerzeugnissen, die indische Verhältnisse beschworen wie Friedrich Rückerts »Die Weisheit des Brahmanen« von 1836, und nicht übertragen in einen deutschen Alltag. Nun aber sprach Alfred Zschiesche, den wir als Dichter des Liedes »Wenn die bunten Fahnen wehen« kennengelernt haben, den Gründer des Nerother Wandervogels Robert Oelbermann als seinen *Guru* an. Er widmete ihm auch ein Gedicht mit dem Titel »Guru«:

> *»Wer, wenn ihn die Unrast plagte,*
> *Freunde fand im Wanderkleid,*
> *Wer sich in die Ferne wagte*
> *Frohbeschwingt durch Raum und Zeit [...]*
> *Das war jener, der mir zeigte*
> *Lebens Sinn in Wort und Tat,*
> *Als er lächelnd sich mir neigte.«*[128]

Elf Mitglieder des Nerother Wandervogels hatten sich zu Ostern 1927 auf eine einjährige Fahrt nach Indien begeben. Über ihre Erlebnisse berichtete Oelbermann später in einem Film und Sonderheft: Man begegnete einem Maharadscha, besuchte einen Tempel mit dem Grabmal eines Heiligen und hörte im nächtlichen Dschungel ganz nah einen Tiger knurren. Aus diesem abseitigen Winkel der deutschen Sprach- und Kulturgeschichte führt ein Weg zu den Börsengurus und Fitnessgurus, die heute so zahlreich ihre Weisheiten in den Medien und im Internet verkünden.

Im Gegensatz zu den Wandervogel-Gurus haben diese modernen Gurus aber selten ein *Fahrtenmesser* dabei. Dieser heute noch gebräuchliche Ausdruck für ein feststehendes Messer, das man bei Fahrten in einer Lederscheide mit sich trägt, kam in der Bündischen Jugend der 1920er-Jahre auf, die damals längst auch einen christlichen und einen sozialistischen Zweig hatte. Der Berliner Kaplan Wilhelm Hünermann berichtete 1929 in der Zeitschrift »Das Neue Reich« von der Kur, die er der Mutter eines von Fernweh und Freiheitsdrang gepackten Ausreißers empfohlen habe: »Jetzt kaufen Sie Ihrem Jungen ein feines Fahrtenhemd, ein schneidiges gelbes Halstuch, einen Gürtel, eine kniefreie Hose und ein Fahrtenmesser! [...] Und dann lassen sie Ihren Jungen eintreten in unsere Wandergruppe ›Sturmvogel‹.«[129]

Wer die Faszination von Jungen für Messer kennt, weiß, dass der Besitz eines Fahrtenmessers geradezu ein Grund für den Eintritt in eine Bündische Jugendgruppe sein konnte. Außerdem konnte man damit das damals sehr populäre Spiel »Landstechen« spielen, bei dem es darum ging, durch gezielte Messerwürfe dem Spielgegner möglichst viele »Kolonien« von seinem um den Standpunkt herum markierten Territorium abzugewinnen. Dabei landete das Messer schon einmal im Fuß des Gegenspielers. Nicht nur deshalb beobachtete die Obrigkeit bereits in der späten Weimarer Republik solche Messerjünglinge mit Misstrauen. Wie der sozialistische Jurist Walter Friedländer 1930 berichtete, waren wandernde Gruppen mehrmals von der Polizei angehalten worden, weil sie feststehende Fahrtenmesser mit sich geführt hatten, die von den Beamten als verbotene Stoßwaffen betrachtet worden waren.[130]

Weder die lockende Aura eines Messers noch dessen möglichen Einsatz als Waffe wollten die Nationalsozialisten dulden, als sie 1933 an die Macht gelangten und nun auch die deutsche Jugendbewegung gleichschalteten. Deshalb gehörte das Fahrtenmesser zwar zum Ausrüstungsbestandteil jedes Hitlerjungen, aber den wenigen noch eine Zeit lang erlaubten anderen Jugendorganisationen untersagte man das Tragen eines solchen Messers. In einer Anordnung heißt es 1934: »Die katholischen Verbände dürfen bei Zusammenkünften und Kirchgängen ihre bisherige Tracht auftragen, jedoch ohne Schulterriemen, Tornister und Fahrtenmesser. Das Vereinsleben der katholischen Verbände bleibt aufrecht.«[131]

Die Allgegenwart dieser Messer in der Hitlerjugend, in der seit 1936 alle deutschen Jugendlichen Mitglied sein mussten, trug dann dazu bei, das Wort *Fahrtenmesser* endgültig im deutschen Wortschatz zu verankern. Es gehört wie der Gruß *Heil*, wie *Gau* und viele andere Ausdrücke zu den Wörtern, die die Nazis von der Jugendbewegung stahlen. Nur die Bezeichnung *Wandervogel* selbst übernehmen die Nationalsozialisten nicht. Für Hitler war es ein Schimpfwort. Er nannte Otto Strasser, der im Streit die Partei verließ, 1930 einen »politischen Wandervogel«.[132]

Immer Ärger mit den *Paukern*
Die Schülersprache um 1900

Bislang ist fast ausschließlich von der Sprache junger erwachsener Akademiker die Rede gewesen. Zur Sprache der Jüngeren, der Schüler, gab es bis zur vorletzten Jahrhundertwende kaum Quellen. Doch nun begann die erblühende Sondersprachenforschung innerhalb der Germanistik auch den Jargon derjenigen zu betrachten, die noch auf den Gymnasien unter der Obhut von Paukern standen.

Pauken bedeutete in der alten Studentensprache »schlagen«, insbesondere »sich schlagen mit dem Säbel«. Der Fechtsaal, in dem die im 19. Jahrhundert ritualisierten Duelle stattfanden, hieß *Paukboden*. Bekanntlich gehörte das Prügeln früher zu den wichtigsten pädagogischen Maßnahmen eines Lehrers. Schon Kindleben schrieb in seinem Wörterbuch von 1781, *pauken* bedeute »in der Sprache der Gymnasiasten, informieren, Unterricht geben, weil es dabei zum öfteren ohne Schläge nicht abgeht«[133]. Es fällt also nicht schwer nachzuvollziehen, wie das Wort *Pauker* im späten 19. Jahrhundert die Bedeutung »Lehrer« annehmen konnte. Die älteren Schüler in den Universitätsstädten schauten zu den Studenten auf und imitierten deren Lebensweise und Redensarten. Sie waren es wohl, die dann mit dem Studentenwort *pauken* kreativen Unfug trieben und diejenigen, von denen sie gelegentlich geprügelt wurden, *Pauker* nannten.

Der Pionier, der in einer umfangreicheren wissenschaftlichen Arbeit die Sprache der Schüler untersuchte, war Karl Steinhäuser. Der Oberlehrer an einer evangelischen Realschule in Breslau veröffentlichte 1906 ein Buch über »Die Muttersprache im Munde des Breslauer höheren Schülers«. Ein gutes Jahrzehnt zuvor waren die beiden ersten wissenschaftlichen Monografien erschienen, die den Einfluss der Studentensprache auf den allgemeinen deutschen Wortschatz untersuchten. Es lag also im Trend, sich für Sprachen bestimmter sozial oder beruflich definierter Gruppen zu interessieren. Kluge etwa veröffentlichte noch ein umfangreiches Handbuch der Seemannssprache.

Rudolf Eilenberger, ein weiterer Erforscher der Schülersprache, konstatierte 1910: »Wir besitzen bereits umfassende Aufzeichnungen über die Studenten-, Soldaten-, Seemanns-, Jäger-, Bergmanns-, Druckersprache, über die Sprache der Gauner.«[134] Das Interesse der Wissenschaftler ging wie im Fall der Studentensprache über den reinen kulturgeschichtlichen Kuriositätenwert hinaus, wie Eilenberger erläutert:

> *»Die große Bedeutung der Sondersprachen liegt darin, daß sie alte Wörter und Wortformen bewahren, ganz neue Wörter bilden und Wörter aus der Muttersprache oder aus zum Teil ganz fernliegenden Sprachen mit einem neuen Inhalt versehen und daß dann eine Menge dieser Sonderausdrücke in die Allgemeinsprache eindringen und dadurch die Gesamtentwicklung des Wortschatzes wesentlich bestimmen.«*

Oberlehrer Steinhäuser ging in seiner Studie zur Schülersprache sehr gründlich und in gewissem Sinne modern vor, weil er nicht mehr nur aus schriftlichen Quellen und dem Hörensagen schöpfte: »Wohl aber darf ich behaupten, daß der einzelne Ausdruck, daß jede Wendung von einer großen Zahl junger und alter gebildeter Breslauer gebraucht; denn sie sind meist im mündlichen Verkehr gesammelt und von Eingeborenen in bezug auf ihre Sprachüblichkeit geprüft worden.«[135]

Breslau war damals eine der größten Städte des Deutschen Reichs mit etwa 422 000 Einwohnern, von denen nur eine kleine Minderheit von 8000 Menschen polnisch sprach. Steinhäuser interessierte sich bei seinen Schülern vor allem für lautliche und grammatische Besonderheiten sowie Dialektwörter aus der schlesischen Mundart. Trotzdem fügte er seinem Werk noch eine umfangreiche Sammlung von echten Schülerausdrücken bei, die meist nichts mit Mundart zu tun hatten. Neben dem *Pauker*[136] liest man dort schon die Bezeichnung *Penne* für die Schule. Dieses Wort war eine kuriose Spottgeburt. Väterlicherseits stammte es von *Pennäler* ab, wie zunächst besonders fleißige Studenten und dann die älteren Schüler genannt wurden – wir erinnern uns an das Wort *Pennalismus* für die Unsitten an den Universitäten des 18. Jahrhunderts. Mütterlicherseits ging es auf *Penne* zurück, die Bezeichnung für eine Unterkunft im Rotwelschen. Nach dem studentensprachlichen *petzen*, »bei Eltern oder Lehrern denunzieren«, bildeten die Schüler das Substantiv *Petze* für »Verräter«.

Daneben findet sich schon im Wortschatz der Breslauer Pennäler von 1906 mancher nicht spezifisch schulische Ausdruck, der bis heute Bestandteil der allgemeinen Umgangssprache ist. Wahrscheinlich waren Ausdrücke wie *Sargnagel* für eine Zigarette oder *Transuse* für einen besonders langweiligen und langsamen Burschen kein sprachlicher Alleinbesitz der Breslauer und womöglich wuden sie auch nicht in Schlesien erfunden. Aber in Steinhäusers Buch werden sie erstmals greifbar.

Beide Wörter fehlen allerdings im ersten Fachbuch, das die Sprache der höheren Schüler überregional ins Auge fasst und sich als Ergänzung zu Kluges »Studentensprache« versteht: Eilenbergers bereits erwähnte »Pennälersprache« von 1910. Darin heißt es: »Die Sondersprachen sind individuell, und es liegt in ihnen ein Zug nach bewusster Abgeschlossenheit. Die Schranken der Gesellschaft und des Berufs werden auch zu Grenzen in der Sprache, sowohl in der Sprechweise als auch vor allem im Wortschatz.«[137] Viel weiter ist die linguistische Theorie der Sondersprachen seitdem nicht mehr gekommen.

In der Literatur hat die zeitgenössische Schülersprache kein Echo gefunden, obwohl sie doch um 1900 an psychologischen Schilderungen des Schullebens nicht arm ist. Doch weder in Thomas Manns »Buddenbrooks« mit einer ausführlichen Beschreibung von Hannos Leiden unter dem furchtbaren Direktor Dr. Wulicke noch in Hermann Hesses »Unterm Rad« oder in »Die Verwirrungen des Zöglings Törleß« von Robert Musil sind Pennälerausdrücke präsent. Allerdings bedient sich Thomas Mann der Schülersprache in einer Erzählung der frühen Zwanzigerjahre – eine überraschende Quelle, die später ein eigenes Kapitel wert ist. Fassbar wird die Schülersprache dann ganz prominent in der Unterhaltungsliteratur um 1930 und im beginnenden Tonfilm.

Eibein Kabapibitebel übüeber Gebeheibeimsprabacheben

Ein Kapitel über Geheimsprachen

Der überhaupt sehr aufgeschlossene Eilenberger betonte 1910 in seiner Monografie über die deutsche Jugendsprache deren pragmatische Aspekte: »Das Streben nach Heimlichkeit und nach dem Geheimnisvollen der Sondersprachen ist vielfach, bei der Gaunersprache und bei der Pennälersprache, ein Gebot der Notwendigkeit.«[138] Vorsicht, Pauker und Polizei hören mit!

Um die Autoritäten auszutricksen, prägten die Schüler wie die Gauner nicht nur allerlei Hüllwörter, sondern erfanden regelrechte Geheimsprachen. In ihnen wurden wie bei professionellen Codes Wörter nach bestimmten Gesetzmäßigkeiten deformiert. Die Jugendlichen schoben etwa neue Silben in die Wörter hinein. Diese veränderten die Lautform des Worts. Das geschah einerseits, um unerwünschten Zuhörenden das Verstehen zu erschweren. Andererseits aber auch aus jener kindlichen Freude an humoristischer Wortverhunzung, die das heute unter Rassismusverdacht stehende Kinderlied von den

»Drei Chinesen mit dem Kontrabass« so populär gemacht hat: »Dri Chinisin mit dim Kintribiss, sißin if dir Strißi ind irzihltin sich wis.« Tatsächlich gab es Geheimsprachen unter Jugendlichen, die diesem einfachen Prinzip folgten und jeden Vokal durch ein o oder a ersetzten. Das Gequake, das dabei herauskam, nannte man dann Froschsprache.

Etwas komplizierter ist das älteste Beispiel einer solchen Geheimsprache: die B-Sprache. Diese reicht über 400 Jahre zurück und wird bei Friso Melzer überliefert, der zwei Jahrzehnte nach Steinhäuser und Eilenberger die gründlichste wissenschaftliche Sammlung über die Schülersprache in Geschichte und Gegenwart anlegte. Friso Melzer ist eine interessante Figur: Er war evangelischer Theologe und Philologe, aber wurde wie so viele andere vom Zeitgeist der Zwanzigerjahre erfasst und interessierte sich für Indien, wo er seit 1935 für einige Jahre als Missionar wirkte. Später versuchte er, indische Yoga-Atemtechniken für das laute Vorlesen der Bibel zu nutzen, übersetzte die Schriften des christlichen indischen Wandermönchs Sundar Singh und schrieb ein Buch über »Indische Weisheit und christliche Erkenntnis«.

Aber zuallererst widmete er sich etwas so Naheliegendem wie den Schülersprachen. In einem Aufsatz aus dem Jahr 1928 behandelte Melzer den Gelehrten, Arzt, Goldmacher, Wunderheiler und Schwindler Leonhard Thurneysser, der 1583 aus seiner Heimatstadt Basel berichtet hatte, dass dort die B-Sprache unter Schuljungen gebräuchlich gewesen sei.[139] Bei dieser Sprache wurde hinter jedem Vokal ein b eingeschoben und hinter dem b der Vokal wiederholt. Thurneysser nennt als Beispiele *Schebopfeber* für *Schöpfer* und *fababribicabatobor* für *fabricator*. Nach dem gleichen oder einem ähnlichen Prinzip funktionierten die P-Sprache, die Rw-Sprache und die Z-Sprache.

Aber all dies war zu Melzers Zeit schon historisch. Als einzige noch wirklich gebräuchliche und beliebte Geheimsprache dieser Art hörte er in den Zwanzigerjahren die U-Sprache: »Der anlautende Mitlaut tritt ans Ende mit einem folgenden ä; der erste Selbstlaut wird in ein u verwandelt. Zusammengesetzte Wörter werden in ihre Bestandteile zerlegt: Fensterglas = Unsterfä usglä.«[140]

Bei einer anderen Geheimsprache, die Thurneysser 1583 bezeugte, wurden ganze Silben an Wörter oder andere Silben angehängt. Friso Melzer schnappte in den 1920er-Jahren bei den Breslauer Schülern nur eine kümmerliche Variante dieser einst recht kunstvollen Deformierung auf: die Erbsensprache: »Deren Regel lautet: an jeden Laut wird (e)rbsen angehängt. Beispiel: ich = irbsen cherbsen.«[141]

Zu den Geheimsprachen rechnete Melzer auch Wortverkürzungen, die, wie er selbst einräumte, meist eher praktischen oder spielerischen Sinn hatten. Als Beispiele nannte er Kurzwörter, die sich zum Teil bis in unsere Gegenwart erhalten haben wie *Abi, Uni, Franz* (Französisch), *Direx, jwd*.[142]

Wenn sich Breslauer Schüler in den 1920er-Jahren mit »Sauf wieder een!« verabschiedeten, dann wurde das nicht wörtlich aufgefasst. Es war nur die lustig gemeinte Entstellung der Abschiedsformel »Auf Wiedersehen!«. Die Pennälersprache vor 100 Jahren kannte viele solcher Wortspiele. Manche davon sind heute aus der Mode gekommen wie *Stubenrat* für *Studienrat*, *Hysterie* für Historie, *Redenschirm* statt Regenschirm und der Spruch *Herzliches Beinkleid!* nach einer schlechten Note oder anderen schulischen Katastrophen.

Anderes aber taucht bis heute im Wortschatz von sich humorvoll dünkenden Betriebsnudeln, Pausenclowns und Schüttelreimdichtern auf. Der völlig unlustige Kalauer *zum Bleistift* (»zum Beispiel«) gehört ebenso dazu wie *arschweinlich* (»wahrscheinlich«), *Leichenzehrer* (»Zeichenlehrer«) und *losfangen* als

Kofferwort aus »anfangen« und »loslegen«. Die Aufforderung *Stück mal 'n Rück*, die Melzer in der schlesischen Fassung *Stück amal a Rückel* verzeichnete, habe sogar ich noch in der Schule gehört. Die meisten dieser wortspielenden Entstellungen sind mittlerweile aber kaum noch jugendsprachlich, sondern Beispiele typischen Onkel- und Tantenhumors. Eine Kollegin ist mir in den Neunzigerjahren immer damit auf den Wecker gegangen, dass sie *Konifere* statt *Koryphäe* sagte und offenbar erwartete, dass wir das lustig finden. Das war es vielleicht einmal sogar – als es in der Schülersprache vor 100 Jahren zum ersten Mal gesagt wurde.

Die *Greise* und der »Jargon des Kreises«
Was Thomas Mann von seinen Kindern über Jugendsprache lernte

Thomas Mann, der für viele bis heute den Idealtyp eines bürgerlichen Großdichters alten Stils verkörpert – und er selbst arbeitete hart an diesem Image –, ist wohl der Letzte, bei dem man Jugendsprachliches zu finden erwartet. Und doch nutzte dieser Sprachzauberer, der wie kein anderer seine Figuren durch individuelle Sprechweisen charakterisieren konnte, Elemente von jugendlichen Gruppensprachen, wenn er damit einer seiner Gestalten einen bestimmten Anstrich geben wollte. Hofrat Behrens aus dem »Zauberberg« beispielsweise hat eine leicht burschikose Ausdrucksweise. Einmal heißt es sogar ausdrücklich, er bediene sich eines »[k]orpsstudentischen Tonfalles«.[143] So nennt er die Krankenzimmer *Bude*, sagt über Hans Castorp, dieser würde *mucken*, und wirft dem todkranken Soldaten Joachim Ziemßen jovial-spöttisch dessen *Biereifer* vor, weil dieser unbedingt das Sanatorium verlassen will – notfalls auf eigenes Risiko. Bildungen mit *bier-* als verstärkender Vorsilbe wie *bierbaß* oder *bierehrlich* sind typische Wörter aus der alten Studentensprache, und das gilt genauso für *Biereifer*. Thomas Mann will Hofrat Behrens als einem Witwer kennzeichnen, der nach dem Tod seiner Frau wieder in ein verantwortungsfreies Junggesellenleben zurückgefallen ist. Deshalb lässt er ihn manchmal sprechen wie einen Studenten.

Mit Behrens Redeweise bewegte sich Thomas Mann noch innerhalb dessen, was – wie wir gesehen haben – bei Schriftstellern seit dem späten 18. Jahrhundert gebräuchlich und etabliert war. Doch es gibt ein kleines Prosastück, in dem er ganz überraschend ein paar Versatzstücke zeitgenössischer Jugendsprache der frühen Zwanzigerjahre nutzte – vermutlich so, wie er sie bei seinen Kindern Erika und Klaus gehört hatte. Gemeint ist die Erzählung »Unordnung und frühes Leid«, die 1925 veröffentlicht wurde und im Inflationsjahr 1923 spielt. Geschildet wird darin ein Winternachmittag und -abend im bürgerlichen Haus des Professors Abel Cornelius und seiner Familie in München. Ingrid und Bert, die älteren beiden seiner vier Kinder, haben gleichaltrige Gäste für ein Tanzvergnügen ins Haus eingeladen. Die Erzählung schildert nur leicht verkleidet die Verhältnisse in der Familie Mann. Abel Cornelius ist ein Selbstporträt, Ingrid und Bert sind nach dem Vorbild von Erika und Klaus modelliert.

Ihre Eltern reden die Geschwister ganz liebenswürdig als »Greise« an: »›Geschätzter Greis!‹ sagen sie, ›treuherzige Greisin!‹, und die Eltern des Professors [...] heißen in ihrem Munde ›die Urgreise‹.«[144] Und auch sonst sprechen sie »im Jargon des Kreises, einem Rotwelsch voller Redensartlichkeit und Übermut, von dem die ›Greise‹ selten ein Wort verstehen.«[145] Seiner Leserschaft bot Mann einige wenige Kostproben dieser Sprechweise – in Maßen und voller distanzierter Ironie, ohne jemals in Gefahr zu geraten, sich damit lächerlich zu machen. Den Neuankömmling Max Hergesell etwa begrüßt Ingrid etwas ruppig: »Nun, Max, du Schlot, was bummelst du so spät heran zu Spiel und Tanz!« Das Wort *Schlot* wird in Friso Melzers Wörterbuch der Schülersprache erklärt als Ausdruck für »Kamerad«, der einen abfälligen Sinn haben kann.[146] Der so begrüßte Hergesell verwendet den Ausdruck *Kiste* im Sinne von »problematische Angelegenheit«: »[H]aha, stellen Sie sich vor, eine unglaubliche Kiste! Mein Lebtag habe ich nicht so enge Pumps gehabt. [...] Das ist eine ganz blöde Kiste mit meinen Pumps, sie drücken wie Karl der Große.«[147] Dem Professor bzw. dem Erzähler fällt dieser Wortgebrauch als ungewöhnlich auf. In Melzers Wortsammlung lesen wir, dass *Kiste* in der Schülersprache der Zwanzigerjahre »Sache, Angelegenheit« bedeutet, und als Beispiel wird genannt: »faule, 'ne schwierige Kiste«.[148] Die vielen Wörter für Zigarette, die damals unter etwas älteren Jugendlichen üblich waren, werden durch die Mann'sche Erzählung noch erklärbarer. Geraucht wird im Hause Cornelius inflationär – wie es sich eben für *Schlote* in der Inflation gehört. Als Geste väterlicher Zuneigung stellt der Professor den Kindern und ihren Gästen eine Packung seiner eigenen Zigaretten auf den Kamin.

Thomas Mann schilderte in »Unordnung und frühes Leid« auf humorvolle Weise, wie die ältere Wandervogel-Jugendkultur und die neuesten Moden des Jazz-Zeitalters bei den jungen Partygästen gleichermaßen präsent waren und ganz gut miteinander harmonierten. Einen der Besucher beschrieb er: »Der andere heißt Möller, – ein Wandervogel-Typ, der bürgerliche Festkleider offenbar weder besitzt noch besitzen will (im Grunde gibt es das gar nicht mehr), ein junger Mensch, der fern davon ist, den ›Herrn‹ zu spielen (das gibt es im Grunde auch nicht mehr), – in gegürteter Bluse und kurzer Hose, mit einer dicken Haartolle, langem Hals und einer Hornbrille.«[149]

Später singt Möller »zu tönenden Gitarrengriffen [...] mit kräftiger Baßstimme. Zunächst fremdsprachige Lieder auf Schwedisch und Französisch, dann ein altdeutsch-bayrisches Bettlerlied, zu dem er selbst die Melodie komponiert hat.« Das alles findet Beifall bei der anwesenden Jugend, die danach wieder eifrig tanzt, »soweit man es tanzen nennen kann, was sie da mit ruhiger Hingebung vollzieht.«[150] Manchmal tanzen zwei Mädchen zusammen, »zuweilen sogar zwei junge Männer, es ist ihnen alles einerlei.« Die Musik, die das mit robusten Nadeln bediente Grammophon produziert, sind exotische Klänge: »Shimmys, Foxtrott und Onesteps [...] diese Double Fox, Afrikanische Shimmys, Java dances und Polka Creolas – wildes parfümiertes Zeug, teils schmachtend, teils exerzierend von fremdem Rhythmus, ein monotones, mit orchestralem Zierat, Schlagzeug, Geklimper und Schnalzen aufgeputztes Neger-Amüsement.«[151] Das klingt für die heutigen Ohren alles schlimmer als es damals gemeint war, denn schon im nächsten Moment erkundigt sich der Professor bei seiner Tochter: »Wie heißt die Platte?«, weil ihm ein Lied ganz gut gefällt. Er versucht also etwas unbeholfen, einen Moment kultureller Gemeinsamkeit herzustellen – so wie es alle Eltern bis heute probieren, wenn sie in der fremdartigen Musik ihre Kinder ausnahmsweise mal Klänge identifizieren, mit denen auch sie etwas anfangen können.

Kolossale Jugend

Schülersprache um 1930 in »Emil und die Detektive«
und anderswo

Bei Thomas Mann überrascht die Verwendung jugendsprachlicher Ausdrücke, bei Erich Kästner wäre man dagegen überrascht, wenn sie fehlten. Denn dieser Autor hat in »Emil und die Detektive« erstmals realistische Großstadtgören zu Helden eines Jugendbuches gemacht. Als sich Emil aus dem provinziellen Neustadt nach Berlin aufmacht, um seine Großmutter und Pony Hütchen zu besuchen, bricht er zu einer Stippvisite in die zeitgenössische Jugendsprache auf. Dies gilt für den 1929 erschienenen Roman ebenso wie für die Verfilmung von 1931, für die Billie Wilder, der sich erst später in Hollywood Billy nannte, nach Vorarbeiten unter anderem von Kästner selbst die Endfassung des Drehbuchs schrieb. Emils höchstes Anerkennungswort ist *kolossal*. Damit kommentiert er Gustavs Fähigkeit, in kürzester Zeit mit einer Hupe 20 Jungen zur Verfolgung des Diebs Herrn Grundeis herbeizuholen[152]. Als Gustav ihm den »Professor« mit »Unser Generalstabchef!« vorstellt, sieht er ihn bewundernd an und sagt ebenfalls: »Kolossal!«[153] Und als der Professor ihn später fragt: »Du und Deine Mutter ... Ihr habt Euch wohl sehr lieb?«, antwortet er wieder: »Kolossal!«[154] Im Buch kommt das Wort ebenfalls vor. Nachdem Gustav beim ersten Zusammentreffen mit Emil erklärt hat, er werde ihm bei der Jagd nach dem Dieb helfen, der im Zug das Geld für die Großmutter gestohlen hat, erwidert Emil: »Da wär ich dir kolossal dankbar!«[155]

Kolossal war zu diesem Zeitpunkt schon mindestens drei Jahrzehnte lang ein Schlüsselwort der Jugendsprache – vergleichbar mit dem heutigen *geil*, *cool* oder *krass* – und es behielt diesen Status bis 1945. Von Eilenberger schon 1906 in seinem Wörterbuch aufgenommen,[156] erklärt Friso Melzer den Ausdruck 1931 in seinem eigenen Lexikon: »1. adj. anerkennend. 2. Steigerungsadverb.«[157] Außerdem nennt Melzer die ebenfalls schon seit 1906 übliche Nebenform *kolossiv*.

Genau wie in Wilders Drehbuch taucht das Wort in Erich Kästners Roman mehrfach auf, jedoch an ganz anderen Dialogstellen. Bei einem Vergleich scheint es, als haben beide darum gewetteifert, jeweils ihre eigenen Versionen von aktueller Jugendsprache zu schaffen. »Das wird eine tolle Kiste!«[158], freut sich Gustav im Roman auf die Jagd nach dem Dieb Grüneis. Diesen Gebrauch von *Kiste* im Sinne von »Sache, Angelegenheit« haben wir ja schon bei Thomas Mann entdeckt.

Wilder benutzte allerdings deutlich mehr Begriffe, die in den Schülersprache-Wörterbüchern der Zeit aufgeführt sind. Er war gebürtiger Wiener, hatte aber offenbar den aktuellen Jugendslang während seiner Zeit als Reporter für die Boulevardzeitung »B.Z.« aufgeschnappt. So würzte er das Drehbuch dezent mit entsprechenden Ausdrücken. Als zum Beispiel die Jungen Geld gesammelt haben, um die Verfolgung des Diebes zu finanzieren, freut sich Emil: »Fünf Mark siebzig! Fein!«[159] Uns kommt das heute ganz normal vor, doch bevor es seinen Weg in die allgemeine Umgangssprache fand, war *fein* ein anerkennender Ausdruck der Schülersprache. Wie Friso Melzer bezeugt, konnte es eine gute Charaktereigenschaft betonen wie in der schon von den Wandervögeln bekannten Wendung *ein feiner Kerl* oder einfach nur »schön« bedeuten. Auch in diesem Sinne steht es noch mehrmals in Wilders Drehbuch.

Ebenfalls ganz authentischer Jugendjargon des frühen 20. Jahrhunderts ist es, wenn der Professor im Film sagt: »Die Verproviantierung klappt ja tadellos!«[160] Gustavs Vorschlag, »dass wir jetzt alle in die Klappe gehen«,[161] gehört genauso zur jugendsprachlichen Sphäre wie Emils Drohung an Gustav, der ihn wegen seines *doofen* Anzugs geneckt hat: »Nimm das zurück, Du, sonst klebe ich Dir eine, dass Dir die Hupe platzt!« Die Wörter *tadellos* als Ausdruck von Anerkennung, *Klappe* im Sinne von Bett und *kleben* für »runterhauen« finden sich bei Eilenberger wie bei Melzer. Dagegen sind die Ausdrücke *knorke* und *doof*, die Wilder und Kästner beide den Kindern in den Mund legen, ebenso in der zeitgenössischen Erwachsenensprache nachweisbar, etwa bei dem in dieser Hinsicht unerschöpflichen Tucholsky. Es handelt sich dabei wohl schlicht um Wörter aus der allgemeinen Berliner Umgangssprache und nicht um etwas Jugendspezifisches. Dabei gilt *knorke* ähnlich wie *dufte* heute als Inbegriff eines Jugendworts früherer Zeiten, das längst niemand mehr benutzt. Vielleicht ist dieser Eindruck genau dadurch entstanden, dass Generationen von Jugendlichen »Emil und die Detektive« gelesen bzw. den Film gesehen haben.

Auf Melzers Wortliste finden sich noch etliche Begriffe, die Wilder zwar nicht benutzt, die aber in den Schülersprachen der nächsten Jahrzehnte präsent blieben. Manches stammte aus dem Rotwelschen, manches aus dem älteren Studentenjargon, doch die Schülersprache wurde nun zur Brücke, über die diese Wörter endgültig in die allgemeine Umgangssprache eingingen, schließlich gab es immer viel mehr Schüler als Studenten: *dufte* (»fein, anerkennend« – dazu später mehr), *Ei* (abwertend für einen Mitschüler), *mein lieber Scholli* (Anrede), *Fez* (»Spaß«), *haarig* (»unangenehm«, so schon in der älteren Studentensprache), *Sauklaue* (»unlesbare Schrift«), *klemmen* (»stehlen«), *klieren* (»schlecht schreiben«), *Kunde* (»unangenehmer Kerl, Lehrer«), *Laden* (»Raum, in dem eine Vergnügungsveranstaltung stattfindet«), *Negerschweiß* (»Kaffee«), *pesen* (»laufen, schnell Rad fahren«), *Pflaume* (»Fußball«), *Pimpf* (»jüngerer Schüler«), *Schwitzkasten* (Klammergriff bei Raufereien), *spicken* (»unerlaubt abgucken«), *Spickzettel* (Zettel zum Spicken oder als Gedächtnisstütze etwa für Redner), *Streber* (vorher eher ein Schimpfwort für überehrgeizige Erwachsene), *titschern* (ein Spiel, bei dem man Münzen gegen eine Wand wirft und derjenige, dessen Münze am nächsten liegen bleibt, gewonnen hat), *Traute* (»Mut«), *uzen* (»ärgern«) und *verzapfen* (»reden, vortragen«).

Besonders interessant ist aus heutiger Sicht, dass Friso Melzer das Wort *Mädel*, das heute durch die NS-Jugendorganisation »Bund Deutscher Mädel« unter Naziverdacht steht,[162] ganz eindeutig als Errungenschaft der Jugendbewegung identifiziert. Dieses ursprünglich süddeutsche Wort nutzten schon die Stürmer und Dränger im späten 18. Jahrhundert gerne, weil es ihnen kräftiger und urtümlicher erschien als das norddeutsche *Mädchen*. Beim Wandervogel und den auf ihn folgenden Jugendbünden verdrängte es die konkurrierende Variante fast ganz. Melzer erläuterte dazu: »Die Sprache der Jugendbewegung hat das Wort Mädchen herabgedrückt. Es klingt verwöhnt, altmodisch, geziert; ›Mädel‹ dagegen frisch, burschikos, kameradschaftlich.« Er kennt auch schon den s-Plural *Mädels*, der heute fast ausschließlich üblich ist – wohl um sich von der bei den Nationalsozialisten üblichen Mehrzahl-Form *Mädel* abzusetzen. Er passt historisch überhaupt nicht zur süddeutschen Herkunft. Aber solche s-Plurale in Wörtern, deren Mehrzahl standardsprachlich eigentlich anders gebildet wird, waren schon bei den Studenten des 18. Jahrhunderts und dann bei Friedrich Schiller und Gottfried August Bürger, der unter anderem die Abenteuer des »Lügenbarons« Münchhausen bearbeitete, wegen ihres kraftmeiernden, vermeintlich urtümlichen Klangs beliebt: *Kerls, Esels, Flegels*.

Elefantöses vor dem Untergang
Jugendsprache bei der Hitlerjugend 1941

Um 1940 konnte man im Grünen vor Berlin manchmal stimmbruchkrächzende Jungen hören, die seltsame Sachen riefen: »In Osterhäschen an den Wald!« Und bald darauf: »Bis ins Jenseits robben, seid ihr noch nicht da!« Das waren dann Hitlerjungen bei ihren Wehrsportübungen, die sie selbst *Knochenschleifen* nannten. Mit *Osterhäschen* war das Hüpfen in Kniebeuge gemeint.

Wenn es nicht schnell genug ging, konnte der Anführer der HJ-Gruppe, kaum älter als seine Kameraden, schon mal brüllen: »Auf die Bäume, ihr Affen, der Wald wird gefegt!« Kam einer diesem Befehl nicht schnell genug nach, musste er sich nachsagen lassen, er stehe da *wie ein pinkelnder Elefant*. Die Menagerie tierischer Metaphern bei der Hitlerjugend war noch größer, sie diente etwa zur Bezeichnung der Fortbewegungsorgane: »Schwingt eure Stelzen, wetzt die Keulen, aber kantaper, kantaper!« Wenn ihn das alles zufriedenstellte, lobte der Vorgesetzte vielleicht mit einem Ausdruck großer Begeisterung: *Elefantös!*

Die Sprechweise der Hitlerjugend setzte manches fort, was schon für ältere Jargons von Jugendlichen – seien es Schüler oder Studenten – belegt ist. So gibt es in Friedrich Kluges »Deutsche Studentensprache« ein eigenes Kapitel über die »Burschikose Zoologie«. Dieselbe Liebe zur animalischen Ausdrucksweise waltete noch in den frühen Vierzigerjahren. Genauso lebten einige Wendungen aus dem Teenagerjargon der Nazi-Epoche in der Umgangssprache der Nachkriegszeit weiter, darunter die Bezeichnung *Negerschweiß* für Kakao, die noch mindestens bis in die Siebzigerjahre auf deutschen Schulhöfen für witzig befunden wurde.

Nachvollziehen lässt sich das anhand eines Dokuments, das von der Wissenschaft bisher weitgehend übersehen wurde. Als 1941, im Jahr des Angriffs auf die Sowjetunion, der Zweite Weltkrieg immer »totaler« wurde, erschien der erste Band des »Jahrbuchs der deutschen Sprache«, das offenbar der geistigen Wehrertüchtigung dienen sollte. Darin findet sich unter anderem ein Aufsatz über »Modewörter«, in dem *Gleichschaltung* als ein Modewort von 1933 bezeichnet wird; es sei aber »eines natürlichen Todes« gestorben, als es seinen »Zweck erfüllt hatte«. Und laut einem Beitrag über die Soldatensprache soll der *Negerschweiß* altersbedingt eher für Kaffee gebräuchlich gewesen sein. Ein weiterer Artikel unter der Überschrift »Die Sprache der Hitlerjugend« stammt von dem Berliner Erhard Manthei; hinter dem Autorennamen ist vermerkt: »Zur Zeit im Felde«.[163] Als Sprachwissenschaftler tat sich der HJ-Funktionär Manthei später nicht mehr hervor. Nach dem Krieg arbeitete er als Lehrer, vor seiner Pensionierung leitete er das Robert-Blum-Gymnasium in Berlin.

Mantheis Aufsatz erschien zu einer Zeit, in der der neue Reichsjugendführer Artur Axmann, der 1940 Baldur von Schirach gefolgt war, die Hitlerjugend noch stärker als bisher militarisierte. Er widmete den HJ-Streifendienst zu einer Nachwuchs- und Rekrutierungsorganisation für die Waffen-SS um, und auf seine Initiative wurde 1943 die SS-Panzerdivision »Hitlerjugend« gegründet, für die man lauter 17-Jährige rekrutierte. Dies ist der düstere historische Hintergrund des Dokuments von 1941.

Der Aufsatz beginnt mit einem Satz, nach dem man gar nicht mehr weiterlesen möchte: »Idee und Gestalt der Hitlerjugend finden ihren Urgrund in der Wirklichkeit des Großdeutschen Reiches.«[164] Das ist ziemlich *proximativ* – so hieß laut Manthei ein bei den braun gewandeten Buben beliebter Ausdruck, der überall eingesetzt wurde, »wo das rechte Wort im

Augenblick fehlt. Es konnte ebenso ein gelungenes Essen wie einen unangenehmen Dienst bezeichnen«.[165] Wenn man einem Kameraden allerdings ins Gesicht sagte: »Du bist ja *proximiert*«, so war das nicht nett gemeint. Im ähnlichen Sinne wurde das uns heute poetisch-antiquiert anmutende *frevelhaft* verwendet. Als Beschimpfung war auch *Du Staatsprothese!*, *Du Friesel!* und *Du Knülch!* in Gebrauch. Als Ausdruck des Lobs galten neben *elefantös* die Adjektive *kolossiv* und *sunnig*.

Jenseits des ideologischen Brimboriums konnte Erhard Manthei einige Erkenntnisse gewinnen, die durchaus schon auf der Höhe des heutigen Forschungsstands über die Jugendsprache und andere Gruppen- und Sondersprachen waren. Er bemerkte zum einen, dass Jugendsprachen regional differenziert seien. Seine eigenen Beispiele hatte er bei der Berliner HJ gesammelt, wo man sich spezielle Sprüche wie »Dein Kopf auf die Briefmarke, und die Post geht pleite«, »Is ja 'n Ei« oder »Ruhe im Saal, Großmutter verliert die Zähne« um die Ohren schlug. Zum anderen war ihm klar, dass es keine reine Hitlerjugend-Sprache geben könne: »Diese Jugendlichen bleiben unter dem Einfluss des Elternhauses und der Schule. [...] Man kann deshalb nicht von einer Sprache der Hitlerjugend reden, wie man etwa von einer Sprache der Soldaten sprechen kann. Dazu müssten die Einflussgebiete ausgeschaltet werden.«[166]

Wie sehr die Heranwachsenden noch unter dem Einfluss der Familie standen, wo ihre Eltern ihnen bis vor Kurzem abends zum Einschlafen Geschichten vorgelesen hatten, zeigt sich an einem Ausdruck, der erkennbar der Märchenwelt der Kindheit entstammte. Es ist der oben zitierte Zuruf an die vermeintlich Bewegungsfaulen: *Kantaper, kantaper!* Daneben wurde das Ziel einer Wanderung als *Kantapershausen* bezeichnet. Dies leitete sich von dem Märchen »Der dicke fette Pfannekuchen« ab, in dem es zu Beginn heißt, der besagte Kuchen habe sich in der Pfanne aufgerichtet und »lief den drei alten Weibern weg und lief immerzu und lief kantapper, kantapper«. Die Formel *kantapper, kantapper* zieht sich wie ein Leitmotiv durch die kurze Erzählung. Sie wurde erstmals 1854 nach einer mündlich aus Salzdahlum bei Braunschweig überlieferten Version der Geschichte aufgezeichnet.[167] Die Region Braunschweig im heutigen Niedersachsen gehört wie das Brandenburger Umland von Berlin zum niederdeutschen Sprachraum. *Kantapern* im Sinne von »rennen, flitzen« ist bis heute in vielen regionalen norddeutschen Umgangssprachen geläufig.

Wer den Hang zu Abkürzungen in der Jugendsprache für ein Phänomen hält, das erst durch SMS und WhatsApp aufgekommen ist, der wird durch das kleine Dokument von 1941 eines Besseren belehrt: So wie *LOL* oder *gr8* heute Stilmittel pubertärer Geheimsprachen sind, freuten sich die Jungen damals, wenn ihre Eltern nicht verstanden, was ein *Schaf* oder ein *Justaf* waren – nämlich ein *Scharführer* und ein *Jungstammführer*.

Ein weiteres Merkmal, das sich von der alten Studentensprache bis zum aktuellen Hip-Hop-Slang in allen Jugendsprachen nachweisen lässt, ist die Vorliebe für Hyperbeln. Diese spielerischen Übertreibungen waren natürlich auch den uniformierten Jungen von 1941 bei ihren Wehrspielen zu eigen: »Der jugendliche Mensch übertreibt gern, jede Übertreibung aber wird nicht ernst genommen.«[168] Dieser Satz von Manthei gilt wohl noch heute.

Genauso funktionierte Jugendsprache zu jeder Zeit als ein Mittel der Identitätsfindung und Abgrenzung. In unserem Fall lagen die markierten Grenzen durchaus innerhalb der Hitlerjugend. Hierzu erläutert Manthei: »So heißen die Angehörigen der Marine-Hitlerjugend: Süßwasserkulis, Wannseepiraten, Galeerensklaven und Ruderknechte, die der Reiter-Hitlerjugend: Pferdeputzer und Roßknechte. Den Angehörigen der Motor-Hitlerjugend wird nachgesagt, dass sie Motorschinder seien, und von den Sanitätern kann als ›Sanitöter‹ auch nichts Gutes kommen.«[169] Wer zu einer unspezifischen rivalisierenden HJ-Einheit gehörte, war einfach nur ein *Knallkopp*, *Stullendampfer* oder eine *Schalltüte*.

Wie sich Adolf Hitler die Angehörigen der nach ihm benannten Jugendorganisation wünschte, das formuliert der Diktator 1935 in einer Parteitagsrede vor 15 000 Jungen: »In unseren Augen, da muss der deutsche Junge der Zukunft schlank und rank sein, flink wie Windhunde, zäh wie Leder und hart wie Kruppstahl. Wir müssen einen neuen Menschen erziehen, auf dass unser Volk nicht an den Degenerationserscheinungen der Zeit zugrunde geht.«[170] Das offiziell gepflegte Feindbild war damit vorgegeben: der Stubenhocker oder Streber, der Anlagen zum Bürokraten zeigte. Ihn belegte man mit Ausdrücken wie *Kulturbonze*, *Geldknecht*, *Schieber*, *Mammonanbeter* oder *Fähnleinjude*. Man spürt hier stärker als in anderen Bereichen die Folgen der ideologischen Indoktrination. Andere Ausdrücke waren bloße humoristische Umdeutungen alltäglicher Phänomene, wie man sie aus den Jugendsprachen aller Zeiten kennt: Der Lautsprecher wurde zum *Brüllaffen*, der Essnapf zur *Gefräßkuhle*, das Essen zum *Prepeln*, der Grießbrei zum *Athletenschlabber*, der Ofen zum *Qualmtopp*, die Jugendherberge zur *Juchhe* und das Zimmer zum *Stall* oder zur *Butze*. Und weil man sich auch schon 1941 nicht sicher sein konnte, ob eine Blondine echt war, gab es den Ausdruck *Wasserstoffhexe*.

Mantheis Aufsatz umfasst nur wenige Seiten. Aber er belegt, dass zwischen 1933 und 1945 Jugendsprache als ein Faszinosum wahrgenommen wurde, das es in all seiner Flüchtigkeit zu dokumentieren galt. Er schließt die große Lücke in den Quellen zur Jugendsprache zwischen den Schüler-Wörterbüchern, die bis zum Beginn der Dreißigerjahre zusammengestellt wurden, und den kleinen Sammlungen zur Sprache der Halbstarken und Twens, die seit Ende der Fünfzigerjahre florierten.

Natürlich gab es in dieser Zeit außerhalb und neben der Hitlerjugend noch andere Gruppen mit spezifischen Jargons. Allerdings dürften sich deren Redeweisen zum Teil mit dem hier Beschriebenen gedeckt haben, so wie es noch heute innerhalb der verschiedenen Jugendsprachen Gemeinsamkeiten gibt. Am bekanntesten von diesen Gruppen waren die *Swings* oder *Swingheinis*, wie sie von Außenstehenden genannt wurden. Sie selbst bezeichneten sich als *Swing Boys* oder *Swing Girls*, also Jugendliche, die sich durch einen so harmlosen Zeitvertreib wie das Hören amerikanischer Jazzmusik schon quer zum Regime und seinem Wunsch nach einer völlig gleichgeschalteten Jugend stellten. Ihrem Sprachgebrauch wird noch ein eigenes Kapitel gewidmet sein. Darüber hinaus gab es regionale Gruppen, bei denen gelegentlich die Grenzen vom bloßen Halbstarkenverhalten zum echten Widerstand überschritten wurden. Zu ihnen gehörten die sogenannten Kölner Edelweißpiraten, die Kittelbachpiraten im Rheinland und die Leipziger Meuten. Letztere legten sich sogar eine Einheitstracht aus karierten Skihemden, weißen Kniestrümpfen, Koppel und grauen Slalomjacken zu. Im Sommer trugen sie besonders kurze Lederhosen und im Winter besonders lange Knickerbocker.[171]

Vieles, was man in den frühen Vierzigerjahren so daherschwatzte, war schon in den Beiträgen zur Breslauer Schülersprache gegenwärtig, die Friso Melzer 1928 und 1931 verfasste hatte: die saloppe Anrede als *Du Ei* oder *Du Kürbis* beispielsweise oder das Steigerungswort *kolossiv*. Anderes hielt sich, wie wir gesehen haben, bis in die Nachkriegszeit, weil es unschuldig war oder erschien. Die Entdeckung von Mantheis Sammlung gibt keinen Anlass, *kantapern* für einen Ausdruck der NS-Sprache zu halten.

Wenn beim *Hotten* die *Tolle* wackelt

Wie *Swing Boys* und *Tangojünglinge* redeten –
am Beispiel der Geschwister Kempowski

Walter Kempowskis »Tadellöser & Wolff« über das Schicksal einer Rostocker Reederfamilie im Zweiten Weltkrieg wimmelt von sprechsprachlichen Elementen. Für das 1971 veröffentlichte Buch stützte sich Kempowski nicht nur auf die eigene Erinnerung, sondern auch auf Interviews, die er mit Verwandten geführt hatte. Dem Roman ist anzumerken, dass der Autor bei der Sprache um historische Genauigkeit bemüht war und Anachronismen vermeiden wollte. Mit der gebotenen Vorsicht ist es daher als Quelle für Jugendsprache um 1940 durchaus zu gebrauchen. Es gilt allerdings, die sprechsprachlichen Elemente in drei Kategorien genau zu unterscheiden: Erstens gibt es Dialektales aus jenem Vorkriegsniederdeutsch, das in Mecklenburg in den Vierzigerjahren vor allem noch von den Älteren und den einfacheren Menschen ganz alltäglich gebraucht wurde. Zweitens finden sich viele Elemente der Privatsprache der Familie Kempowski, die sich in allerlei Redensarten ergeht. Aus diesem Kreis stammt der Titel des Buchs, der den Namen der Zigarrenfirma »Löser & Wolff«, von der Vater Kempowski seine Rauchwaren bezog, mit dem Wort *tadellos*, das höchstes Lob ausdrücken soll, auf humoristische Weise verbindet. Erst durch die legendäre Fernsehverfilmung des Romans gingen die ebenfalls väterlichen Wendung *Scheiße mit reiße, gut dem Dinge* oder *Ansage mir frisch!* in die allgemeine Umgangssprache ein, und gelegentlich hört man sie noch heute. Auch der vor allem von Robert, dem älteren Sohn, benutzte Ausruf *Zatzig!*, mit dem er Begeisterung kundtut, ist offenbar außerhalb der Familie nicht in Gebrauch gewesen.

Die dritte, für uns interessante Kategorie sind jugendsprachliche Ausdrücke der Zeit, die vor allem Robert und dann, als er älter wird, der jüngere Sohn Walter verwenden. Ihr Vater ist SA-Mann und zunächst mit manchem, was das Nazi-Regime mit sich bringt, einverstanden. Nach den ersten Kriegserfolgen überlegen die Eltern sogar, ein Hitlerbild aufzuhängen. Doch die Söhne sind nonkonformistisch genau wie ihre Schwester Ute, die einen Dänen heiratet und ihre deutsche Staatsbürgerschaft mit Freude ablegt. Robert hört mit seinen Freunden aus dem Segelklub amerikanische Platten und pflegt einen Snobismus, der ihn alle deutsche zeitgenössische Tanzmusik verachten lässt. Sie nennen sich »Rostocker Swing Boys Band« (RSBB). Mit dem »Nigger-Jazz« – wie die Leute am Warnemünder Strand schimpfen, als die Jugendlichen dort ein Grammophon aufdrehen – erregen die Boys und Girls Anstoß. Ihrer Begeisterung für Artie Shaw, Chick Webb, Count Basie und Art Tatum tut das jedoch keinen Abbruch. Gegen Kriegsende trägt Walter als Teenager die Haare betont lang, bis sie ihm bei einem Überfall von Hitlerjungen abgeschnitten werden. Am Schluss wird er in die »Zwangsgefolgschaft« gepresst, eine Art Strafeinheit der Hitlerjugend, in der *Tangojünglinge* und andere Teenager, die nicht dem NS-Ideal entsprechen, gequält und umerzogen werden.

Zeichen der Abweichung ist bei beiden Kempowski-Söhnen die *Tolle*, ihr lang getragenes und mit Pomade geschniegeltes Vorderhaar. In der Literatur lässt sich der Ausdruck vereinzelt seit dem 19. Jahrhundert nachweisen, mundartlich existierte er schon länger. Dann aber begann seine erstaunlich lang anhaltende Karriere als Beschreibungsbegriff für verschiedene Modefrisuren, und als solcher wurde er auch von Jugendlichen benutzt. Mit einer *Tolle* konnte in den Vierzigerjahren die beschriebene Frisur der Swing-Jugend gemeint sein: »Seine Tolle flatterte wie eine Fahne, mal nach hinten, mal nach vorn.«[172] Noch in den frühen Sechzigerjahren war der Ausdruck für die ganz anders gearteten Frisuren der Beatles üblich. Als Bezeichnung für die typischen Rock-'n'-Roller-Frisuren von Stars wie Elvis Presley oder Bill Haley in den Fünfzigerjahren ist *Tolle* heute noch in Gebrauch.

Die Musik, die die *Swings* hören, nennen die Jugendlichen – zumindest im Roman – nicht Swing, sondern *Hot*. Aus den Erinnerungen anderer Swing-Jugendlichen der Zeit weiß man, dass sie sich ironisch mit *Heil Hotler* oder *Swing Heil* begrüßten. Das Grammophon hieß bei ihnen *Hotkoffer*.[173] Wenn Robert unter seinen Kopfhörern Musik in ausländischen Radiosendern hört, heißt es im Roman: »Er hottete still und gleichmäßig vor sich hin.«[174] Ullas Tanzstundenkavalier Leutnant Maurer fragt beim Klub an: »Er habe was übrig fürs Hotten, ob er nicht in den RSBB eintreten könne?«[175] Die Mitglieder des RSBB würzen ihre Rede gelegentlich mit (pseudo)englischen Sentenzen: »Is that clear?«,[176] fragt einer aus dem Jazzklub. Das entspricht durchaus dem, was andere Zeitzeugen über den Umgangston in der Swingjugend berichten: Man sprach allgemein gerne Englisch, und Anreden wie *Swing-Girl* oder *Old-hit-Boy* waren üblich.[177]

Elemente der Umgangssprache seiner Jugend nutzte Kempowski auch bei anderen Figuren, um sie zu charakterisieren. Den HJ-Führer Eckhoff lässt er dem aus einer Platzwunde blutenden Walter zuraunen: »Ich sollte mich am Riemen reißen, [...] ob ich das geschnallt hätte?«[178] Der Ausdruck *etwas schnallen* im Sinne von »verstehen« wäre, wenn Kempowski hier kein Anachronismus unterlaufen ist, also schon um 1940 üblich gewesen. Ebenso bis heute verständlich ist der Satz: »Sie steckte ihren Ratzefummel ins Fülleretui und riß den Reißverschluss zu.«[179] *Ratzefummel* für »Radiergummi« steht seit 1980 sogar im Duden.

Als Walter ins Konservatorium zu seiner Klavierlehrerin geht, begegnen ihm andere Schüler: »Mädchen kamen mit Geige, sie sagten ›pfundig‹.«[180] Auch Walters Schwester gebraucht dieses Wort. Hier wird das literarische Zeugnis durch andere Quellen gestützt. Der Redensartenforscher Lutz Röhrig schreibt: »In den 30er Jahren war ›Pfundig‹ ein allgemeiner Ausdruck für etwas Gutes, entsprechend dem heutigen ›Klasse‹ oder ›Spitze‹.«[181] Im »Völkischen Beobachter« wird im März 1935 mit diesem Wort regimekonforme Faschingsstimmung erzeugt: »Kurt Balkie, der humorvolle Mitarbeiter des ›N.S.-Funk‹, hat natürlich eine ganz ›pfundige‹ Faschingsseite beigesteuert – und auch die Titelseite des ›N.S.-Funk‹ ist auf Fasching eingestellt.«[182]

Bei *primig* dagegen, das im Roman von Robert häufig verwendet wird, ist nicht ganz klar festzustellen, ob es sich um eine individuelle Sprachmarotte handelt oder um einen Beleg für eine allgemein verbreitete Jugendvokabel vergleichbar der für später nachgewiesenen Steigerungsform *primstens*. Möglicherweise wirkte das lobende Adjektiv *prima* um 1940 schon etwas antiquiert und musste durch solche Verballhornungen erst wieder einsatzfähig gemacht werden. *Prima* war gegen Ende des 19. Jahrhunderts aus der Kaufmannssprache, wo es Ware von erster Qualität bezeichnete, in die allgemeine Umgangssprache gelangt und zum Modewort geworden. Wilhelm von Polenz charakterisierte 1895 in seinem Roman »Der Büttnerbauer« die Figur eines Geschäftsgehilfen schon dadurch als oberflächlichen Geck, dass er ihn ständig das Wort *prima* benutzen lässt: »Sein tadellos gearbeiteter Anzug von hechtgrauer Farbe, sein ganzes Auftreten, waren ›prima‹, um seinen eigenen Lieblingsausdruck zu gebrauchen.«[183]

Prima hat danach noch ziemlich lange als Jugendwort überlebt – und sei es nur in fiktiver Jugendsprache. Der Übersetzer Hans-Georg Lenzen lässt in seiner Übertragung der Geschichten von »Le petit Nicolas« (»Der kleine Nick«) aus dem Französischen Ende der Sechzigerjahre den etwa acht Jahre alten Protagonisten ständig etwas *prima* finden. Für viele Generationen von Kindern, die mit diesen Büchern groß geworden sind, ist das Wort zwar keines mehr, das ihrem eigenen Jargon angehört, aber es passt ganz selbstverständlich zur Sprachwelt des kleinen Nick.

Wenn Halbstarke mit ihrer *Ische stenzen*
Die Jugendsprache der Fünfzigerjahre

Die zweite Hälfte der Vierzigerjahre war keine Zeit, in der irgendeine Jugendkultur blühen konnte. Die Not der unmittelbaren Nachkriegszeit ließ wenig Raum für entsprechende spielerische Entfaltung, und eine Wirtschaft, der acht Millionen Arbeitskräfte durch Tod und Gefangenschaft entzogen worden waren, absorbierte junge Menschen gierig und schnell. Entstehungsbedingung einer Jugendsprache ist aber, dass Jugendliche verzögert in Erwachsenenrollen integriert werden. Der Linguist Edgar Lapp konstatierte für die zweite Hälfte der Vierzigerjahre ein »Loch«, eine Lücke im Jargon der Jugend und begründet die Leerstelle so: »Das, was der Jugend in dem knappen Zeitraum zwischen 1945 und 1950 fehlt, ist, um es paradox zu sagen, die Jugend.«[184] Möglicherweise hat das Fehlen von Quellen ebenso mit der Zurückhaltung von älteren Sprachwärtern zu tun, die solche Wörter ja oft erst notieren, um sich über den vermeintlichen Sprachverfall zu erregen. Vielleicht empfanden die Erwachsenen, die den Jugendlichen zwölf Jahre lang Mordlust, Hass und Hochmut eingebläut hatten, eine kurze Zeit lang so etwas wie Scham und hielten es nicht für angebracht, der Jugend irgendwas vorzuschreiben – auch nicht, wie sie zu sprechen hatte.

Als dann in den frühen Fünfzigerjahren überhaupt wieder eine Jugend als kulturell einigermaßen homogene Gruppe sichtbar wurde, war die angenommene Zurückhaltung bei der älteren Generation schon wieder verflogen. Erwachsene Sprachbewahrer beugten sich besorgt über das Deutsch der *Halbstarken* – mit diesem Ausdruck bezeichnete man vor allem männliche Heranwachsende aus der Arbeiterklasse, denen man wohl nicht zu Unrecht unterstellte, sie neigten eher zu Randale, Kleinkriminalität und Krawall als andere Gruppen. Ein populärjuristisches Buch von 1957 bilanziert: »Die ›Halbstarken‹, die im Jahresbericht des Bundeskriminalamtes offiziell als männliche Heranwachsende bezeichnet werden, haben im Jahre 1955 mit 6658 Fällen – bezogen auf jeweils 100 000 Angehörige ihrer Altersgruppe – alle anderen Jahrgänge übertroffen.«[185]

Alles, was in den Aufsätzen der Sprachpfleger überliefert ist, lässt darauf schließen, dass die Jugendsprache der Fünfzigerjahre in vielerlei Hinsicht eine erweiterte Fortsetzung des Jargons der Vierziger war. Gänzlich Neues trat erst in den Sechzigern mit einer neuen Jugendkultur auf, die sich bewusst als Gegenkultur verstand. Selbst das Wort *Halbstarke* war viel älter: Der Ausdruck existierte schon seit 1897, blieb aber zunächst auf Hamburg begrenzt.[186] Erst in den Fünfzigerjahren ging die Bezeichnung in die allgemeine, überregionale Umgangssprache ein. Etwa Mitte der Fünfzigerjahre erschien für Lederjacken tragende und oft Motorrad fahrende, gewaltaffine Rock-'n'-Roll-Fans erstmals der Begriff *Rocker*, zunächst noch versehen mit dem englischen s-Plural *Rockers*.[187] Hierbei handelte es sich um eine spezielle Untergruppe von Halbstarken. Künstlerisch sind sie im Film »Die Halbstarken« von 1957 dargestellt, wenn ganz am Schluss eine größere Gruppe von Motorradfahrern an den

Brüdern Freddy und Jan vorbeirauscht, die gerade in Polizeigewahrsam genommen werden, und einer der *Rocker* spöttisch ruft: »Seht mal ... mal wieder Halbstarke.«

Von 1953 an wissen wir dann mehr. In diesem Jahr bringt die Zeitschrift »Muttersprache« einen Aufsatz des damals 20 Jahre alten Studenten und späteren SPD-Politikers Reimut Jochimsen, der drei Tätigkeiten als prägend für seine Generation nennt: *hotten, gammeln* und *stenzen*. *Hotten* bedeutet nach Jochimsen »wild tanzen, sich austoben«.[188] Wir haben dieses Verb schon im Wortschatz der Brüder Kempowski und ihrer Jazzfreunde Anfang der Vierzigerjahre kennengelernt. Es entstand möglicherweise, weil in den Zwanziger- und Dreißigerjahren *Hot* zumindest bei europäischen Fans ein häufig gebrauchtes Synonym für *Jazz* war. *Gammeln* wird als »herausschwingen aus dem Alltagstrott« erklärt.[189] Obwohl *gammeln* in die nahe Zukunft der Sechzigerjahre wies, als die *Gammler* ein paar Jahre lang die Leitkultur der Jugend prägten, war dieses Wort älter: Der Hamburger Lehrer Hermann Quistorf hatte das Verb mit dieser Bedeutung schon in den Dreißigerjahren auf seinen »Streifzügen durch die Sprache der Großstadtjugend« entdeckt.[190] *Stenzen* heißt laut Jochimsen »bummeln, mit Mädchen anbändeln, sich über Passanten lustig machen«. Auch dieser Ausdruck, eine Verb-Bildung zum Substantiv *Stenz*, »Müßiggänger«, war 1953 nicht mehr taufrisch: Im Sinne von »flirten« existierte es seit dem späten 19. Jahrhundert. Ursprünglich kam es aus dem Rotwelschen, wo es »stoßen« oder »schlagen« bedeutete.

In keiner der zeitgenössischen Quellen zur Jugendsprache ist das Adjektiv *taff* verzeichnet. Doch der von Horst Buchholz gespielte Jugendbandenanführer Freddy nutzt es im Film »Die Halbstarken«, als er seinen Bruder Jan belehrt: »Hart musste sein, taff.« Diese Eindeutschung des gleichbedeutenden englischen *tough* ist erst um 1970 in schriftlichen Quellen nachzuweisen – und wurde dann zu einem typischen Bestandteil der Sprache des »Spiegels«. Doch mündlich muss der Ausdruck bei Jugendlichen schon viel früher in Gebrauch gewesen sein.

Bisher unbekannte Begriffe kamen zunächst vor allem durch Bezeichnungen für die allmählich wieder verfügbaren Konsumgüter in die Jugendsprache. Mit Elvis Presley, Bill Haley und dem Rock'n'Roll gelangte ein neuer Kleidungsstil aus Amerika nach Deutschland. Die Ausdrücke für seine Ingredienzien waren *Nietenhose, Entenschwanzfrisur, Petticoat, James-Dean-Jacke* und *Conny-Pullover*. Diese letzte Zutat bezeichnete einen Pullover im Stil der Schauspielerin und Sängerin Cornelia Froboess, eines Jugendidols und Konsumvorbilds ihrer Generation. Der amerikanische Getränkekonzern Pepsi spannte die junge Frau für Schleichwerbung ein, als er seine Brause Ende der Fünfzigerjahre in Deutschland, wo Coca-Cola schon viel länger präsent war, lancierte. Hierzu schrieb 1959 der »Spiegel«: »Kinogänger können in dem Filmstreifen ›Hula-Hopp, Conny‹ die Hauptdarstellerin Cornelia Froboess bestaunen, wie sie während einer Tanzpause in einem Halbstarkenkeller Pepsi aus der Flasche schlürft. Die Werbeeinlage kostete Pepsi-Cola runde 3000 Mark.«[191]

Die *Halbstarken* waren aber keineswegs leicht zu manipulierende Konsumtrottel. Der Soziologe Helmut Schelsky rechnet auch sie in seinem berühmt und sprichwörtlich gewordenen Buch »Die skeptische Generation« eben dieser Gruppe zu, der er eine Scheu unterstellt, sich durch Phrasen täuschen oder verführen zu lassen. Dieser skeptische Zug verband die eher dem Arbeitermilieu entstammenden Halbstarken mit den *Existenzialisten* – so nannten sich die Gymnasiasten, die zumindest schon einmal von Sartre und Camus gehört hatten. Abgekürzt hießen sie die *Exis*, was möglicherweise zunächst ein Schimpfwort der Halbstarken für ihre Rivalen gewesen war. Die *Existenzialisten* vergleicht der zeitgenössische Germanist Joachim Stave sogar mit dem Wandervogel: »Hier wie dort der Protest gegen die bestehende Gesellschaftsordnung, die Flucht in eine Welt unkonventioneller Neigungen und Betätigungen, in eine eigene unkonventionelle Kleidung.«[192] Die *Existenzialisten* hörten meist weiterhin Jazz, während die Halbstarken von der Mitte des Jahrzehnts an vom Rock'n'Roll geprägt wurden. Zu besonders berüchtigten *Halbstarkenkrawallen* kam es 1958 beim Auftritt Bill Haleys im Berliner Sportpalast.

Der Slang der Jazzfans und der Jargon der Halbstarken ließ sich nicht immer eindeutig voneinander abgrenzen. Aber schon Joachim Stave, der um 1960 eine Bilanz der Jugendsprache des vergangenen Jahrzehnts zog, legte Wert auf die Feststellung, »daß zwischen Jazzern einerseits, Halbstarken und Rock-'n'-Roll-Anhängern andererseits ein Unterschied besteht. Das ist es, was beim Sammeln der Ausdrücke, die bei der Jugend jetzt im Schwange sind, bisher nicht genügend beachtet worden ist.«[193] Die Rivalität zwischen beiden Gruppen entlud sich manchmal in roher Gewalt. In der Hamburger Morgenpost kann man am 29. September 1960 die Überschrift lesen: »Kloppe zwischen Rockers und Exis.«[194] Und das Glaubensbekenntnis der Halbstarken und Rocker habe ich als Kind noch manchmal von Erwachsenen, die diese Zeit miterlebt hatten, gehört: »Lieber blöd und Rocker sein als ein dummes Exischwein.«

Da für beide Gruppen Musik eine identitätsstiftende Rolle einnahm, waren sie äußerst fantasievoll bei der Benennung von Musikinstrumenten und musikalischen Phänomenen. Sie erfanden Ausdrücke, die mindestens bis in die Siebzigerjahre hinein im Musikjargon gängig blieben: *Kanne* (Saxophon), *Wurzel* und *Gichtstengel* (Klarinette), *Hundehütte* und *Badewanne* (Bass), *Pfanne* (Banjo), *Schießbude* (Schlagzeug). Wenn ein Musiker gut war, lobte man ihn: *Der ist ein Fass, diese Schau war das höchste Fass.* Oder man bescheinigte ihm, dass er sich zumindest angestrengt habe: *Mann, der schafft sich heute wieder mächtig.* Wenn etwas enttäuscht hatte, urteilte man allerdings gnadenlos: *Das ist der letzte Gag / der letzte Heuler.*[195] Letzteres konnte aber ebenso positiv gemeint sein – so wie heute *krass* sowohl Bewunderung als auch Wut und Entsetzen ausdrücken kann.

Wahrscheinlich fanden Halbstarke genauso wie Existenzialisten ihre jeweilige Lieblingsmusik *pfundig*. Dieses Wort aus den Dreißigerjahren war bei ihnen noch immer in Gebrauch. Wieder einmal bestätigt sich, dass sich Jugendsprache keineswegs so schnell verändert, wie es Erwachsene und die Jugendlichen selbst oft glauben. Neben *pfundig* gab es weitere Ausdrücke der Begeisterung, wie sie der Pädagoge Hans Herbert Ohms auf Sportplätzen, Schulhöfen, vor Kinos und auf der Straße gesammelt hat: *wuchtig, spitze, mords-* (als Vorsilbe), *lässig, schnatzig, superrafitechnisch, die Wucht* sowie *die Wonne* (diese wahlweise *in Tüten, in Dosen* oder *in Scheiben*). Erstaunen drückten Jugendliche mit Ausdrücken wie *Ich gehe am Stock, Ich seh Sterne, Ich werd zur Minna, Ich brech zusammen, Ich krieg junge Hunde* oder *Ich bin geplättet* aus. Beleidigungen, die Ohms aufführt, sind *trübe Tasse, Pflaume, Gewitterziege, achtmotorige Wildsau, Gurke* und *Gorilla*.[196]

Gegen Ende des Jahrzehnts kamen dann schon Formulierungen auf, die noch in den Siebziger- und Achtzigerjahren üblich waren und teilweise heute noch herumschwirren: *Bringen* im Sinne von »können«, etwa in Sätzen wie *Ich bring es nicht.* Man sagte schon *Ich steh drauf* (das gefällt mir) oder *Ich kann drauf* (ich habe Lust darauf). Der *Macker* liebte die *Ische* (ursprünglich ein jiddisches Wort, das in die Gaunersprache gelangte und nun zum Jugendwort wurde). Man feierte *Feten*. Und entweder hatte man *Bock* auf etwas oder war *bocklos*.[197]

Das alles wissen wir aus Wörterbüchern, aus Aufsätzen von Sprachpflegern und aus Zeitungen. Die Authentizität solcher Quellen wurde schon zu ihren Entstehungszeiten angezweifelt. Als sich die Reporterin Monika Schlecht im Mai 1960 für eine Reportage in der »Süddeutschen Zeitung« über die »Geheimsprache der Teenager« in Spielhallen, Eisdielen und Jazzkellern umhörte und junge Leute befragte, kannten diese nicht mehr als etwa ein Dutzend solcher angeblich typischen Ausdrücke. Ein 14-jähriger Volkschüler, der besonders viele wusste, erklärte: »Die habe ich vom Film. Ich gehe doch jeden Samstag ins Kino.«[198]

Im Film »Die Halbstarken« setzt der Drehbuchautor Will Tremper 1957 tatsächlich Jugendsprache als Stilmittel ein, allerdings sehr sparsam, um seine Figuren nicht als Karikaturen zu überzeichnen. Karin Baal, Horst Buchholz und ihre Gang finden Dinge *dufte*, gebrauchen das Verstärkungsadverb *mächtig* in Wendungen wie »Fühlst Dich wohl mächtig stark heute?« und nutzen das Hüllwort *Scheibenhonig* für *Scheiße*, was aber schon seit den Dreißigerjahren üblich war. Sie sagen Sätze wie »War ne prima Keilerei, sag ich Dir«, »Mach'n Mund zu, die Milchzähne werden sauer« und »Hey, ihr Pinsel schwingt die Keulen«. Einmal stöhnt jemand: »Puh, bin ich geschafft« – ein früher Beleg für die Redensart *geschafft sein / das schafft mich*, die möglicherweise mit dem beschriebenen typisch jugendsprachlichen Ausdruck *sich schaffen* zu tun hatte. Bei Sätzen wie »Sissy, is ne Wolke«, »Los, ihr Berber«, »Mach ne Fliege!«, »Du Spinnefex!« oder »Komm rüber mein Goldstück!« lässt sich aber nicht sauber unterscheiden, inwieweit es sich hier um Jugendsprachliches handelt, um allgemein Umgangssprachliches oder typische Berliner Redensarten.

Mehrere der Jugendlichen, die die Journalistin von der »Süddeutschen Zeitung« interviewte, behaupteten, die ganze

Teenagersprache sei nur erfunden, und zwar von Leuten, die sich beruflich mit der Jugend befassten. Stave kommt zum Schluss: »Daran ist bestimmt etwas Wahres. Die Jugendlichen zwischen 14 und 24 (man nennt sie Teens und Twens und auch das ist erfunden!) sind als Käuferschicht in den vergangenen Jahren so ergiebig geworden, daß es sich lohnt, ihnen auf alle mögliche Weise zu schmeicheln und sei es mit einer Sprache, von der man behauptet, es sei ›ihre‹ Sprache.«[199]

Was dabei herauskommt, wenn Erwachsene die Teenagersprache imitieren zeigt in grotesker Weise der – natürlich erfundene – Brief eines Jugendlichen an seine Freundin, den der Autor Kurt Krüger-Lorenzen 1960 in einem Buch mit unterhaltsamen Anekdoten zu allerlei Redensarten abdruckt:

»*Geliebte Dorothea! Einzige Klammer!*

Ich schreibe Dir heute vom Stall aus, um Dir eine spitze Schaffe mitzuteilen. [...] Du sollst es wissen, liebe steile Haut, daß ich jetzt eine Zentralschaffe im Fernsehen als Beleuchter bekommen habe, so daß die Kohlen endlich stimmen und ich die Miete nicht mehr scharf zu sein brauche. Nun wird keiner mehr an mir herummotzen! [...] Hinaus geht's in Grüne. [...] Dort werden wir ein Faß aufmachen; sehen, was läuft, und ein Rohr nach dem anderen anbrechen. Du, süße Edelschaffe, wirst mit Deinem schauen Laufwerk, das so viel Ankratz hat, mit mir einen hinrocken mit Überhebe und Anschmeiße, daß meine Neider vom Feuerstuhl fallen! [...] Abends sehen wir uns den letzten Heuler an, und danach werde ich Dir bei Superscheibe und Lulle den goldenen Ring aufstecken! Du bist leider sehr dufte, mein bedienter Zahn! Küß mich, denn darauf stehe ich!

Dein Macker Billy«.[200]

Wie gesagt: Der Brief ist der reine Unfug, wie er auch heute gelegentlich fabriziert wird – manchmal sogar von Jugendlichen selbst. Doch die Tatsache, dass wir im Großen und Ganzen verstehen, was Billy meint (die völlig unverständlichen Passagen habe ich weggekürzt), und viele Wörter sogar bis heute gebräuchlich sind, weist darauf hin, dass es sich zwar um eine Übertreibung handelt, aber eben nicht um eine komplette Erfindung.

Der lange Weg des *Dealers* zum Görlitzer Park

In der Beat-Literatur von 1962 kommt uns manches bekannt vor

Heutzutage muss man selbst einer 90 Jahre alten Rentnerin in einem drogenfreien Dorf nicht mehr erklären, was ein *Dealer* ist. Wenn sie liest, dass die Polizei in der nächsten Kleinstadt *Dealer* festgenommen hat, oder sich darüber wundert, warum die Polizei im Görlitzer Park in Berlin-Kreuzberg *Dealer* niemals verhaftet, dann weiß sie, dass von Rauschgifthändlern die Rede ist. Ungezählte Fernsehkrimis und Zeitungsartikel haben in den vergangenen 50 Jahren für Aufklärung bis hinein in die bürgerlichsten Kreise gesorgt. Über die Popmusik wurde das Wort einer Englisch sprechenden Öffentlichkeit hierzulande spätestens durch das Lied »The Pusher« der Band Steppenwolf aus dem Jahre 1968 bekannt, in dem es heißt:

> »*You know the dealer, the dealer is a man*
> *With the love grass in his hand.*«

Der Song wurde 1969 im Film »Easy Rider« verwendet, in dem die beiden Protagonisten sich ihre Amerikareise mit einem lukrativen Drogenhandel finanzieren. Seit dem Ende der Sechzigerjahre lässt sich *Dealer* auch in deutschen Medien nachweisen.

An dem Wort zeigt sich beispielhaft, wie im Verlauf der Sechzigerjahre die deutsche Jugendsprache mit englischen Ausdrücken aufgeladen wurde. Diese Entwicklung bringen wir normalerweise mit der Rockmusik und der modernen Rauschgiftszene in Verbindung. Doch der englischsprachige Einfluss begann früher – in dem gar nicht einmal so kleinen Kreis derjenigen, die sich für die allerneueste amerikanische Szeneliteratur interessierten. Ein Meilenstein war hier die 1962 vom Rowohlt-Verlag herausgegebene Anthologie »Beat«.[201] Sie versammelt deutsche Erstübersetzungen etlicher Texte unter anderem von Allen Ginsberg, William S. Burroughs, Jack Kerouac, Norman Mailer und Henry Miller sowie vielen weiteren heute fast vergessenen Autorinnen und Autoren aus den USA, die im weitesten Sinne der *Beat Generation* zugerechnet werden können. *Beat* war damals noch nicht die Bezeichnung für die neue Gitarrenmusik, die bald darauf im Gefolge der Beatles die Welt eroberte, sondern eine Gruppe von Literatinnen und Literaten, die sich seit den späten Vierzigerjahren kritisch mit dem American Way of Life auseinandersetzten. Geprägt hatten den Begriff um 1950 Jack Kerouac und John Clellon Holmes, der ebenfalls in der Rowohlt-Anthologie vertreten ist. Das Adjektiv *beat* hatte im Slang amerikanischer Krimineller die Bedeutungen »besiegt«, »müde« und »heruntergekommen«. Kerouac erweiterte seinen Sinn um »euphorisch« (von *upbeat*), »seligmachend« (von *beatific*) und in Bezug auf Jazz um *being on the beat* (»im Rhythmus sein«). Die Frauen und Männer, die sich mit diesen Eigenschaftswörtern beschrieben, nannten sich selbst *Beats* oder *Beatniks* – ein Kofferwort aus *Beat* und *Sputnik*, das wohl gleichermaßen auf Kerouac zurückgeht und an den ersten sowjetischen Satelliten erinnert, der 1957 den Westen in Panik versetzte.

Der Herausgeber des Sammelbandes ist ein Beispiel für die untergründigen Kontinuitäten, die es in der Jugendkultur manchmal gibt: Karl Otto Paetel war in den Zwanzigerjahren eine wichtige Figur in der Bündischen Jugend, wurde dann zu einem der Vordenker der Nationalbolschewisten, die zwischen extrem rechten und extrem linken Positionen zu vermitteln suchten, und arbeitete mit Ernst Jünger an dessen antidemokratischer Jugendzeitschrift »Die Kommenden«. Nach der Machtergreifung der Nazis floh er ins Exil und gelangte über Schweden und Prag schließlich nach Paris. Von dort reiste er immer wieder heimlich nach Deutschland, um eine Unterwanderung der Hitlerjugend durch bündische Jugendliche zu organisieren. Im Jahr 1939 veranstaltete er in Paris eine 14-tägige Konferenz mit oppositionell gesinnten Hitlerjugendmitgliedern. Dabei handelte es sich um zumeist etwas ältere Abiturienten und Studenten, die eine Brücke von Gruppen, die sich selbst »Schwarze HJ« nannten, zu freien jugendlichen Dissidentengruppen schlagen wollten, darunter *Die Geusen, Der Orden, Die Geachteten, Die Kolonne X* und *Edelweiß*, die möglicherweise mit den bereits erwähnten *Kölner Edelweißpiraten* identisch waren. Im Zweiten Weltkrieg floh Paetel weiter nach Amerika, später wurde er US-Bürger. Nach dem Krieg betätigte er sich als Schriftsteller und Publizist; zu seinen Themen gehörten die Geschichte des Nationalbolschewismus, Jugend- und Protestbewegungen sowie das Leben und Werk Ernst Jüngers.

Für uns besonders interessant ist das »Beat-Diktionär«, mit dem Paetel oder der Übersetzer Willi Anders am Ende des Bandes Ausdrücke erläutern, die in den Texten immer wieder vorkommen. Denn, so der Verfasser: »Die *Hip*- und *Beat*-Autoren haben so etwas wie eine ›eigene Sprache‹ entwickelt […]. Sie setzt sich zusammen aus Ausdrücken, die der Welt des *Jazz*, der Terminologie der Rauschgiftsüchtigen und dem großstädtischen *slang* entstammen, aber häufig variieren und *ständigem Bedeutungswandel unterworfen sind.*«[202]

Viele der aufgelisteten Begriffe blieben marginal, hinterließen keine Spuren, weder in der Jugendsprache noch im Umgangsdeutsch. Aber manche Ausdrücke waren gekommen, um zu bleiben:

> »beatnik – *Kennzeichnung der* Beats *mit spöttischem Unterton [hier wie alle weiteren genannten Substantive noch klein geschrieben wie im Englischen – Anm. d. Verf.]*
> clean (he is clean) – *Rauschgiftbenutzer, der kein Narkotikum bei sich hat*
> cold turkey – *Peinvolle Entziehungskur für Rauschgiftsüchtige*
> funky – *im Gegensatz zu allgemeiner Bedeutung (übel, schlecht) im Jazz melancholisch-glücklich fühlend*
> gay boy – *Homosexueller*
> grass – *Marihuana*
> to groove – *mitschwingen, dabei sein*
> the hipster – *einer, der Bescheid weiß; von Erlebnissen Besitz ergriffen hat: der ›amerikanische Existenzialist‹*
> joint – *Ein Lokal, ein Penis oder eine Marihuana-Zigarette*
> junkie – *Ein dem Rauschgift Verfallener*
> kicks – *Lustgefühle*
> pot, pod – *Marihuana*
> stoned – *betrunken, berauscht (auch durch Narkotika)*«[203]

Die meisten dieser Ausdrücke verbreiteten sich in Deutschland erst ab der zweiten Hälfte der Sechzigerjahre unter dem Eindruck der von San Francisco ausgehenden Hippiekultur und des Woodstock-Festivals von 1969, manche sogar erst wesentlich später. Aber bei Paetel finden sich schon viele Schlüsselbegriffe einer Bewegung, die man in den folgenden Jahren mit dem Schlagwort *Gegenkultur* bezeichnen sollte, eine Lehnübersetzung des englischen *counter culture*, die durch Jürgen Habermas' Aufsatz »Legitimationsprobleme im Spätkapitalismus« von 1973 akademisch geadelt wurde.

Eines der wichtigsten und folgenreichsten Wörter – neben dem schon erwähnten *Dealer* – war das Adjektiv *cool*. Bis dahin kannte man es in Deutschland nur als Bezeichnung für eine Stilrichtung des Jazz, den sogenannten Cool Jazz, die zu Beginn der Fünfzigerjahre als Gegenbewegung zum ekstatischen Bebop entstanden war. Hier konnte man *cool* noch ganz wörtlich als »kühl« übersetzen. Paetel oder Anders erläuterten nun, was die Beats damit meinen – und so ist der Ausdruck dann zunächst in Deutschland gebraucht worden: »ruhig, leidenschaftslos, Distanz haltend, abseits, kühl (meist für Hipster gebraucht, weniger oft für den mehr ekstatischen Beat)«. Erst seit den Achtzigerjahren wird es dann zunehmend sinnentleert in der Bedeutung von »gut, toll« gebraucht. Heute nennen meine acht Jahre alten Zwillingstöchter jedes Spielzeug, das ihnen gefällt, *cool*.

Zweimal sind wir jetzt schon dem uns so vertraut vorkommenden *Hipster* begegnet. In dem Ausdruck steckt das Wörtchen *hip*, das in den Jugendsprachen der vergangenen 100 Jahre auf derart vielfältige Weise wirksam geworden ist, dass wir ihm und seinen Ableitungen nun ein eigenes Kapitel widmen müssen.

Hippies, Hip-hop, Hipster – alle sind *hip*
Die globale Jahrhundertkarriere eines Jugendworts

Ein kleines westafrikanisches Wort hat im 20. Jahrhundert mehrfach die Jugendsprachen der Welt bereichert – auch in Deutschland. In einer der Landessprachen des Senegal, dem Wolof, heißt *xippi* (gesprochen *chippi* mit hartem ch) »wachsam, mit offenen Augen« – jedenfalls wurde so noch der Titel eines Kassettenalbums übersetzt, das Youssou N'Dour 1993 veröffentlichte. Mit Sklavinnen und Sklaven aus dem Senegal gelangte das Wort nach Amerika. Um 1900 stand es erstmals in der Form *hep / hip* in Zeitungen und Büchern. In der Bedeutung »wissend« bezog es sich auf Menschen, die sich in kulturellen, modischen, musikalischen und sprachlichen Trends besonders gut auskannten.

In den Dreißigerjahren bahnte sich das Wort zum ersten Mal einen Weg aus dem rein schwarzen Slang in den Jargon des Jazz und seiner Fans. Menschen, die besonders *hip* waren, wurden unter Jazzerinnen und Jazzern *hep cats* oder *hip cats* genannt.

Am Ende des Jahrzehnts kam dann der *Hipster* in die Welt. Sein Geburtshelfer war Cab Calloway – eine der Größen des legendären »Cotton Club« in Harlem. Spätere Generationen haben ihn noch in Erinnerung, weil er 1980 hochbetagt im Film »Blues Brothers« seinen Klassiker »Minnie the Moocher« performt. Gut 40 Jahre zuvor, im Jahr 1939, veröffentlichte Calloway ein Wörterbuch des Jive-Talks, der Insidersprache schwarzer Jazzerinnen und Jazzer in New York. Er nannte es »Hepster's Dictionary: Language of Jive«. Das war ein Wortspiel mit dem im 19. Jahrhundert von Noah Webster begründeten »Webster's Dictionary«, das in den USA so sprichwörtlich ist wie bei uns der Duden. Vielleicht spielte noch ein drittes Element im schillernden Titel von Calloways Lexikon eine Rolle: Rund zehn Jahre zuvor sollen während der Prohibition in den USA Frauen und Männer, die ihren verbotenen Alkohol in *hip flasks*, also Gürtelflaschen, in die Klubs mitbrachten, *hipster* genannt worden sein. Allerdings ist das Wort bisher in keinem Text aus der Zeit vor 1939 nachgewiesen worden.

In der Schreibweise *hipster* tauchte der von Calloway geprägte Ausdruck dann erstmals 1941 auf. Weltruhm erlangte *hipster* schließlich durch Norman Mailers Aufsatz »The White Negro« aus dem Jahr 1957 mit dem Untertitel »Superficial Reflections on the Hipster«. Darin schildert der weiße Schriftsteller mit viel Sympathie die Subkultur von weißen Jugendlichen, die die Sprache und Kultur der Schwarzen – insbesondere den Jazz – als ihre eigene annehmen, weil sie damit gegen die Spießigkeit der Familie und Umgebung, in die sie hineingeboren seien, rebellieren wollen. Diese Menschen nenne man nun *Hipster*.

Als Bezeichnung für Angehörige der weißen nonkonformistischen, intellektuellen Subkultur machte das Wort dann Weltkarriere. Im Jahr 1962 erschien *Hipster* das erste Mal in deutschen Texten. In diesem Jahr wurde ein Auszug von Norman Mailers Essay in der bereits erwähnten Anthologie von Karl Otto Paetel zur Beat-Literatur abgedruckt.[204] Damals war das Wort noch erklärungsbedürftig: »Substantivisch gebraucht, bezeichnet beat einen Angehörigen der Beat Generation (= hipster) oder die Welt und das Zeitalter des hipster«, schreibt ein Philologe namens F. Preuß in einem Aufsatz über »Die Sprache der Beatniks«[205]. In der Zeitschrift »Twen«, aus der wir im nächsten Kapitel noch mehr über Jugendsprache lernen werden, erläuterte auch der legendäre Jazz-Autor Joachim-Ernst Berendt das Konzept des *Hipsters* für ein deutschsprachiges Publikum: »Der Hipster befindet sich im innersten und geheimsten Zirkel der Jazz-Kennerschaft. Aber die Kennerschaft braucht nicht Wissen zu bedeuten. Sie bedeutet unbewusstes, intuitives Verstehen. ›Hip‹, sagt Mailer, ›ist die Kultur des weisen Primitiven in einem gigantischen Dschungel. Deshalb entzieht sich das Verständnis des Hip dem zivilisierten Bürger‹.«[206]

Später geriet bei Jugendlichen das Wort genau wie der Jazz allmählich wieder ins Abseits. Immerhin brachte die Jeansfirma Lee noch um 1970 eine Hose namens *Lee Hipster* auf den Markt – auch in Deutschland. Allerdings glaubten viele, sie habe so geheißen, weil sie tief auf der Hüfte, englisch »hip«, saß. Bei den damals noch sehr beschränkten Englischkenntnissen in Deutschland bemerkten viele vermutlich weder eine musikalische noch eine orthopädische Anspielung. In Broder Carstensens »Anglizismen-Wörterbuch« wird *Hipster* 1994 als »veraltend und selten« bezeichnet: »Da die Hipster-Bewegung mit dem Anfang der Sechzigerjahre ihren Höhepunkt überschritten hatte, ist Hipster im Deutschen heute im Wesentlichen ein historisches Zitatwort.«[207]

Natürlich gab es, anders als Mailer in seinem Aufsatz andeutet, nicht nur weiße *Hipster*. Vielmehr waren die allerersten *Hipster* Schwarze. Anatole Broyard stellt diese Subkultur, deren emblematische Vertreter Thelonious Monk und Dizzy Gillespie waren, 1948 in einem Aufsatz dar. Einem deutschen Publikum wurde dieser Text ebenfalls in der zitierten Beat-Anthologie Paetels von 1962 erstmals zugänglich gemacht. Der schwarze *Hipster*, so Broyard, erhebe Anspruch auf eine überlegene Wahrheit, die niemand sonst besitzen könne, selbst wenn er Zugang zu denselben Daten oder demselben Wissen habe. Diesen Anspruch bekunde der *Hipster* nicht zuletzt durch sein Äußeres, indem er ganz bewusst Dinge tue, die von Nicht-Hipstern als lächerlich empfunden werden. Broyard beschreibt: »Demonstrativ zog sich ein weißer Puderstreifen durch sein Haar – das äußere Zeichen einer rätselhaften bedeutungsvollen Mutation.

Und stets trug er eine Brille, weil ja seine Augen das gewöhnliche Licht nicht vertrugen.«[208]

Im Umkreis der von Broyard geschilderten schwarzen Subkultur entstand auch das Wort *Hippie*. Zunächst war es ein freundlich-spöttisches Diminutiv von *Hipster*. Seit Anfang der Fünfzigerjahre konnten dann in den USA alle damit gemeint sein, die als *Beatnik* oder *Hipster* posierten.

Die heutige Bedeutung »langhaariger Vertreter der psychedelischen Sechzigerjahre-Gegenkultur« nahm das Wort ab 1965 an, als es der Journalist Michael Fallon in diesem Sinne in einer Serie von Artikeln über das Hippie-Viertel Haight-Ashbury in San Francisco verwendete. Seit 1967 existierte *Hippie* auch im Deutschen, obwohl hier zunächst noch die Bezeichnung *Gammler* überwog. Aber schon im Oktober 1967 berichtete der »Spiegel« über die Eröffnung des Beat-Lokals »Blow Up« in München: »Kundschaft mit engelsanften Hippie-Gesichtern sprengt die Notausgänge auf, zerdrückt Brillengläser und Kellerfenster und überrennt die Kasse. Flower power – jetzt auf teutonisch.«[209] Ende 1967 ließ dasselbe Magazin dann den amerikanischen Autor Earl Shorris verkünden: »Die Hippie-Bewegung ist tot.«[210] Das war, wie wir heute wissen, möglicherweise etwas voreilig.

Die nächste Sternstunde der Wortwurzel *hip* schlug ein gutes Jahrzehnt später in einer Sphäre, die kaum weiter von der weißen Mittelstandswelt der Hippies entfernt sein konnte: Mit dem *Hip-Hop* wurde *hip* wieder schwarz. Welcher Rapper den Begriff erfunden hat, ist umstritten: DJ Lovebug Starski aus dem »Disco Fever«-Klub, Afrika Bambaataa, DJ Hollywood aus dem Klub »371« und Keith, genannt Cowboy Wiggins, von Grandmaster Flash & the Furious Five wird jeweils nachgesagt, den Ausdruck *Hip-Hop* geprägt zu haben. Doch der früheste Beleg stammt aus dem Welthit »Rapper's Delight« von 1979. Darin rappt The Sugarhill Gang: »I said a hip hop the hibbit the hippidibby hip hip hoppa you don't stop.« Nach Deutschland kam *Hip-Hop* im Mai 1983. Der »Spiegel« beschrieb damals die neue New Yorker Subkultur aus Rap, Break Dance und Graffiti: »Als musikalischer Zeitvertreib auf Straßen und in Parks, als wilde, von der Stadt New York vergebens verfolgte Malerei in der U-Bahn ist eine Subkultur von Jugendlichen herangewachsen, deren vitale Vielfalt nun auch oberhalb des Undergrounds und außerhalb New Yorks unter dem schnellen Namen ›Hip Hop‹ Furore macht.«[211]

In den späten Neunzigerjahren wurde der *Hipster* dann in der Gestalt wiedergeboren, die wir heute kennen. Das Suhrkamp-Standardwerk »Hipster. Eine transatlantische Diskussion«[212] registriert, dass der Begriff zum ersten Mal 1999 in amerikanischen Artikeln über den New Yorker Stadtteil Williamsburg aufgetaucht sei. Im Jahre 2003 machte wiederum der »Spiegel« einem deutschen Publikum bekannt, dass das alte Jazz-Wort *Hipster* nunmehr eine neue Bedeutung erlangt habe. Der Reisebericht in einer Online-Ausgabe über Williamsburg trägt den Titel »New Yorker Spielzeugland für Hipster«.[213] Neun Jahre später definierte der Herausgeber Mark Greif im genannten Suhrkamp-Band die Vertreter der mittlerweile global präsenten (und oft verhassten) Hipster-Kultur so:

> *»Der Hipster ist eine Person, die Konsumentscheidungen – das richtige T-Shirt, die richtige Jeans, das richtige Essen – als eine Kunstform versteht. Er bewegt sich dabei zwar innerhalb der Grenzen des Massenkommerzes, sucht aber dennoch nach Distinktion und Exklusivität. [...] ›Hipster‹ wird somit heute zu einer Bezeichnung für Personen, die über die quasi übernatürliche Inselbegabung verfügen, die winzigen Verschiebungen, die innerhalb der Konsumgesellschaft noch Distinktionen erlauben, zu erkennen und aufzugreifen.«*[214]

Wir erinnern uns: Anatole Broyard hatte schon den schwarzen *Hipster* 1948 als »Orakel«[215] bezeichnet. Das Seherische verbindet den alten mit dem neuen *Hipster* – nur seine Hautfarbe hat wieder mal gewechselt.

Zentralschaffe mit *steilen Zähnen*
Jugendsprache der frühen Sechzigerjahre

Im Jahr 2014 wählte eine vom Verlag Langenscheidt zusammengerufene Jury die Redensart *Läuft bei dir* zum »Jugendwort des Jahres«. Die Wendung wird übersetzt mit »Du hast es drauf!« oder einfach »cool«. Diesen Spruch hätten schon Teenager der frühen Sechzigerjahre verstanden, denn »Das Wörterbuch der Teenager- und Twensprache«[216] von 1962 verzeichnete unter dem Stichwort *laufen* die Redensarten *Es läuft* (»es ist was los«), *Was läuft?* (»Was ist los?«) sowie *die Sache läuft* (»eine Sache ist in Gang gekommen, eine Sache geht gut, sie läuft sozusagen in den richtigen Bahnen«). Auch im ein Jahr zuvor herausgekommenen Lexikönchen »Die Sprache der Teenager und Twens« von Ernst Günther Welter wird *laufen* so definiert: »in Gang kommen, in Ordnung sein«.[217]

Überhaupt offenbart ein Blick in die beiden Wörterbüchlein, wie haltbar der Teenagerjargon von 1962 war und wie viele Wörter daraus sich langfristig in der allgemeinen Umgangssprache festsetzen konnten. Zwar sind »Steiler Zahn und Zickendraht«, die dem Buch von 1962 seinen eigentlichen Titel gaben, aus der Mode gekommen. Doch Ausdrücke wie *Kumpel* (»Freund, Genosse«), *abgebrüht* (»unempfindlich«) oder Redensarten wie *ein Fass aufmachen* (»eine Party geben«) und *auf etwas stehen* (»etwas gut finden«) benutzt man heute noch.

Zentrale Themen der Jugendsprache waren damals wie heute die Beziehungen zwischen den Geschlechtern. Und schon vor 53 Jahren wurden wesentlich mehr abschätzende und abfällige Ausdrücke verzeichnet, in denen sich Jungen über Mädchen äußern, als umgekehrt. Attraktive Frauen mussten sich damals gefallen lassen, als *Bombe, Biene, Eule, Ische, dufte Kante, steiler Zahn, Stoßzahn* oder *Wuchtbrumme* bezeichnet zu werden. Wenn das *Fahrgestell* (»Beine«) und die *Berliner* (»Brüste«) bei einer *Drüsenschau* für gut befunden wurden, waren sie als *Flamme* oder *Stammzahn* begehrt.

Weniger gefragte Mädchen wurden als *Apparat* (wenn sie dick waren), *Säge, Lusche* (mit dem Beiklang des Schmuddeligen), *Zicke* (albern und eingebildet) oder *Krücke* abgetan. *Zahn* war der Ausdruck für ein Mädchen allgemein. Wenn es sehr jung war, lag der Begriff *Milchzahn* nahe.

Tolle Männer nannte man *Hahn, Hirsch, Macker* oder *Star*. Beurteilte man sie negativ, stand in der Jugendsprache der frühen Sechziger entweder *Geige, trübe Tasse, Zickendraht* (»Langweiler«), *halbes Hemd* (»großmäuliger Schwächling«) oder *Stapler* (»Angeber«) zur Verfügung.

Die angesagte Frisur bei jungen Männern war 1962 ganz klar der Bürstenschnitt. Für ihn kennen die Wörterbücher allein drei Ausdrücke: *Bürste, Blocker* oder *Koreapeitsche* – letzteren, weil man die Frisur zuerst bei den amerikanischen Soldaten gesehen hatte, die in den Fünfzigerjahren im Koreakrieg kämpfen mussten.

Das Bändchen von 1962 wurde von einer »Arbeitsgemeinschaft die Zentralschaffe« verfasst. *Zentralschaffe* war ein Kernausdruck der damaligen Jugendsprache und bedeutete »wichtige, großartige Sache«. Wer sich hinter dem Pseudonym verbarg, ist unklar. Kulturhistorisch interessant ist allerdings, dass das Bändchen in enger Zusammenarbeit mit der Redaktion der Zeitschrift »Twen« entstand und mit Fotos aus deren Archiv bebildert wurde. Das Magazin »Twen«, das von 1959 bis 1971 erschien, gilt heute als in Design und Inhalt epochemachendes Medium, das Maßstäbe nicht nur für den deutschen Journalismus setzte.

Das Wörterbuch von Welter dagegen schlug einen anderen Ton an. Es gab nicht vor, Außenstehenden einen Schlüssel zur Coolness der Teenager zu bieten, sondern wirkte eher sprachkritisch und kulturpessimistisch. Folgerichtig erschien das Werk in einer »Schriftenreihe zur Jugendnot« des pädagogisch orientierten dipa-Verlags. In seinem Vorwort schrieb Welter:

»Hier aber zeigt sich, daß sich hinter diesem Sprachschatz eine tiefe Jugendnot verbirgt. Wir finden Wörter, wie sie der Landser im Dreck des vorderen Grabens sprach, Wörter aus der Ganovensprache und aus den Slums. Mancher Begriff ist ganz offensichtlich aus der Muttersprache der Besatzungsmächte abgeleitet. Kurzum, die ganze schwere Zeit der Jahre von 1943 bis etwa 1950 spiegelt sich noch heute in den Redewendungen derjenigen Jugendlichen, die damals noch nicht zur Schule gingen oder knapp zehn Jahre alt waren, also im Alter ihrer stärksten Aufnahmefähigkeit.«[218]

Beide Wörterbücher haben so viele Ähnlichkeiten, dass man vermuten darf, das neuere sei größtenteils vom älteren abgeschrieben. Zudem waren sie nicht unumstritten: Der Germanist Joachim Stave kam zum Schluss, dass der Großteil der versammelten Ausdrücke entweder schon viel älter sei oder mehr der allgemeinen Umgangssprache als dem spezifischen Jugenddeutsch angehöre. Auch satirische Wortwitze wie *Illusionsbunker* für ein Kino, *Backfisch-Aquarium* für eine Mädchenschule, *Fassaden-Picasso* für einen Anstreicher und *Scheitelschoner* für einen Hut rechnete Stave nicht dem eigentlichen Teenagerdeutsch zu: »Solche Ausdrücke sind durchaus nicht Alleinbesitz der Jugend; sie gedeihen überall in der großstädtischen Umgangssprache, am üppigsten in Berlin.«[219]

Am Ende können vor Staves kritischem Auge nur wenige Ausdrücke als echte Jugendsprache bestehen: »Viel mehr als zwei Dutzend Ausdrücke sind es tatsächlich nicht, die das Halbstarkenidiom eindeutig vertreten.« Und es gab keinen Teenager, wie wir hinzufügen müssen, der wirklich alle diese Begriffe kannte oder gar benutzte. Damals wie heute war die Jugendsprache natürlich nie so einheitlich wie die Standardsprache, sondern von Region zu Region oder gar von Schule zu Schule sehr unterschiedlich.

Einigermaßen teenagerspezifisch war 1962 wohl noch der Ausdruck für das bevorzugte Kleidungsstück der Jugendlichen: *Bluejeans* (das Kürzel *Jeans* setzte sich erst in den Siebzigern durch). Erwachsene nannten sie *Nietenhose*, weshalb dieses Wort natürlich nicht im Wörterbuch steht, bei Jugendlichen hießen sie auch *Röhren* oder – angeblich – *kanische Röhren*.

Überraschender ist, dass 1962, kurz bevor die Beatles die Welt veränderten, anscheinend immer noch Jazz die musikalische Leitkultur war. Das kann man daraus schließen, dass »Das Wörterbuch der Teenager- und Twensprache« nach wie vor die schon genannten Ausdrücke für eher im Jazz übliche Instrumente aufführt wie die Klarinette (*Gichtstengel, Jubelrohr, Wurzel*), die Bassgeige (*Badewanne, Hundehütte*), das Banjo (*Pfanne*), das Klavier (*Drahtkasten, Klimperkasten, Drahtkommode*), das Schlagzeug (*er schlägt einen flotten Knüppel,* »ein tolles Schlagzeugsolo«) und das Saxofon (*Kanne*). Keine Jargonwörter finden sich hingegen für Rock-'n'-Roll-typische Musikinstrumente wie die E-Gitarre. Vielleicht lag das aber auch daran, dass die Leserschaft von »Twen« hauptsächlich an Gymnasien und Universitäten zu finden war, während Rock'n'Roll eher von Lehrlingen sowie von Hauptschülerinnen und -schülern gehört wurde.

Eine echte Entdeckung ist, dass das Adjektiv *schau*, das genau wie *urst* im Westen als Inbegriff der Jugendsprache der DDR galt, früher auch in der Bundesrepublik gebräuchlich war. Jedenfalls steht im Wörterbuch, dass man beispielsweise *schaues Laufwerk* für »schöne Beine« sagen könne. Offenbar hielt sich in der DDR nicht nur das Alltagsdesign länger – der Trabbi sah ja aus wie ein Westauto von 1962 –, sondern ebenso manche Elemente der alltäglichen Jugendsprache.

Als ein auffälliges Element der Jugendsprache der frühen Sechzigerjahre benennt Stave die substantivierten Verben. Neben der schon erwähnten *Schaffe* aus *schaffen* und ihrer Steigerungsform der *Zentralschaffe* sind das die *Anschaffe* (sich etwas besorgen / anschaffen), die *Bediene* oder die *Superbediene* (Sachen, die sehr gefallen) und ihr Gegenteil die *Verlade* (wenn etwas gründlich schiefgeht), der *Ankratz* (aus ankratzen, »sich an Mädchen ranmachen«), die *Anschleiche* (Tanzen mit einem Mädchen) und die *Anschmeiße* (beim Tanzen auf Tuchfühlung gehen).

Ein deutlicher Kontrast zur Jugendsprache 2021 war die fast völlige Abwesenheit von Wörtern aus fremden Sprachen. Zwar tauchen ein paar Anglizismen auf – neben *Bluejeans* sind das etwa *Sticks*, »Zigaretten« –, aber es fehlen noch Begriffe aus den Soziolekten der Einwanderinnen und Einwanderer, die für die heutige Jugendsprache so bedeutsam sind. Gastarbeiter und ihre Familien kamen in größeren Gruppen erst nach dem Abschluss des Anwerbevertrags mit Italien 1955, dem bald Vereinbarungen mit Griechenland und Spanien sowie 1961 mit der Türkei folgten. Daneben gab es noch Abkommen mit arabischsprachigen Ländern wie 1963 mit Marokko und 1965 mit Tunesien, aber sprachlich hatte das kaum Konsequenzen. Die

Leit-Fremdsprache der Jugend blieb bis in die Neunziger Englisch. Türkisch und Arabisch wurden erst mit der Hip-Hop-Kultur satisfaktionsfähig.

Ebenfalls vergeblich sucht man in »Steiler Zahn und Zickendraht« ein Äquivalent zum *Alpha-Kevin*, dem Kandidaten fürs »Jugendwort 2015«, der am Ende disqualifiziert wurde, weil er ärmere und weniger gebildete Menschen verächtlich mache. Auch Gegenstücke zum *Prolo* oder *Proll* gibt es dort noch nicht. Im Wörterbuch sind keine Ausdrücke verzeichnet, die Rückschlüsse auf Klassengegensätze zulassen. Die Sechzigerjahre waren, das belegt jede Statistik, die Epoche, in der die BRD nach dem Wirtschaftswunder dem Ideal allgemeiner Gleichheit, zumindest was die Verteilung von Vermögen und Einkommen (unter Männern) anbelangte, am nächsten kam. Natürlich gab es damals gesellschaftliche Unterschiede, aber anscheinend hatten zumindest Jugendliche noch nicht das Bedürfnis, darüber zu reden oder sich gar verbal von Armen oder Ungebildeten zu distanzieren.

Mach schau für die *Exis*

Die Beatles und die deutsche Jugendsprache

Es gehört längst zum Allgemeinwissen, dass die Karriere der erfolgreichsten und wichtigsten Popmusikgruppe aller Zeiten in Deutschland begann. Von 1960 bis Ende 1962 traten die Liverpooler mit Unterbrechungen in diversen Hamburger Klubs wie dem »Indra«, dem »Kaiserkeller«, dem »Top Ten Club« und dem »Star-Club« auf. Erst hier formierte sich die endgültige Besetzung der Band mit dem Schlagzeuger Richard Starkey alias Ringo Starr, den John Lennon, Paul McCartney und

George Harrison von einer anderen englischen Gastspiel-Band abwarben. In Hamburg verdienten sie deutsches Geld, schliefen mit deutschen Frauen und lernten nebenbei einige deutsche Wörter.

»Mach Schau« rief ihnen zum Beispiel Bruno Koschmider zu, der Besitzer des »Indra«, der die Jungs aus Liverpool geholt hatte, um sie bei ihren viereinhalb- bis sechsstündigen Auftritten anzuspornen. Es ist heute nicht mehr klar zu erkennen, ob die Rotlichtgröße damit meinte, die Beatles sollten eine gute *Schau* abliefern und nicht einfach nur musizierend herumstehen, oder ob er sie aufforderte, sie sollten besonders *schau* spielen. Wie wir gelernt haben, existierte das Adjektiv *schau* in der westdeutschen Jugendsprache der frühen Sechzigerjahre im Sinne von »großartig, toll, besonders gut«.

Klarer ist, wie das Wort *Exi* zu verstehen ist, das ebenfalls durch die Erinnerungen der Beatles an ihre Hamburger Zeit spukt. Ausgerechnet die vier Engländer bezeugen die Existenz der ansonsten nicht sehr häufig in schriftlichen Quellen belegten Abkürzung *Exi* für *Existenzialist*. Über die erste Begegnung mit der Fotografin und dem Fotografen Astrid Kirchherr und Jürgen Vollmer sowie dem Musiker Klaus Voormann, die zu ihrem deutschen Freundeskreis gehört hatten, berichtete Paul McCartney Jahrzehnte später: »Eines Tages spielten wir unser Programm, und plötzlich kamen einige merkwürdige Zuschauer, die anders aussahen. Ihnen allen gefielen der Rock 'n' Roll und die Haartollen, aber sie waren anders; sie trugen alle Schwarz. Vieles an unserem Stil stammt von ihnen. Sie nannten sich selbst ›Exis‹ – Existenzialisten.«[220]

Die Beatles verstanden also ein bisschen deutsche Jugendsprache, und so hätte es sie vielleicht amüsiert, was ein Berliner Synchronstudio aus den originalen Dialogen ihres Films »A Hard Day's Night« machte, der unter dem Titel »Yeah! Yeah! Yeah!« 1964 in deutsche Kinos kam. John Lennon klang auf Deutsch wie Elvis, denn sein Synchronsprecher war Rainer Brandt, der schon in vielen Elvis-Filmen dem King seine Stimme geliehen hatte. Paul McCartney wurde synchronisiert von dem bekannten Kabarettisten Wolfgang Gruner. Die Synchrondrehbücher legen den Beatles nicht nur Anspielungen auf den Roman »Die Blechtrommel« von Günter Grass und auf deutsche Kinderlieder wie »Alle meine Entchen« in den Mund[221]. Sie machen sogar Nazi-Witze, die – wie wir noch sehen werden – durchaus zum Humor der Beatles passten. Einmal sagt John zu ihrem Manager: »Wenn alle untreu werden, so bleiben wir doch treu.« Das ist ein Zitat aus einem Novalis-Gedicht, das in der Fassung des patriotischen Dichters Max von Schenkendorf im Kommersbuch der SS stand. Ein anderes Mal beschimpft Pauls Opa Polizisten als »Untermenschen«.

Vor allem aber würzte die deutsche Fassung die Sprüche der Beatles mit Ausdrücken aus dem Teenagerdeutsch der Sechziger wie *dufte, Biene, Puppe, Alte* (Frau egal welchen Alters, mit der man eine Beziehung hat), *aufreißen, Stenz, landen können* (bei einer Frau Erfolg haben), *flott machen* (Spaß haben) und *Kumpels*.

»Ist deine Alte mit nem anderen abgezischt«, fragt John den Opa von Paul, der plötzlich mit im Zug von Liverpool nach London sitzt. George Harrison ermutigt Ringo zum Flirt mit einer Frau im Nachbarabteil: »Sei doch nicht dusselig. Vielleicht kannst du diesmal landen.« Als die Beatles in London den Zug verlassen, stellt ihr Roadmanager fest: »Dufte Hasen, so weit das Auge reicht.« Das Verhältnis zwischen einem Fernsehregisseur und seiner Assistentin kommentiert John so: »Nun kuck dir das an. Haut der mit der Biene ab.« Im Fernsehstudio wird John ermahnt: »Lass die Puppen in Ruhe, die haben Schonzeit.« Über Ringo dichten die anderen einen der damals – natürlich nur in Deutschland – populären Wirtinnenverse: »Frau Wirtin hat auch einen Stenz, den man den schönen Ringo nennt.« Ringo begreift nun: »Die Kumpels machen flott und ich kuck in die Bücher.« Daraufhin ergreift er, aufgehetzt vom Opa, kurz vor einem wichtigen Auftritt die Flucht. Sein Ziel: »Ne reiche Witwe aufreißen, bevor es zu spät ist.« Sogar der anrüchige Ausdruck *pudern*, ein Wort für Geschlechtsverkehr, kommt im Film vor. Eine Maskenbildnerin sagt dem Fernsehregisseur: »Als ich sie fragte, ob ich sie pudern soll, haben sie etwas gerufen, was ich nicht genau verstanden habe.«

Wie authentisch diese jugendsprachlichen Ausdrücke zu ihrer Zeit wirklich waren, können wir nicht sicher sagen. Wir haben ja erfahren, dass um 1960 Zeitschriften, Werbeagenturen und Wörterbücher begannen, angebliche Teenagerausdrücke für ihre Zwecke zu nutzen, die längst nicht bei allen Jugendlichen in Gebrauch waren. Im Film gibt es sogar eine medienkritische Stelle über die Fabrikation solcher Pseudojugendsprache. So gerät George durch Zufall in ein Casting für einen Werbespot. Er soll dort andere Jugendliche davon überzeugen, dass sie eine bestimmt Hemdenmarke kaufen. George ist von den Hemden aber nicht begeistert: »Das sind ja Hauschüs.« Der Produzent fragt irritiert: »Äh, Hau- was?« George erläutert: »Hautabschürfer«. Begeistert befiehlt der Produzent seiner Assistentin, den Ausdruck *Hauschüs* zu notieren und an eine gewisse Susan weiterzugeben, den Star des Werbespots, die in seinem Film »Der Teenager vom Dienst« mitspielt. Auf ganz ähnliche Weise gelangten bestimmt noch heute angeblich »jugendsprachliche« Ausdrücke in die einschlägigen kommerziellen Wörterbücher. Misstrauen ist vor allem da angebracht, wo es sich um übertrieben lustige Kabarettkalauer handelt wie *Gammelfleischparty*, dem »Jugendwort des Jahres 2008« und angeblich Ausdruck für eine Ü30-Party.

Ganz authentischer Beatles-Stil und ein Andenken an die Zeit in Hamburg ist dagegen der Hitlergruß, mit dem Ringo sich von einer Gruppe Statisten in deutschen Wehrmachtsuniformen in der BBC-Kantine verabschiedet. Er hebt zwar unkorrekt den linken Arm statt des rechten, schlägt dabei aber zackig die Hacken zusammen. Diese Geste war ein Mitbringsel aus Hamburg. Wenn Bruno Koschmider mal gefordert hatte, die Beatles sollten *Schau* machen, provozierten sie damit ihr Publikum. Offenbar fanden sie Geschmack daran: Es gibt diverse Fotos und Berichte, die belegen, wie vor allem John Lennon, aber auch George Harrison und Paul McCartney den Hitlergruß öffentlich zeigten. Einmal soll John im australischen Melbourne 1964 obendrein noch den kreischenden Massen »Deutschland über alles« zugerufen haben.[222] Davon existiert ein Video auf YouTube.[223] Mit Jugendsprache hat das alles nichts mehr zu tun – aber umso mehr mit jungen Männern, die sich den völlig hysterischen Rummel um ihre Person mit derart brachialen Ironisierungen vom Leibe halten wollten.

Wie *dufte* verduftete

Aufstieg und Fall eines Jugendworts

Dufte gilt heute als Inbegriff eines veralteten Jugendworts, das vielleicht einmal irgendwelche Großväter in ihrer Kindheit benutzten, heute aber kein Mensch mehr verwendet – es sei denn als ironisches Zitat. Diesen Ruf der Antiquiertheit hat *dufte* mindestens seit 1977. In diesem Jahr machte sich in der deutschen Synchronfassung von Woody Allens Film »Annie Hall« (»Der Stadtneurotiker«) der Protagonist Alvy Singer ständig über die altmodische Ausdrucksweise seiner Freundin Annie Hall lustig, die beispielweise *goldig* als lobendes Adjektiv gebraucht. Als sie ihm einmal von ihrem Besuch bei einem Rockkonzert berichtet, fragt der intellektuelle Jazzfan Alvy angewidert: »Und? War es 'ne dufte Zentralschaffe?« Hier legt er ihr vorausschauend den Jargon aus der Jugendzeit ihrer Eltern vor 20 Jahren in den Mund, um anzudeuten, wie unangemessen er den Ausflug der etwa 30-jährigen Annie in die Teenagerwelt hält.

Ein weiteres Jahrzehnt später fragte mich meine damalige Freundin, eine 18-Jährige, ob wir – ich war 25 und gehörte in ihren Augen einer anderen Generation an – eigentlich als Jugendliche noch Ausdrücke wie *dufte* und *knorke* benutzt hätten. Ich reagierte ein wenig beleidigt. So alt war ich nun auch wieder nicht. Es war ein bisschen, als hätte sie mich gefragt, ob ich den Zweiten Weltkrieg noch erlebt hätte.

Dufte begann seine Laufbahn als Jugendwort zu Beginn des 20. Jahrhunderts. Friso Melzer erklärt das Adjektiv 1928 in seiner Sammlung »Die Breslauer Schülersprache« als »abgeschliffene Form« von *duftig*. Er zitiert aus dem Berlin der Zwanzigerjahre Wendungen wie »'ne dufte Nummer (von Menschen und Dingen)« oder »Jestern abend wa't dufte!«.[224] Ursprünglich stammte das Wort aus dem Jiddischen. Dort heißt *tow* »gut«, und dieses Wort ging dann auf dem Umweg über das Rotwelsche in die allgemeine Umgangssprache ein. Im Jargon der Gauner ist *dufte* mindestens seit 1862 nachweisbar. In der Literatur und in Zeitungen las man es seit den 1910er-Jahren vor allem in Texten aus Berlin oder von Berlinern. Kurt Tucholsky schrieb 1917 in einen Beitrag: »Man muß sehen, wie dieser dufte Knabe die Schnauze vorzieht, wie er spricht und raucht und schimpft.«[225] Alfred Döblin, Egon Erwin Kisch und der Gerichtsreporter Hugo Friedländer benutzten es gleichfalls und immer mit Bezug auf Berlin. Die Drehbuchautorin und Modeschriftstellerin Ruth Götz stellte 1925 in ihrem Ratgeber »Durch gute Lebensart zum Erfolg« die urberlinerische Steigerungsreihe »Knorke – vollknorke – schnafte – dufte« auf.[226] Und 1931 erläuterte Hans Reimann in seinem Werk »Vergnügliches Handbuch der Deutschen Sprache«, »[d]aß der Berliner Ausdruck ›dufte‹ hebräisch und über das Rotwelsch in die Mundart gedrungen sein soll (dufte = toff; vergleiche ›masel toff!‹), mag stimmen.«[227] Wie man sieht, war *dufte* – anders als Melzer es in seiner Sprachsammlung beschrieb, zunächst ein allgemein gebräuchliches Berliner Wort, das eben auch von Schülern benutzt wurde.

In den folgenden Jahren und Jahrzehnten verließ *dufte* jedoch den engeren Bereich Berlins und wurde zum Jugendwort. Außerhalb der Hauptstadt wurde es von Erwachsenen gemieden, und bald gehörte der Ausdruck den Jugendlichen exklusiv. Der Benimm-Experte Karl Smolka stellte es 1957 in eine Reihe mit anderen Jugendwörtern der Zeit: »Wer kennt nicht die immer wieder neu auftauchenden Modeworte, die jeden zweiten oder dritten Satz unterstreichen: ›dufte‹, ›bonfortioluminal‹, eine ›schicke Sache‹, ›das ist eine Schote‹, ›einfach eine Wucht‹, ›eine Schau‹ und so weiter.«[228] Und im schon ausgiebig zitierten Lexikon »Steiler Zahn und Zickendraht« von 1962 wird es noch als »meistgebrauchter Allerwelts-Spezial-Ausdruck der Teens und Twens« bezeichnet.[229] Um 1970 ist *dufte* offensichtlich immer noch bei Jugendlichen in Gebrauch. Die Mädchen im Fürsorgeheim, die Ulrike Meinhof im 1971 veröffentlichten Drehbuch zum Film »Bambule« porträtierte, kommentieren die teilweise Zerstörung einer Mauer ihres Gefängnisses mit Begeisterungsrufen, die zu diesem Zeitpunkt schon etliche Jahrzehnte im Jugendjargon gängig waren:

»*1. MÄDCHEN: Klasse! 2. MÄDCHEN: Prima!*
3. MÄDCHEN: Dufte!«[230]

Dass Meinhof hier nicht einen Kunstjargon aus antiquierten Jugendspracheausdrücken konstruierte, belegen die Protokolle, die linksgerichtete Studierende der Psychologie im gleichen Jahr auf der Basis von Gesprächen mit Jugendlichen im Berliner Schülerladen »Rote Freiheit« anfertigten.[231] In ihnen sagen die Jugendlichen noch ständig *dufte*. Aber es waren eben Berlinerinnen und Berliner, für die das Wort zu ihrem Dialekt gehörte. Dies hatte nichts spezifisch Jugendsprachliches. Im Rest Deutschlands trat *dufte* zu diesem Zeitpunkt vermutlich gerade den traurigen Weg ins Museum der vergreisten Jugendwörter an.

Gammler und Gendarm im Englischen Garten

Ein Dokumentarfilm aus dem Jahre 1967

Handscheinwerfer leuchten in erschrockene Gesichter. Uniformierte mit Lederjacken wollen die Ausweise sehen. Mal wieder eine nächtliche Razzia in Münchens Englischem Garten. Dort schlafen die *Gammler* dicht gedrängt unter einem Baum, dessen weit ausladende Krone ein bisschen Schutz vor dem Regen bietet. Ein junger Mann ergreift halb bekleidet die Flucht; den Schlafsack, seinen wertvollsten Besitz, hat er dabei vor der nackten Brust zusammengerafft. Vielleicht hat er seinen Ausweis verloren oder er ist ihm gestohlen worden und er fürchtet, wegen der fehlenden Papiere festgehalten oder zwangsweise zu seinen Eltern geschickt zu werden. Es wird viel gestohlen, berichten die *Gammler* vor der Kamera des Regisseurs Peter Fleischmann, der sie 1967 für einen Dokumentarfilm[232] begleitete und interviewte. Die Solidarität unter denjenigen, die auf der Straße leben, ist brüchig. Es wird Herbst. Man tut sich zusammen. Ein sehr junger Mann, der wie viele andere von zu Hause ausgerissen ist, berichtet über seinen etwas älteren Freund und Beschützer, einen schwarzen Gitarrenspieler, dieser habe einen Riecher, wenn *Kunden* aufkreuzen – offenbar eine Bezeichnung für bedrohliche Elemente, die ebenfalls auf der Straße unterwegs sind.

Kunde ist wie *krass* ein Wort, das schillernd durch die Jugendsprachen verschiedener Epochen geistert. Es war schon im Frühneuhochdeutschen in der Bedeutung »unangenehmer Mensch« in Gebrauch. »Mir schaudert vor dem garstigen Kunden«, sagt etwa der Kaiser über Mephisto im zweiten Teil von Goethes »Faust«. Seit dem 19. Jahrhundert lässt es sich in der Gaunersprache des Rotwelschen als Bezeichnung für »wandernde Handwerksburschen, Bettler, Landstreicher« nachweisen. Der Wandervogel entwickelte eine eigene *Kunden*-Romantik: Für die jungen Bürgerkinder um 1900 waren die Nomaden der Landstraße wie die mittelalterlichen Vaganten und Scholaren idealisierte Vorbilder. In den späten Zwanzigerjahren gaben die Vagabunden Gustav Brügel und Gregor Gog eine Zeitschrift mit dem Titel »Der Kunde« heraus – im Grunde die erste Obdachlosenzeitung. Allerdings mit dem Unterschied, dass Brügel und Gog dabei hohe literarische Ziele verfolgten. Die letzte Blüte erlebte das Wort in der Jugend- und Umgangssprache der DDR, wo sich eine spezifisch ostdeutsche Jugendfraktion als *Blueskunden* bezeichnete. Außerdem konnte sich *Kunde* im Osten länger als im Westen in der ganz alten Bedeutung von »Unsympath« halten.

Die (meist sehr schönen) jungen Männer und Frauen im München des Jahres 1967, die im erwähnten Dokumentarfilm zu Wort kommen, sind sich uneinig, wie sie sich selbst nennen sollen. Einer prahlt stolz: »In ganz München gibt es nur einen einzigen echten Gammler, und das bin ich.« Das Wort *Gammler* tauchte seit den späten Fünfzigerjahren auf.[233] Im »Wörterbuch der Teenager- und Twensprache« wird es 1962 so erklärt: »›Vor sich hin gammeln‹ kann also bedeuten: Seinen Gedanken nachhängen, langsam, bedächtig und sinnend durch die Gegend streifen; in gemütlicher Art und Weise ein Liedchen vor sich hinsummen und hinträllern usw.« Die Herkunft des Ausdrucks ist unklar. Vielleicht kommt er von *gammeln*, »faul umherschlendern, müßiggehen«, das in einigen hessischen oder rheinischen Dialekten unter anderem in den Formen *gambeln* oder *gumbeln* existiert. Aber natürlich denken die gut gewaschenen Bürger, wenn sie die langhaarigen jungen Männer und Frauen betrachten, auch an das andere Verb *gammeln* und finden, dass die *Gammler* ganz schön vergammelt aussehen, obwohl sie sich die langen Haare gleich nach dem Aufwachen morgens im Englischen Garten liebevoll mit der Bürste auskämmen.

Ein anderer lehnt den Namen *Gammler* ab: »Das ist nur der Name, den die Gesellschaft uns gegeben hat.« Er findet *Reisender* für sich etwas zu vornehm: »Ich bezeichne mich als Tramper oder Globetrotter.« Ein 18-Jähriger nennt sich selbst *Beatnik* – das Wort kennen wir schon. *Tramper* hat sich aus dem Verb *trampen* entwickelt, das erstmals 1937 in einem deutschen Roman verwendet wurde. In Leo Wisplers Buch »Spiel im Sommerwind« erklärt ein Junge einem Mädchen, wie er und sein Freund halb Deutschland durchquert haben: »Wir haben getrampt. [...] Trampen ist, wenn fremde Autos einen mitnehmen.«[234]

Trampen und *Tramper* gehen zwar auf englisch *tramp*, »Vagabund«, zurück, aber in der Bedeutung »per Anhalter fahren« und »Anhalter« gibt es sie im Englischen nicht. Seit Anfang der Sechzigerjahre war *Tramper* allgemein für junge Leute in Gebrauch, die per Anhalter reisten. »Die Zeit« schrieb 1961 über einen englischen Jungen in deutschem Polizeigewahrsam: »Er gehörte zu den Schülern und Studenten aus Italien, England und Frankreich, die unlängst zusammen mit etwa 30 deutschen Trampern, meist in Lederhosen oder Pfadfinderuniform, von der Verkehrsbereitschaft Darmstadt an den Autobahnauffahrten des Regierungsbezirks aufgelesen worden waren.«[235] *Globetrotter* war dagegen nicht jugendsprachlich. Es war schon seit Langem für jede Art von Vielreisenden in Gebrauch – selbst solche, die Städte mit dem Baedeker in der Hand abklapperten und in Hotels übernachteten.

Viele der im Film Befragten wollen in den Süden aufbrechen, etwa nach Istanbul, obwohl man dort im Winter 1966/67 einem Gammler im Sultanahmet-Gefängnis den Kopf geschoren und sein Bild zur Abschreckung in alle Zeitungen gebracht hat, nach Spanien und vor allem nach Italien – 150 Jahre nach den Abenteuern des »Taugenichts« aus Joseph von Eichendorffs romantischer Aussteigergeschichte ist es immer noch ein Sehnsuchtsziel deutscher Jugendlicher, die nicht so rechte Lust zum Arbeiten haben. Man braucht dafür aber Mindestgeldbeträge, die man ständig bei sich tragen und bei Polizeikontrollen nachweisen muss, um nicht eingesperrt zu werden: Zehn Mark für Italien, dreißig für England, zwanzig für Spanien. Diese Summen müssen nun zusammengebettelt werden, bevor es Winter wird.

Das empört die »fetten Spießbürger«, deren Diskussionen mit den Gammlern der Regisseur auf dem Oktoberfest und an ihren Treffpunkten auf dem Nikolaiplatz oder am Wedekindbrunnen im damals noch bohèmehaften Schwabing filmte. Bei den Erwachsenen gilt überwiegend noch die Devise: Wer nicht arbeitet, soll auch nichts essen. Mehrfach wird beteuert, man müsse gegen die Gammler vorgehen wie bei Hitler. Früher habe es das nicht gegeben. Diese Behauptung kontert ein offenbar besonders geschichtsbewusster Gammler: »Der Name hat sich nur geändert. Damals hieß das ›Wanderburschen‹.« Genauso sah es der Münchner Polizeipsychologe Rolf Umbach: »Man darf unsere Gammler nicht anders beurteilen als seinerzeit die Jugendbewegung oder noch früher die Stürmer und Dränger. Sie stellen nur den Kontrapunkt der Jugend gegen die bürgerliche Gesellschaft dar.«[236]

Mit den Wandervögeln und der Jugendbewegung haben die Gammler ein typisches Accessoire gemein: Immer noch trägt man ein *Fahrtenmesser* bei sich. In einer Szene spielen die Gammler damit anscheinend eine Miniaturvariante von »Landstechen«, während sie in einem Abbruchhaus, in dem einer die Worte »Verbieten verboten« an die Wand gekritzelt hat, die Haschpfeife kreisen lassen. Ein andermal sitzt einer breitbeinig und grinsend seine Coolness demonstrierend da, während ihm sein Kumpel immer wieder das Fahrtenmesser mit der Treffsicherheit eines Zirkusartisten knapp vors Gemächt schleudert. Das Messer konnte allerdings auch eine Waffe sein: Im Buch der Journalistin Margret Kosel, die damals für eine Reportage einige Wochen unter Gammlern lebte, sieht man auf Bildern, wie die Gammler einen älteren Obdachlosen von ihrem Schlafplatz im Englischen Garten vertreiben, indem sie immer wieder ein Messer knapp vor seine Füße in den Boden werfen – eine aggressive und nun gar nicht mehr so spielerische Version des Landstechens.[237]

Margaret Kosel fing in ihren Gammler-Reportagen auch allerlei Jugendsprachliches ein – aus Hamburg (mit der legendären »Palette« und ihrem Nachfolgerlokal »Why Not«), Berlin (Treffpunkte waren hier die Gedächtniskirche, der Tiergarten und die Kneipe »Savignyquelle«), Frankfurt (wo die Polizei versuchte, Gammler mit Razzien von der Hauptwache zu vertreiben) und München. Ein in Berlin interviewter Junge fragt: »Haste noch 'ne Lulle?«[238] Wir kennen das Wort schon von den Halbstarken. Und später verlangt er: »Gib' noch mal 'n Hugo!«[239] So hießen Zigaretten bei Jugendlichen schon seit dem Ersten Weltkrieg; möglicherweise stammte der Ausdruck aus der Soldatensprache. Das Wort *Haschisch* ist nun zu *Hasch* verkürzt. In Hamburg verkauften es die Gammler zusammen mit *Prelus*, den Tabletten des Aufputschmittels Preludin, in der »Palette«, wie Kosel berichtet.[240] Bei einem Münchner Gammler vermerkte sie über dessen Freundin: »›Meine Alte‹ nennt er sie, aber sie ist erst neunzehn.« Der Ausdruck *Alte* für »Freundin« hielt sich mindestens bis in die Siebzigerjahre, wie ich aus meiner eigenen Jugend bezeugen kann.

Auch der Film »Herbst der Gammler« von 1969 ist eine Quelle für Jugend- und Umgangssprache der Zeit. Sogar eine ziemliche repräsentative, denn die Jugendlichen, die dort zu Wort kommen, kommen von überall her. Man hört die unterschiedlichsten Dialekte wie Rheinisch, Schwäbisch, Norddeutsch, nur fast nie Münchnerisch. Die Anziehungskraft der Stadt hing mit einem sehr liberalen und zurückhaltenden Kurs der Polizei gegenüber den Gammlern zusammen. Der erwähnte Polizeipsychologe hatte die gesamte Polizei überzeugt: »Das Gammlerproblem ist gar kein Problem.«[241] Man ließ sie nachts im Englischen Garten auf zugelassenen Liegewiesen und im von Leo von Klenze entworfenen pseudogriechischen Tempelchen Monopteros schlafen, obwohl dort häufiger mal Rotweinflaschen zerschellten. Es wurde nur verlangt, dass sie tagsüber verschwanden, wenn Touristen kamen. Ein ziemlich lässiger Kontrast zur Haltung des Bundeskanzlers Ludwig Erhard, der 1966 versprochen hatte: »Solange ich regiere, werde ich alles tun, um dieses Unwesen zu zerstören.«[242] Passenderweise endete seine Amtszeit noch im selben Jahr.

Die Motive fürs *Gammeln* (dieses Wort gebrauchen selbst diejenigen, die sich nicht *Gammler* nennen) sind unterschiedlich: Flucht vor der Bundeswehr, Ärger mit den Eltern und der Schule oder Lehrstelle, sowie quasi-philosophische Seelensuche. Einer will »die Welt kennenlernen, bevor sie auseinanderfällt.« Einmal sagt einer, er habe »über die italienische Grenze geschoben«. Von seiner Mutter erzählt jemand, sie habe *Scheiße gebaut*. Ein anderer hat mal wieder gearbeitet und sich dafür »36 Knüppel abgeholt« – gemeint sind Hundertmarkscheine.

Auffällig ist, dass sich der Jargon der Psychoanalyse, der allmählich in Mode kam, bei den Gammlern mit banalsten Elementen der Jugendsprache mischt. Über Karl Marx sagt einer der Haschischraucher: »Marx hat nie vom Unterbewusstsein geredet, nur vom Bewusstsein. Eine verzweifelte Type.« Wie die Gammler das Haschischrauchen nennen, erfährt man weder aus Fleischmanns Film noch aus Kosels Buch direkt. Doch das Wort *kiffen* hatten sogar brave deutsche Bürger schon 1966 in einer Folge der Serie »Das Fernsehgericht tagt« gehört. Es entstand aus dem älteren *Kif*, einem Wort für »Wohlbefinden«, das im Argot der französischen Kolonien in Nordafrika die Bedeutung »Haschisch« annahm. Seit dem 19. Jahrhundert tauchte es in Reiseberichten sowie in Romanen aus dem Umfeld der französischen Fremdenlegion auf. Deutsche Gammler gebrauchten es seit den frühen Sechzigerjahren – möglicherweise durch den Einfluss Kerouacs und anderer Beat-Literaten.

Viele Gammler tragen *Parkas* und nennen sie auch so. Das Kleidungsstück wie die Bezeichnung dafür waren gerade erst aus England und Amerika importiert worden. Kosel spricht noch von *Militärjacken* und *Anoraks*, wenn sie ihre Gammler beschreibt,[243] denn *Parka* konnte sie 1967 bei ihren Leserinnen und Lesern noch nicht als bekannt voraussetzen. Ein Ausreißer schildert sein gefährliches Verhältnis zum Alkohol, er habe schon zu Hause oft »ab und zu einen drübergemacht«. Und vielen geht der *Arsch auf Grundeis*, wenn die *Bullen* auftauchen. Mochte die Polizei noch so zurückhaltend und freundlich sein: Wer noch minderjährig ist oder keinen Pass hat, wurde selbst im liberalen München mitgenommen und nach Möglichkeit zu den Eltern zurückgebracht.

Wir sind gewohnt, das Wort *Bulle* mit vulgärlinker Polizeikritik rund um die 68er zu verbinden. Aber es ist viel älter. Der Ausdruck tauchte schon im 19. Jahrhundert auf, wird in Alfred Döblins Roman »Berlin Alexanderplatz« verwendet, und eine weitere Spur führt bis in die alte Studentensprache: Schon 1813 nannten die Studenten in Freiburg den Pedell, der an der Universität quasi-polizeiliche Aufgaben wahrnahm, *Bulle*. Der Dramatiker Joseph von Auffenberg reimte in seinem noch als Jurastudent verfassten Schwankgedicht »Sauerkraut-Suite«: »Herr Gott! die Bullen nahen schon.«[244] Das hätte auch der ängstliche Stoßseufzer eines passlosen Gammlers im Englischen Garten 123 Jahre später sein können.

Fummeln am Schätzchen
Noch einmal München: Eine Filmkomödie aus Schwabing

Ein im Geiste naher Verwandter der Gammler, die wenige 100 Meter entfernt nachts im Park übernachteten, ist die Hauptfigur Martin in der ebenfalls 1967 gedrehten und dann ein Jahr später veröffentlichten Komödie »Zur Sache, Schätzchen«. Doch während sich die Gammler da draußen den Zumutungen der Gesellschaft und des Älterwerdens durch Flucht und Wanderschaft entziehen wollen, ist Martins Strategie die totale Verweigerung und die Schlaffheit. Im Mittelpunkt der kleinen unaufgeräumten Wohnung steht sein Bett, in dem er so viel Zeit wie möglich verbringt: »Bevor ich aufwachen muss, versuche ich langsamer zu schlafen.«[245] Sprachlich ist Martin dagegen ein ziemlich aufgeweckter Typ, der seine eigene kleine Taugenichts-Philosophie in funkelnden Aphorismen vorträgt: »Ich bin ganz schnell jung gewesen«, »Hör ich was Böses, denk ich nicht hin«.

Im Gegensatz zu Fleischmanns Dokumentarfilm über die Gammler schufen die Regisseurin May Spils und ihr Hauptdarsteller und Drehbuchautor Werner Enke, der den Martin ganz nach seinem Bilde formte, eine ganz eigene Welt – nicht zuletzt sprachlich. Und dennoch hat dieser Film einen Platz in einer historischen Darstellung deutscher Jugendsprache. Zum einen, weil das von einem Millionenpublikum gesehene Werk den Jargon der späten Sechzigerjahre teilweise mitprägte. Zum anderen, weil eben doch an einigen wenigen Stellen gängige Jugendsprache des Jahrzehnts verwendet wird. Es sind Begriffe und Wendungen, denen wir schon in den Wörterbüchern der frühen Sechziger wie in der Beatles-Synchronisation begegnet sind. Im Film werden sie eingesetzt, um ganz bestimmte Effekte zu erzielen – und das ist dann sehr aufschlussreich.

In einer Publikation, die gut vier Jahrzehnte später den einzigen komischen Klassiker des sogenannten Jungen Deutschen Films ausführlich analysierte, wird »Zur Sache, Schätzchen« nachgesagt, der Film habe »Schwabinger Szenesprache« zu »sprachlichem Allgemeingut« erhoben.[246] Es lässt sich heute kaum noch feststellen, inwieweit die sehr eigenwillige, von absurden Pointen geprägte Sprechweise des von Werner Enke gespielten Martin tatsächlich mit der allgemeinen Szenesprache des damaligen Münchner In-Bezirks Schwabing identisch war oder ob es sich um eine Privatsprache Enkes als quasi-literarische Schöpfung handelte. Die Juroren, die dem Film 1968 ein eigens für diesen Zweck gestiftetes »Filmband in Gold für Dialoge« verliehen, gingen offenbar davon aus, dass Enke nicht einfach mitprotokolliert hatte, was damals so geredet wurde, sondern dass er sprachschöpferisch tätig gewesen war.

Sicher ist jedenfalls, dass Martins Redewendung *ein Match machen* im Sinne von »sexuell aktiv werden« in die Jugendsprache einging. Noch viel häufiger nutzte, hörte und las man nach 1968 den Ausdruck *fummeln* für niedrigschwellige erotische Körperkontakte. Den Ausdruck erklärt Martin im Film der bürgerlichen Barbara, die sich auf ein kurzes, verspieltes Abenteuer mit ihm eingelassen hat. Als sie im Bus hinter sich ein Liebespaar entdecken, entspinnt sich folgender Dialog:

> *MARTIN: Da hinten wird unheimlich gefummelt.*
> *BARBARA: Fummeln, was ist'n das?*
> *MARTIN: Naja, wenn ich so mache... Er berührt ihre Schulter – wenn ich so mache er legt die Hand um sie das ist noch nicht gefummelt, aber wenn ich so mache... er greift, schon intensiver an ihren Hals so zum Beispiel, das ist schwer gefummelt. Wenn ich so mache er umfasst sie das ist... erst recht unheimlich gefummelt. Verflixt er zieht die Hand wieder zurück ich hab ganz klar gefummelt.*[247]

Durch diesen Dialog wurde *fummeln*, das vorher bereits seit dem 19. Jahrhundert im Sinne von »unsicher an etwas herumtasten« belegt war,[248] zu einer Vokabel für das, was Teenager in den Siebzigern auf Matratzen in den Partykellern ihrer Eltern taten.

Auch das Wort *schlaff* spielt eine zentrale semantische Rolle im Film. Martin nutzt es zur Selbstbeschreibung und Erklärung, warum ihm eigentlich jede Art von aktiver Tätigkeit unzumutbar sei: »Also gut, ich bin zwar'n bisschen schlaff heute, aber ich kann's ja mal versuchen. Ungeheuer schlaff.«[249] Für das, was passiert, wenn sich so ein schlaffer Typ mal zu einer Tätigkeit aufgerafft hat, aber dann wieder seinen Elan verliert, prägt Werner Enke das Wort *abschlaffen* und legt es Martin in den Mund: »Dann schlafft er wieder ab.« Aus dem Adjektiv *schlaff* entstand schließlich einige Jahre nach dem Film ein Substantiv, das einen generationenspezifischen Jungmännertypus benennt – den *Schlaffi*.

Vermutlich auf einer Fehlerinnerung beruht dagegen die immer wieder tradierte Behauptung, durch den Film sei auch der Ausdruck *Dumpfbacke* in die allgemeine Umgangssprache gelangt. Diese beleidigende Bezeichnung lässt sich erst in den Achtzigerjahren nachweisen. Populär wurde sie vor allem durch den Serienhelden Al Bundy in der US-Sitcom »Eine schrecklich nette Familie«, der seine Tochter in der deutschen Synchronisation auf diese Weise beschimpft. Im Dialogprotokoll von »Zur Sache, Schätzchen« habe ich das Wort nicht gefunden.

Trotzdem konnte ich einige wenige Relikte klischeehafter Jugendsprache des Jahrzehnts entdecken – und zwar bei einer einzigen Figur: Martins Freund Henry ist anders als der stolze, schlaffe Taugenichts Martin bereit, faule Kompromisse mit älteren Mitgliedern des Establishments einzugehen. Und dafür benutzt er in ganz bestimmten Situationen auch jugendsprachliche Ausdrücke. Als er für den offenbar reichen Geschäftsmann Viktor Block den Kuppler spielen will, verspricht er ihm: »Ich habe heute grade eine ganz dolle Biene kennengelernt, Zucker sage ich Ihnen.« Und seinem Freund Martin erklärt er einmal: »Ich muss noch'n paar dufte Bienen für Block aufreißen.«[250] Vielleicht ist das zwischen den beiden Freunden nur eine Art ironisches Geplänkel. Aber im Gespräch mit einem alten Knacker wie Block hält es Henry augenscheinlich für angebracht, solche damals schon etwas uncool wirkenden Wörter wie *dufte* und *Biene* zu benutzen. Diesen veralteten Jargon nutzt er zudem, um Mädchen auf Blocks Party zu locken: »Ja, du auch, du musst natürlich mit – komm, das wird ganz fabelhaft! Ja, das ist fein – eijajaja – das wird eine knorke Sache – kann's heute versprechen.«[251] Diese übertriebene Ballung von Jugendspracheausdrücken kann eigentlich nur zwei Zwecke haben: Entweder soll Henry als jemand geschildert werden, der aus Unsicherheit zu solchen Klischees greift. Oder er hält die Mädchen für so dumm, dass er glaubt, sich auf ihr vermeintlich einfaches sprachliches Niveau herabbegeben zu müssen.

Antiautoritäre, die im *Spätkapitalismus* alles *ausdiskutieren*

Das 68er-Deutsch als Jugendsprache

Ungefähr in der Mitte der Sechzigerjahre zeichneten sich in der deutschen Jugend und ihrer Sprache mancherlei Neuerungen ab. Erstens spielten Drogen und die amerikanische Gegenkultur mit ihren psychedelischen Rockbands, ihren Undergroundcomics und ihrem Hippielebensstil allmählich eine immer wichtigere Rolle. Zweitens stürzten sich diejenigen, die sich in der Lehre oder in der Schule noch als Halbstarke oder Exis gegeben hatten, nun ins Politisieren und Studieren – meistens sogar beides. Vor allem an den Universitäten formierten sich Protestbewegungen mit neuartigen generationenspezifischen Verhaltensweisen, die man im Rückblick als die »68er« zusammenfasst. 1968 Jahr entlud sich die weitverbreitete Unzufriedenheit mit den politischen und gesellschaftlichen Verhältnissen der Zeit in offene und zum Teil gewaltsame Unruhen – in den USA besonders unter dem Eindruck des brutalen Vietnamkrieges, in Frankreich im Pariser Mai '68, in der Bundesrepublik und vielen anderen westlichen Staaten, aber auch hinter dem Eisernen Vorhang, etwa in der Tschechoslowakei im kurzlebigen Prager Frühling. Nicht alle Beteiligten waren Studierende, nicht alle kamen als höhere Töchter und Söhne aus gutem Hause. Die Bewegung erfasste genauso nicht intellektuelle Naturen. Hierzu zählten der Proletarier Bommi Baumann, eine der Schlüsselfiguren der terroristischen »Bewegung 2. Juni«, von dem wir später noch hören werden, oder der gewalttätige Schulabbrecher Andreas Baader, der als Künstler posierte und für den Frauen nur »Fotzen« waren.

Auch die geistig weniger belichteten Figuren der 68er eigneten sich den typischen Jargon dieses Milieus an, ein mit marxistischen Wortbrocken durchsetztes Imponierdeutsch. Der Schriftsteller Robert Neumann nannte es schon 1969 »adorniertes Marcusisch«[252] – in Anlehnung an die beiden philosophischen Leitbilder der 68er Theodor W. Adorno und Herbert Marcuse. Aus ihren Büchern wie »Dialektik der Aufklärung«, »Negative Dialektik«, »Repressive Toleranz« oder »Der eindimensionale Mensch« stammten so manche Versatzstücke dieses neuen Soziolekts.

Aber kann man das 68er-Deutsch überhaupt als Jugendsprache betrachten? Eva Neuland, gegenwärtig die kundigste Erforscherin der Jugendsprache, bejaht dies. Die »APO-Sprache« – wie man sie nach dem damaligen Schlagwort »Außerparlamentarische Opposition« auch nennt – ließe sich sowohl als Beispiel einer politischen Sprache untersuchen wie als typische Jugendsprache, so Neuland. Dem liegt ein offener Jugendbegriff zugrunde, der sich nicht auf die biologische Entwicklungsphase der Adoleszenz beschränkt, sondern die soziale Entwicklungsphase der Postadoleszenz miteinbezieht.[253] Dabei beruft sich

Neuland auf den amerikanischen Historiker John Gillis, der die Postadoleszenz als entscheidenden Zeitraum für die Jugendbewegungen der Sechzigerjahre betrachtet und als »Mündigkeit ohne wirtschaftliche Grundlage« definiert.[254] Neuland fasst zusammen: »In komplexen industriellen Kulturen sind die Studenten der Prototyp der neuen Altersrolle zwischen Kindheit und Jugend im engeren Sinne und dem Erwachsenenalter.«[255]

Zu den Ausdrucksformen der APO-Sprache gehörten eingängige Slogans, etwa das auf Demonstrationen gerufene »Solidarisieren – Mitmarschieren!« oder der programmatische, auf ein Spruchband geschriebene Satz »Unter den Talaren – der Muff von 1000 Jahren«.[256] Eine gewisse Ironie wohnte Sprüchen inne wie »Wer zweimal mit derselben pennt, gehört schon zum Establishment« oder »Alle Professoren sind Papiertiger!« in Anlehnung an Maos Satz »Die Imperialisten sind Papiertiger«.[257]

Dagegen war der Stil der Diskussionen, Reden und schriftlichen Äußerungen oft komplex bis zur Unverständlichkeit. In bewundernswerter Weise schafften es führende Köpfe der Bewegung, das mit sozialwissenschaftlichen Fachvokabeln wie *Autorität*, *Manipulation* und *Repression* sowie marxistischen Begriffen wie *Kapitalismus*, *Entfremdung* und *Mehrwert* durchsetzte Deutsch universitärer Theorieseminare in fließender mündlicher Rede zu reproduzieren. In dem legendären Fernsehinterview, das Günter Gaus 1967 mit Rudi Dutschke in der Sendung »Zur Person« führte, formulierte die Symbolfigur der 68er Sätze wie:

> »[D]as ist kein ewiges Naturgesetz, daß sich entwickelnde Bewegungen Apparate haben müssen. Es hängt von der Bewegung ab, ob sie in der Lage ist, die verschiedenen Stufen ihrer Entfaltung mit den verschiedenen Bewußtseinsstufen ihrer Bewegung zu verbinden. Genauer: Wenn wir es schaffen, den

Transformationsprozeß – einen langwierigen Prozeß – als Prozeß der Bewußtwerdung der an der Bewegung Beteiligten zu strukturieren, werden die bewußtseinsmäßigen Voraussetzungen geschaffen, die es verunmöglichen, daß die Eliten uns manipulieren.«[258]

Als Voraussetzung für solche Phrasen wurden neue Ausdrücke geprägt wie *hinterfragen, unterwandern, umfunktionieren, umfunktionalisieren* und *destruieren*, die politische Prozesse und Taktiken bezeichneten. Hinzu kamen Wendungen wie *subversive Aktionen, Potential antiautoritärer Kräfte* oder *Gewalt gegen Sachen*.[259] Der Kulturchef der Zeitschrift »Christ und Welt«, Günther Schloz, nennt in einem Artikel von 1969 noch weitere »Kernwörter« der APO, darunter *Establishment, etabliert, Manipulation, repressive Toleranz, Produktionsverhältnisse, Produktivkräfte* und *verunsichern*.[260] Dabei kritisiert er, dass das »Vokabular der Rebellen und Antidemokraten« schon von Vertretern der offiziellen parlamentarischen Politik übernommen worden sei.

Schloz verweist außerdem auf ein typisches Element der APO-Sprache: Anglizismen, bei denen Nomen für politische Aktionen durch die Verbindung eines Verbs mit *-in* oder *-ing* gebildet wurden: *Teach-In* (politische Diskussionsveranstaltung), *Go-In* (eine Art vorübergehende Besetzung beispielsweise von Ämtern als Demonstrationsform) *Sit-In* (wenn man sich bei so einem *Go-In* für länger Zeit niederlässt, bis einen die Polizei wegträgt), *Hearing* und *Happening*.

Mit all dem wollte man vor allem *antiautoritär* sein und den Spätkapitalismus mit seinen Widersprüchen zum Einsturz bringen. Denn dieser war in den Augen der 68er mindestens *repressiv*, wenn er nicht gar schon eine *Faschisierung* durchgemacht hatte und als *faschistoid* gelten musste. Der bereits von

Max Weber und danach immer mal wieder in soziologischen Texten benutzte Ausdruck *antiautoritär* wurde um 1968 zum Schlagwort der APO. Rudi Dutschke brachte ihn in einem seiner wichtigsten theoretischen Werke auf den Punkt: Sein Aufsatz »Die Widersprüche des Spätkapitalismus, die antiautoritären Studenten und ihr Verhältnis zur Dritten Welt« von 1968 schafft es obendrein, fast alle Schlüsselbegriffe der damaligen marxistischen Theorie in einem einzigen Titel unterzubringen.

Zu den schicksalhaften Widersprüchen der APO gehörte es, dass sie mit ihrem akademisch geschulten Sprachstil weder ältere Arbeitende noch Jugendliche mit anderem Bildungshintergrund erreichen konnte. »Die Studentenbewegung blieb bekanntlich eine Studentenbewegung«, wie Eva Neuland 2008 resümiert.[261] Vielleicht ist dieses Urteil zu harsch. Im Jahr 1970 befasste sich der Sprachwissenschaftler Siegfried Jäger, der damals selbst erst 33 Jahre alt war, als Erster wissenschaftlich und neutral mit der »Sprache der APO«. Er kommentierte: »Wer die Flugblätter kennt, mit denen sich die APO an Arbeiter wendet, wird bestätigen können, daß sie durchaus in der Lage ist, sich verständlich zu machen.«[262] Und nicht nur ihm fiel auf, dass die linken Studierenden eine Art sprachlichen Belastungswechsel wie beim Skifahren praktizierten. Vom himmelhohen Theoriedeutsch stürzten sie sich gerne hinab in die Gossensprache: *Scheiße* etwa war ein häufig gebrauchtes Wort – wahrscheinlich, weil sie es zugleich für antiautoritär und proletarisch hielten.[263]

Darüber hinaus gab es durchaus ernst zu nehmende Versuche, die Elfenbeintürme der Theorie zu verlassen und Kontakte mit der Arbeiterschaft, den Unterprivilegierten und der praktischen Politik zu knüpfen. Das konnte so unterschiedliche Formen annehmen wie den sprichwörtlichen, 1967 von Dutschke angeregten *Marsch durch die Institutionen*, also die Unterwanderung von Betrieben, Bürokratie und etablierter

Politik, oder die Basisarbeit in *Schülerläden* wie »Rote Freiheit« in Berlin-Kreuzberg. Bildungen mit der Zweitkomponente *-laden* waren ebenfalls ein typischer Bestandteil der APO-Sprache. In diesem Fall meinte man selbstverwaltete Jugendeinrichtungen in leer stehenden Ladengeschäften. In der Regel wurde dort die *antiautoritäre Erziehung* erprobt, die aus den Zwängen des überkommenen Systems befreien sollte. Heute wird das Schlagwort für einen Erziehungsstil gebraucht, der auf Strafen, Regeln und Vorschriften verzichtet.

Ob das nun alles wirklich Jugendsprache war, bleibt trotz der Ausweitung des Begriffs auf die von Neuland und Gillis angeführte Phase der Postadoleszenz umstritten. Sicher ist aber, dass sich vor allem ältere Schülerinnen und Schüler rasch den Jargon der Studierenden aneigneten – so wie schon 200 Jahre zuvor die Zöglinge höherer Schulen Wörter und Sitten der bewunderten Burschen übernommen hatten. Wir werden bald sehen, dass die Schülersprache der Siebzigerjahre den APO-Jargon häufig mehr oder weniger ironisch imitierte.

Durch solche Aneignungen, durch die genannten politischen Aktivitäten außerhalb der Universitäten und nicht zuletzt durch die Karrieren, die etliche 68er in Politik, Medien oder im akademischen Bereich machten – wobei ihr Jargon zu einem neuen linguistischen Herrschaftsinstrument mutierte –, kam es schließlich dazu, dass zahlreiche Vokabeln aus der APO-Sprache ins allgemeine Deutsch eingingen.

Durchgeknallte und *Ausgeflippte,* die *Bambule* machen

Jugendsprache um 1970 im Grenzbereich
zwischen Hippies und APO

Das Austesten von Grenzen und die Gier nach neuen Erfahrungen gehören wohl zum Wesen jeder Jugendkultur – das galt schon für die tumultuösen, trinkfesten und Tabak qualmenden Burschen um 1800. In den 1960er-Jahren verbreiteten sich im Gefolge von Rockmusik und Hippiebewegung neue Drogen wie das LSD. In einer heute wohl kaum noch vorstellbaren Weise wurde der Konsum selbst von Intellektuellen und Leuten der Wissenschaft angepriesen, etwa von dem »Hippie-Guru« und »Hohepriester des LSD«, dem amerikanischen Psychologen und Autor Timothy Leary.

Auch in Deutschland wollten Teile der Jugend durch die Einnahme von Drogen psychedelische Erfahrungen herbeiführen. Das Wort *psychedelisch*, eine Lehnbildung nach dem Vorbild des seit den Fünfzigerjahren nachweisbaren englischen Worts *psychedelic*, wurde unter anderem mit *bewusstseinserweiternd* oder *bewusstseinsverändernd* übersetzt. Es ist wohl kein Zufall, dass einige der erfolgreichsten und langlebigsten Wörter des damaligen Jugendjargons ebensolche Veränderungen des Bewusstseins bezeichnen: *durchknallen* und *ausflippen*.

Das Wort *durchgeknallt* gibt es seit der APO-Zeit in der Bedeutung »nicht ganz zurechnungsfähig«. Es entstammt offenbar dem Wortschatz der 68er-Bewegung. In einem Manifest der terroristischen RAF (Rote-Armee-Fraktion), das der »Spiegel« 1970 dokumentierte, heißt es über die Vorwürfe rivalisierender linker Gruppen: »Manche wollen damit beweisen, daß wir blöde sind, unzuverlässig, unvorsichtig, durchgeknallt.«[264] Der Vorwurf galt offenbar als besonders ehrenrührig. Dies zeigte sich, als ein paar Jahre später Mitglieder der »Revolutionären Zellen« mit Brandsätzen gegen die Aufführung des Hollywoodfilms »Unternehmen Entebbe« (»Victory at Entebbe«) von 1976 vorgingen, in dem die israelische Armee Geiseln aus den Händen palästinensischer Terroristen befreit. Im Bekennerschreiben wird beklagt, »[d]aß die Entführer im Film ›das Böse schlechthin, Abschaum, außerdem wahnsinnig und durchgeknallt‹ sind«, was »ähnlich aber auch den Kritikern« aufgefallen sei.[265]

Das Adjektiv ging mit Sicherheit aus der Idee hervor, ein Mensch könne wie eine Sicherung oder eine Glühbirne angesichts zu großer Belastung durchknallen, also mit lautem Knall den Dienst versagen. Die Redensart *ihm sind alle Sicherungen durchgebrannt / durchgeknallt* ist noch heute gebräuchlich und verständlich.

Interessanterweise existierte *durchknallen* lange vorher schon einmal in einer ganz anderen jugendsprachlichen Bedeutung. Einerseits konnte es »durchfallen« meinen – so ist es 1906 in Steinhäusers Wörterbuch verzeichnet[266] – andererseits »abpausen, abschreiben«. In einem Wörterbuch von 1931 heißt es über die Kopierpraxis an deutschen Schulen: »Die schriftlichen Hausarbeiten werden aus Büchern oder den Heften von Klassenkameraden abgeklatscht, abgeschustert, abgebohrt, abgehauen, abgeholzt, abgebolzt, abgeschult, abgeklaut, durchgeknallt.«[267]

Im heutigen Sinn ist *durchgeknallt* möglicherweise eine Lehnübersetzung des englischen *freaked out*, das zu den Lieblingswörtern der Hippies gehörte und meistens mit *ausgeflippt* ins Deutsche übertragen wird. *Ausflippen* ist gebildet nach dem englischen *flip out*, das seit den Sechzigerjahren »unter Drogen die Kontrolle verlieren« meinte. Im Englischen nahm es schon bald die erweiterten Bedeutungen »die Nerven verlieren« und »sich völlig begeistern« an. Beide Bedeutungen hatte *ausflippen* seit 1970 auch in der deutschen Sprache. So schreibt »Die Zeit« 1971 über die Begeisterung von Hippies, die plötzlich fromm werden, und ihre Verehrung für Jesus: »Ausgeflippt, so heißt das Modewort dafür.«[268]

Die aggressivste Form des Ausflippens war die *Bambule*. Dieses Wort wurde ganz offensichtlich von Ulrike Meinhof in die deutsche Sprache eingeführt und im Vorwort zu ihrem gleichnamigen Buch als »Aufstand, Widerstand, Rabatz« erklärt.[269] Das Werk erschien 1971, ein Jahr nachdem der Film »Bambule«, zu dem Meinhof das Drehbuch verfasst hatte, nicht in der ARD gezeigt werden durfte. Die Ausstrahlung war für den 24. Mai 1970 geplant, wurde aber abgesetzt, nachdem sich Meinhof am 14. des Monats an der Befreiung von Andreas Baader aus dem Justizgewahrsam beteiligte hatte und in der Folge untergetaucht war. Die ehemalige Journalistin Meinhof erlangte als vermeintlich empathisch-intellektueller Kopf der RAF in den Folgejahren einen regelrechten Kultstatus, besonders nach ihrem Selbstmord im Stammheimer Gefängnis 1976. Dadurch wurde das Buch über das Aufbegehren von Mädchen in einem Berliner Erziehungsheim zu einem intensiv studierten Klassiker, den auch Heinrich Böll zur Lektüre empfahl. *Bambula* war in einer westafrikanischen Sprache ein Wort für eine Trommel oder den zur Trommelmusik veranstalteten Tanz. Es ging ins Französische ein, wo die Wendung *faire la bamboula* seit Anfang des 20. Jahrhunderts im Sinne von »einen drauf machen, feiern« vor allem bei Soldaten üblich war.[270] Woher Meinhof das Wort hatte, ist nicht nachzuvollziehen. Möglicherweise war es in Berlin schon umgangssprachlich in Gebrauch, bevor sie es überregional bekannt machte. *Bambule* und *Bambule machen* wurden für einige Jahre zu Schlüsselwörtern der rebellischen

Linken. In meiner Heimatstadt Braunschweig gaben sie einem 1977 gegründeten linksalternativen Jugendzentrum seinen Namen.[271] Mittlerweile ist das Wort vom Begriff *Randale*, der im Punkmilieu entstanden ist, ziemlich zurückgedrängt, wird aber in links-anarchistischen Publikationen gelegentlich noch verwendet – wohl um auszudrücken, dass man keine sinnfreie *Randale* macht, sondern eben *Bambule* mit ernsthaftem revolutionärem Anspruch.

Abends in die *Disco* – trotz *Koffer* und *Giftzettel*

Pennälersprache der Siebziger

In den Siebzigern war natürlich nicht alles vulgärmarxistische Theoriehuberei. Bei denjenigen, die noch nicht in der Postadoleszenz angekommen waren, sondern noch mitten in Adoleszenz und Pubertät steckten, ging es weiterhin um elementare Dinge wie die erste Liebe, die erste Erotik, die erste Zigarette und die erste Sechs in einer Klassenarbeit. Eine so schlechte Note nannte man *Koffer*. Ich habe das Wort – so wie alle anderen in diesem Kapitel – selbst noch gehört, und es ist in dieser Bedeutung 1972 im Wörterbuch »Schülerdeutsch«[272] von Marianne und Heinz Küpper belegt. Heinz Küpper, der große Grundlagenforscher der deutschen Umgangssprache, hat die Entstehung des Begriffs zwei Jahre zuvor in seinem eher historisch-diachronisch angelegten Lexikon »Jugenddeutsch von A bis Z«[273] bereits in die Fünfzigerjahre datiert, aber es hielt sich noch mindestens bis in die Achtziger. Küpper erklärt den Sinn von *Koffer* damit, dass der Schüler an der schlechten Note wie an einem zu schweren Gepäckstück zu tragen habe.

Wer zu viele *Koffer* bekommen hatte, musste noch in den Siebzigern mit einem *Giftzettel* rechnen. Auch dieser in beiden Wörterbüchern des Ehepaares Küpper verzeichnete Ausdruck war damals mindestens schon drei oder vier Jahrzehnte in Gebrauch. Die Jugendsprache ist, wir sehen es immer wieder, konservativer, als es das Vorurteil behauptet.

Genauso verwendeten Jugendliche noch in den Siebzigern das Wort *Fete*. Es war schon um 1900 aus dem französischen *fête* entlehnt worden und eigentlich Teil der allgemeinen deutschen Sprache; in Österreich war es noch verbreiteter als in Deutschland. Das Besondere daran war nun, dass Jugendliche es nutzten, um ausschließlich ihre Festivitäten gegenüber denen von Älteren abzugrenzen. Nie hätte jemand das Wort *Feier* benutzt, wenn es nicht um eine Konfirmation oder Hochzeit ging, und selbst eine *Party* war etwas, das ausschließlich Erwachsene feierten – ganz anders als heute, wo *Party machen* (in stark erweiterter Bedeutung) zum Inbegriff jugendlichen Abendvergnügens geworden ist und das Verb *feiern* (mit ebenfalls verändertem Sinn) nicht nur in der Redensart *ich feiere das* fast schon als ein Signalwort gegenwärtiger Jugendsprache gilt.

Auf so einer *Fete* wurde spätestens nach drei oder vier Liedern, die *fetzten* oder *fetzig* waren – also ein schnelles Tempo hatten und in denen harte Elektrogitarrenklänge dominierten –, vom Discjockey ein langsames Stück aufgelegt, zu dem man *schwoofen* konnte. Das Wort war im frühen 19. Jahrhundert zunächst ein mitteldeutsches Studentenwort gewesen, das allgemein »tanzen« bedeutete und mit *schweifen* verwandt ist. In den Siebzigern bezeichnete es nur noch jenen ruhigen Engtanzstil, bei dem man allmählich auf Tuchfühlung gehen konnte. Die Platten legten zu Beginn des Jahrzehnts noch *Discjockeys* auf. Die Abkürzung *DJ* gelangte erst in den späten Siebzigern nach Deutschland, Mitte der Achtziger kam die *DJane* hinzu,

Deejay sogar erst um 1990. Ihr Gewerbe übten sie meist in einer *Disco* aus. Irgendwann im Laufe des Jahrzehnts war das Wort *Diskothek*, das seit etwa 1960 zunächst auch »Schallplattengeschäft« und »Plattensammlung« bedeuten konnte, unter englischem Einfluss verkürzt worden. Seit 1971 lief im ZDF die legendäre Musiksendung »Disco« mit dem Moderator Ilja Richter.

Drogen spielten damals in der Altersgruppe der 13- bis 17-Jährigen, um deren Jargon es hier geht, noch eine Nebenrolle. Auf den *Trip* kam man allerhöchstens beim Pilotentest, einer auf Feten und in Landschulheimen oft praktizierten Übung, bei der jemandem, der zuvor stark hyperventiliert hatte, ruckartig der Brustkorb zusammenquetscht wurde. Im schlimmsten Falle wurde man davon ohnmächtig, im besten Falle kurz *high* – so wie die Älteren durch ihre Drogen. Das erwähnte Adjektiv *high* für einen Rauschzustand hatte das deutsche TV-Publikum 1966 in einer Folge von »Das Fernsehgericht tagt« kennengelernt.[274] Nun mussten sie es noch vom Grußwort *Hi!* unterscheiden, das um 1970 zunächst in Übersetzungen amerikanischer Bücher, Filme und Fernsehserien aufgetaucht war und rasch zur allgemeinen lässigen Formel unter jungen Deutschen wurde.

Auch wenn härtere Drogen noch rar waren, wurde unter Teenagern schon heftig geraucht. Von den vielen Synonymen für die Zigarette war immer noch das schon in den Fünfzigern existierende Wort *Lulle* weithin üblich.[275] Ebenfalls schon einige Jahrzehnte hatte die allgegenwärtige Lobvokabel *astrein* auf dem Buckel. Lange hatte man dieses aus dem Tischlerhandwerk stammende Wort vor allem in negativen Konstruktionen benutzt, die aussagen sollten, das etwas *nicht ganz astrein* war, also nicht makellos oder einfach ein Schwindel. Nun aber war *Astrein!* ein alleinstehender Ausruf des Erstaunens und der Begeisterung.

Du, ich bin gefrustet, obwohl ich mich so sehr eingebracht habe, du

Der Jargon der Betroffenheit

Die Sprache junger Menschen in den Siebzigerjahren wurde durch zwei kulturelle Tendenzen entscheidend geprägt: zum einen durch den Siegeszug der undogmatischen Linken, die sich selbst *Spontis* nannten. Sie glaubten nicht mehr daran, die Revolution mithilfe streng hierarchischer Kaderparteien erreichen zu können – so wie es die Reste der APO in den sogenannten K-Gruppen taten, den oft bis auf die Auslegung von Kommata in der Marx-Engels-Ausgabe verfeindeten kommunistischen Kleinstparteien. Stattdessen hielten die Spontis die Spontaneität der Massen für die eigentliche Triebfeder der Revolution. Diese sollte durch spontane Aktionen angeregt werden. Das konnten ebenso Betriebsbesetzungen und wilde Streiks sein wie Hausbesetzungen. Das *Putztruppe* genannte Schlägerkommando, dem der spätere Außenminister Joschka Fischer in Frankfurt angehörte, war Teil dieser Sponti-Szene; die Frankfurter Stadtzeitschrift »Pflasterstrand« galt als ihr Zentralorgan. Zum anderen entwickelten Teile der sich immer noch als links verstehenden Jugend die Neigung, sich mehr mit sich selbst zu beschäftigen als mit der Weltrevolution. »Jugend« ist hier weiterhin in einem Sinne zu verstehen, der auch die Postadoleszenz umfasst. Wir haben ja gelernt, dass die Jugend seit den Sechzigerjahren immer länger dauerte.

In der Literatur gab es eine Flut von Werken, die sich in einer Form oft autobiografischer Selbsterforschung ergingen, die man unter »Neue Innerlichkeit« oder »Neue Subjektivität« zusammenfasste. Ihnen wurden Autorinnen und Autoren von so unterschiedlicher Qualität wie Karin Struck, Nicolas Born, Peter Schneider oder Peter Handke zugerechnet. Handfester wurde in Urschreisekten, Psychokommunen oder Meditationszentren an der Befreiung des Ichs gearbeitet. Die traurigste Verirrung all dieser Tendenzen bildete in gewisser Hinsicht die von dem österreichischen Künstler Otto Muehl gegründete Kommune »Aktionsanalytische Organisation«. Ihre Mitglieder wollten in brutal-psychoanalytischen Ritualen ihre Charakterpanzerung aufbrechen und sich mental und sexuell von den Verletzungen befreien, die ihnen die Kleinfamilie zugefügt hatte. Das Experiment mündete in einer autoritären Guru-Rolle Muehls und massenhaftem Missbrauch von Minderjährigen und Abhängigen. Das war eine Fortsetzung von Tendenzen, die sich schon in einigen Strömungen der Hippiebewegung abgezeichnet hatten. Die Leitfigur, auf die man sich dabei berief, war der Psychoanalytiker Wilhelm Reich, dessen Werke wie »Die Massenpsychologie des Faschismus« zu Bestsellern wurden. Den Vulgärreichismus dieser Hippies kann man so zusammenfassen: Zu wenig Sex macht dich zum Nazi.

Zwischen Spontis und Psycholinken war nicht immer eindeutig zu unterscheiden. Erst recht war ihr Jargon nicht klar auseinanderzuhalten. Auch die Selbstverwirklicher schrieben fantasievolle Spontisprüche wie »Freiheit für Grönland, weg mit Packeis«, »Ich geh kaputt, kommst du mit?« oder »Du hast keine Chance, aber nutze sie!« an die Klowände ihrer *WGs*. Diese vertrauliche Abkürzung setzte sich in den späten Siebzigerjahren für *Wohngemeinschaft* durch. Die so benannte Form des Zusammenlebens nicht miteinander verwandter Menschen war ursprünglich als eine Art Minikommune gedacht. In einem Programm des SDS (Sozialistischer Deutscher Studentenbund) für linke Mediziner hieß es 1969: »Die effektivste Organisationsform der einzelnen Arbeitsgruppen ist die projektorientierte, aber heterogen zusammengesetzte Wohngemeinschaft, die zugleich von ›psychohygienischer‹ Bedeutung ist für die noch weitgehend in der neurotisierenden gesellschaftlichen Vereinzelung lebenden linken Mediziner.«[276] Bald übertrug sich der Name aber auf jede Wohnung, in der nicht verwandte Menschen zusammenlebten – sei es aus Freundschaft oder um die Miete zu teilen. Die Pointe ist: Das Wort *Wohngemeinschaft* existierte in einem ganz ähnlichen Sinne schon einmal in den frühen Dreißigerjahren. Damals nutzen Kommunisten wie Nationalsozialisten die Bezeichnung für Unterkünfte, in denen Arbeitslose oder Studenten zusammenlebten.

Einig waren sich Spontis und Subjektive darin, dass sie die marxistische Theorievirtuosität der 68er als zu *abgehoben* anödete. Man *blickte* dabei oft nicht mehr *durch* oder *checkte* gar nichts mehr. Wichtiger war es, *sich einzubringen* – ein Begriff für Engagement und Begeisterung, der bewusst nicht so klar ausdrückte, was damit eigentlich gemeint war.

Eine gewisse Unschärfe war ein Grundzug der damaligen Jugendsprache. Begründungen fußten nicht auf Argumenten und Analysen. Lieber spickte man die eigenen Sätze mit Gesprächspartikel wie *eben* und vor allem *halt*, das damals seinen Marsch vom Süden des deutschen Sprachgebietes nach Norden antrat. Diese Einsprengsel sollten das Gesagte als a priori authentisch erscheinen lassen. Zudem sollte die permanent, oft zwei- oder dreimal in einen Satz eingeflochtene vertrauliche Anrede *du* ein gefühlsmäßiges Einverständnis zwischen den sich *abcheckenden* Sprechenden erzeugen. Diese Redeweise parodierte 1985 der Schriftsteller Eckhard Henscheid in seinem sprachkritischen Wörterbuch »Dummdeutsch«: »Du, wenn du meinst, daß du dich da einbringen kannst, du, ich meine kreativ, also ich meine, daß du deine Blockierungen los wirst, du, und deine Staus frei werden, dudu«.[277] Das ist nur mäßig übertrieben. Ich schwöre Stein und Bein: Ich habe solche Sätze tatsächlich gehört! In solchen Gesprächen wurde alles allzu Deutliche durch die Dämpfungsvokabel *irgendwie* abgeschwächt: Man hatte *irgendwie* nicht den *Durchblick* und vor allem war man ständig *irgendwie betroffen*.

Betroffen im Sinne von »seelisch erschüttert« war die Schlüsselvokabel der Epoche: »Die neuere deutsche allgemeine Betroffenheit ist ein Kernstück der neuen deutschen Schwerinnerlichkeit«, schreibt Henscheid 1985 rückblickend.[278] Er hielt den ZDF-Talkmaster Reinhart Hoffmeister für den Geburtshelfer des Ausdrucks. Hoffmeister sei in seiner Sendung »Litera-Tour« Anfang der Siebzigerjahre »buchstäblich von allem und jedem betroffen« gewesen, »von etwelchem neuen Theaterstück, das die Verbrechen der NS-Zeit offenlegte, bis zum hinterletzten trübsinnigen Protestsong wider die Hast der Zeit«. Bald wurde *betroffen* zum inflationär eingesetzten Modewort, zu dessen Wortfeld laut Henscheid auch die häufig gebrauchten Adjektive *sensibel, verletzlich, verwundbar* und *traurig* sowie die Formel *Wut und Trauer* gehörten. Das der psychologischen Literatur entstammende Wort Frustration wurde nun zum infantilen *Frust* verkürzt, woraus dann wieder das Verb *frusten* und *gefrustet sein* entstanden.

Das war die Sprache des *Softies*, jenes Mitte der Siebzigerjahre erstmals so bezeichneten Typus, der sich von dem befreien wollte, was man heute »toxische Männlichkeit« nennt. Ein »Spiegel«-Artikel von 1976 über eine therapeutische Münchner Männergruppe titelt: »Du willst das Patriarchat in dir bekämpfen«.[279] In ihren *Beziehungskisten* wollen die dort diskutierenden Männer neue Wege gehen. Der Journalist nennt sie *Softies* – es ist einer der frühesten Belege für das Wort.

Ein Indiz dafür, dass diese toxische Männlichkeit noch im größten *Softie* lauerte, ist der Aufstieg eines so derb-sexuellen

Wortes wie *geil* zur Lobvokabel. Die Statistiken von »Google-Books« und des »Digitalen Wörterbuchs der deutschen Sprache« zeigen einen starken Anstieg der Worthäufigkeit von *geil* seit etwa 1970. Geradezu inflationär verwendet Svende Merian den Ausdruck in ihrem vulgärfeministischen Bestseller »Der Tod des Märchenprinzen«, der am Ende des Jahrzehnts erschien und eine Fundgrube für den damaligen Alternativjargon darstellt. Das Buch belegt eindringlich, dass das Wort in jüngster Vergangenheit eine Bedeutungsverschiebung durchgemacht hatte. Mindestens seit der Barockzeit stand es für »sexuell haltlos«; daneben konnte es in älterer Sprache und in Dialekten »schnell wachsend (von Pflanzen)« sowie »fröhlich« oder »süß« meinen.[280] Nun aber war man nicht mehr bloß *geil*, sondern man fand etwas *geil* im Sinne von »ausgesprochen erregend«. Merians Buch ist gespickt mit Sätzen wie »Von der Seite vögeln ist geil«, »Ich kann nichts damit anfangen, wenn Arne mir was von ›tierisch geil‹ erzählt«, »Er findet meine Brüste geil«.[281] Hier hat das Wort noch einen eindeutig sexuellen Bezug. Es war aber schon auf dem besten Weg zu seinem heutigen Status als Allerweltsbegeisterungsvokabel, den *geil* dann spätestens seit den Achtzigern innehatte.

Gelesen wurde der Bestseller selbstverständlich auch in Männergruppen wie der oben beschriebenen. Dort erkannte man sich dann im von Merian so treffsicher gezeichneten »Märchenprinzen« wieder – und war natürlich *betroffen*. Vielleicht sogar *wahnsinnig* betroffen, *unheimlich* betroffen, *tierisch* betroffen oder *echt* betroffen, wie die typischen intensivierenden Vorwörter der Zeit lauteten. Betroffensein war einfach *abgefahren* – die höchstmögliche Lobvokabel der nun erstmals so genannten *Szene*, die die Wirkung einer Droge genauso anpreisen konnte wie die Qualität von Rockmusik.

Wie Henscheid schreibt, »steigerte sich die allgemeine und

allseitige Betroffenheit Mitte der 70er Jahre zur Allzweck-Beschwörungsformel. Sie hatte ihre größte Zeit dann vor dem Hintergrund der Anti-Pershing-Proteste und erklomm schließlich ihre Epiphanie am 22.11.1983 im Deutschen Bundestag, als die Fraktion der Grünen zwei Stunden praktisch ununterbrochen ›betroffen‹ war«,[282] denn eine Mehrheit der anderen Parteien stimmte einer Stationierung neuer Atomwaffen zu. Welchen anderen Titel konnte da ein im selben Jahr erschienenes Buch über die Grünen-Mitgründerin Petra Kelly haben als »Politikerin aus Betroffenheit«? Wie *Softie* wurde *betroffen* aber von wacheren Geistern, denen der ganze Kult um die eigene Sensibilität auf den Wecker ging, bald als Spottwort gebraucht. Ausgerechnet das Frankfurter Stadtmagazin »Pflasterstrand«, sozusagen die »Prawda« der Sponti-Szene, prägte das höhnische Wort *Betroffenheitsprosa* für eine bestimmte Sorte Selbstfindungsliteratur, die sich vornehmlich an Frauen richtete.

Würg, ein *Fuzzi!*

Udos Werk und Feuersteins Beitrag: Wie Einzelpersonen die Jugendsprache beeinflussen

Wahrscheinlich hatte kein einzelner Mensch in den Siebzigerjahren so viel Einfluss auf die Sprechweise junger Menschen wie Udo Lindenberg. Der Sänger hat unsere Vorstellung davon, was Jugendsprache ist, geprägt – mit dem Wortwitz seiner Namenserfindungen à la *Bodo Ballermann* oder *Wotan Wahnwitz*, mit dem spielerischen Einbau von Anglizismen wie *rumflippen* oder *ausknocken* in seine ruppige Poesie, mit redensartlichen Neuprägungen wie *das ist auch nicht das Gelbe* (ohne Ei!) und mit der zuvor schon vom Kabarettisten Wolfgang Neuss angewandten Methode, die größten weltpolitischen Verwerfungen auf die Ebene von Kumpelkrächen herunterzubrechen, wofür beispielhaft der Honey-Lederjacken-Song vom »Sonderzug nach Pankow« stehen kann.

Das alles wäre nicht so wirksam gewesen, wenn Lindenberg nicht ein wahrhaft dichterisches Gespür für Klänge und für die illustrative Funktion von Sprache hätte. Beispielhaft mag das eine seiner schönsten Schöpfungen zeigen, das Lied vom traurigen Geiger Rudi Ratlos. Auf die Idee, Fremdwörter unsauber mit deutschen Wörtern zu reimen, war schon Gottfried Benn gekommen, aber ein Reimpaar wie »Der streicht uns grad n' Evergreen / [...] Und ist schon ganz weich in den Knien« hatte man vorher so im Radio noch nicht gehört.

Lindenbergs ganzes Können in nuce offenbart sich in den Zeilen: »Berlin Dreiunddreißig / [...] Da war er der Liebling aller Frauen / Und außerdem Leibmusikalartist / Von Adolf Hitler und Eva Braun«. Es ist der Januskopf der Zeit in einem Satz: »Der Liebling aller Frauen« knüpft an die Seligkeit der Ufa an, aber das Wort *Leibmusikalartist* fasst die schreckliche Verbindung von Bürokratie und Diktatur einzigartig zusammen.

Wie viele von den Signalwörtern der Lindenberg-Sprache tatsächlich seine Neuprägungen sind, müssen irgendwann einmal Doktorarbeiten nachweisen. So hat er die Steigerungsformen *tierisch* oder *geil* in Wirklichkeit nicht allzu oft verwendet. Es gibt aber etliche Begriffe und Wendungen, die man schon jetzt sicher dem Erfindungsgeist des Liedermachers zuschreiben kann. Die Redensart *Keine Panik!* zum Beispiel. Die ist mittlerweile so allgegenwärtig, dass mich einmal ein junges Mädchen, dem ich die Urheberschaft Lindenbergs erläutert hatte, fragte: »Echt? Was hat man denn vorher gesagt?«

Genauso ist Lindenberg dafür verantwortlich, dass umgangssprachlich jemand, der etwas kontrolliert, *Controlletti* genannt wird. Johnny Controlletti ist der Held eines Mafia-Songs auf der Langspielplatte »Ball pompös«, und schon wenige Jahre nach der Veröffentlichung 1974 hießen bei allen deutschen Schulkindern Fahrkartenkontrolleurinnen und -kontrolleure *Controlletis*.

Mit ziemlicher Sicherheit geht auch der *Fuzzi* auf Lindenberg zurück. Zwar leitet der Duden die Herkunft des Wortes von der »gleichnamigen Gestalt einer amerikanischen Wildwestfilmserie« ab.[283] Gemeint ist hier Fuzzy Q. Jones, der von 1937 bis Anfang der Fünfzigerjahre von dem Schauspieler Al St. John in mehr als 80 Billigwestern verkörpert wurde. Dort ist Fuzzy ein schräger Alter, der meist als komischer Nebenmann zusammen mit einem konventionellen Helden auftritt. Doch es gibt ein Problem mit der Duden-Erklärung. Die Fuzzy-Filme kamen so gut wie nie in deutsche Kinos. Bekannt wurde die Figur hierzulande erst durch die Fernsehserie »Western von gestern«. Diese von dem großen Westernexperten Joe Hembus konzipierte Reihe wurde im ZDF-Vorabendprogramm ausgestrahlt und hatte Einschaltquoten, die heute nicht nur wegen der größeren Sendervielfalt niemand mehr erreicht. Rein zeitlich kann die Serie allerdings nicht für den *Fuzzi* verantwortlich sein. Sie lief nämlich erst von 1978 an, aber das Wort ist älter. Es taucht schon 1974 sehr prominent in einem Lied von Udo Lindenberg auf. Auf der Langspielplatte »Ball Pompös« gibt es einen Song namens »Cowboy Rocker«. Darin sagt der Titelheld zur Rockerbraut, die er liebt: »Hey Baby, steig auf, lass uns nach Las Vegas, die Sonne putzen!« Sie antwortet: »Willst du mich anmachen oder was ist hier los, Alter? Das einzig Starke an dir ist deine Moto Guzzi, aber sonst bist du ja so ein Fuzzi!« Im Lied ist diese Szene wie ein kleines Dramolett eingebaut, das vom jungen Otto Waalkes und der Sängerin Inga Rumpf gesprochen wird.

»Ball Pompös« ist die beste Platte, die Udo Lindenberg je gemacht hat, und sicher eine seiner meistverkauften. Jugendliche Mitte der Siebzigerjahre konnten sie oft komplett auswendig. Hunderttausende von ihnen kannten und nutzten also das Wort *Fuzzi*, bevor es angeblich durch den Fuzzy aus »Western von gestern« bekannt wurde.

Im Wiktionary-Artikel zu *Fuzzi* gibt es einen Diskussionsbeitrag, demzufolge das Wort möglicherweise auf das plattdeutsche Adjektiv *fussig*, »schwammartig, sumpfig, nass«, zurückzuführen sein könnte. Im »Plattdeutschen Wörterbuch« von Otto Buurman ist *fussig* an verschiedenen Stellen mit der Bedeutung »fetzig, in Fetzen zerfallend« sowie »weich, schlaff« verzeichnet.[284] Unklar ist, wie sich aus all dem das Substantiv *Fuzzi* abgeleitet haben soll, das vom Duden außerdem als Suffix *-fuzzi* verzeichnet ist und in zahlreichen Zusammensetzungen wie *Schlagerfuzzi*, *Werbefuzzi* und *Ökofuzzi* erscheint. Für die Herkunft aus norddeutschen Mundarten spricht allerdings, dass alle Beteiligten an dem kleinen Liebesdrama auf »Ball Pompös« Norddeutsche sind. Udo Lindenberg stammt sogar aus Gronau in Westfalen, das an der holländischen Grenze im Bezirk Münster liegt.

Vielleicht war *Fuzzi* tatsächlich erst ein dialektnahes Wort der regionalen Umgangssprache, das dann durch Lindenberg in die überregionale Jugendsprache eingeführt und schließlich durch die Figur des Fuzzy in »Western von gestern« noch bekannter wurde. Vielleicht kannte Lindenberg die Figur des Fuzzy aber auch früher als alle anderen – immerhin schreibt er selbst auf dem Cover des Albums das Wort mit einem Ypsilon am Ende. Und der Cowboy-Rocker kommt im besagten Lied gerade aus dem Kino, wo er einen Westernfilm gesehen hat – allerdings nicht mit Fuzzy, sondern mit Charles Bronson. So kompliziert ist das manchmal mit der Karriere von Wörtern.

Etwas nachvollziehbarer ist dagegen der Einfluss eines Mannes auf die deutsche Jugendsprache, der eher im Verborgenen wirkte: Herbert Feuerstein, der erst im fortgeschrittenen Alter zusammen mit Harald Schmidt eine große Fernsehbekanntschaft erreichte, hatte zuvor fast 20 Jahre lang als Chefredakteur das deutsche »MAD«-Magazin geleitet. In harter redaktioneller Arbeit übersetzte Feuerstein die amerikanischen Beiträge in ein ganz eigenes Deutsch. Zudem bestellte er für das Satireheft, das auf ein Publikum von Jungen und jüngeren Männern zielte, eigenständige Beiträge von deutschen Zeichnern wie Rolf Trautmann, Ivica Astalos und Dieter Stein.

Feuerstein, von dem Dieter Stein sagt, dass bei den MAD-Texten sprachlich »kein Komma« an ihm vorbeigegangen sei,[285] erfand selbst einige Wörter, die über den Jugendjargon in die allgemeine Umgangssprache eingeflossen sind. Bevor er Chefredakteur des MAD-Magazins wurde, bearbeitete man dort Beiträge, die aus dem amerikanischen Original übernommen wurden, nur minimal. Wenn in den Zeichnungen das Lautwort *Crash!* stand, blieb es so stehen, Texte wurden nur grob übersetzt. Das änderte sich bald nach Feuersteins Amtsantritt. In einem Interview mit der »Titanic« sagt er 1995: »Ich hatte mir das Ziel gesetzt, aus MAD so weit wie möglich eine deutsche Zeitung zu machen. [...] Meine MAD-Grabinschrift soll verkünden, daß ich bestimmte Teenager-Onomatopöien erfunden habe wie ›lechz, hechel, ächz, würg‹. Mitte der Siebziger experimentierte ich damit, und ich hab' dann den Stil schnell gefunden.«[286]

Feuersteins Experimente zeigen bis heute Nachwirkungen auf die allgemeine deutsche Sprache und längst nicht mehr nur die der Teenager. Vor allem *Würg!* mit Ausrufungszeichen ist bei den dauerempörten Usern sozialer Medien als sprachliches Äquivalent zum Kotz-Emoji präsenter denn je. Als Herbert

Feuerstein im Oktober 2020 starb, konnte es der »Spiegel«-Redakteur Stefan Kuzmany wagen, seinen Nachruf mit einer Ein-Wort-Überschrift zu krönen: »Würg«.

Null Bock und trotzdem *aufgegeilt*

Ein kurzer Spaziergang auf dem Flickenteppich der 80er-Jugendsprachen

Spätestens in den Achtzigerjahren wurde es unmöglich, von der Jugend im Allgemeinen zu sprechen, wenn man sie charakterisieren wollte. Schon in den Fünfzigern hatten sich ja bedeutsame Unterschiede nicht zuletzt auf sprachlicher Ebene zwischen Exis und Rockern gezeigt. Doch drei Jahrzehnte später gab es für Jugendliche auf der Suche nach einem Gruppengefühl Angebote in einer zuvor nie gekannten Vielfalt. Der Jugendsprachenforscher Edgar Lapp erklärt 1989: »Es existieren nun nebeneinander Gruppen wie Punks, Rocker, Popper, Juppies, Skinheads, Alternative, Ökos und viele andere mehr.«[287] Aus eigener Erinnerung kann ich ergänzen: Es gab außerdem noch *Teds* (Abkürzung von *Teddyboys*, Rock-'n'-Roll-Fans, die sich im Fünfzigerjahre-Stil kleideten), *Rockabillys* (die eine Mischform aus Punk und Rock 'n' Roll hörten und deren Kleidung ebenfalls Elemente beider Stile vereinte), Fans der Discomusik, *Waver* (die die sich aus dem Punk entwickelnde New-Wave-Musik hörten) und die ersten ausschließlich schwarz gekleideten *Gothics* – dieses Wort benutzte damals aber noch kaum jemand, man sprach von *Posties* (weil die entsprechend Musik Postpunk genannt wurde) oder *Gruftis*. Weiterhin existierten noch *Hippies*, also Langhaarige, die sich für Drogen, Musik und Sex interessierten, aber mit Politik und Müsli nicht so viel am Hut hatten wie die *Alternativen*. Diese Resthippies nannte man aber seit etwa 1980 verwirrenderweise *Freaks*. Und vor allem gab es immer noch massenhaft mehr oder weniger brave Jugendliche, die keiner der genannten Gruppen angehörten. Sie trugen Flanellhemden, schlecht sitzende Jeans und Topffrisuren und bereiteten sich beispielweise an meiner Alma Mater, der Technischen Universität Braunschweig, zu Tausenden durch Studiengänge wie Maschinenbau und Elektrotechnik auf eine bürgerliche Karriere vor. Doch selbst sie verwendeten selbstverständlich Jugendsprache.

Zwischen den Gruppen gab es manchmal Verständigungsschwierigkeiten. Dass ein Skinheadmädchen *Renee* genannt wurde, wusste außerhalb der sehr kleinen entsprechenden Szene keiner. Und wer den Plural *Punker* statt *Punks* gebrauchte, verriet sich damit sofort den Insidern als ahnungsloser Außenseiter. Alternative Sprachmarotten wie das Wort *betroffen* oder das *Du*-Dauerfeuer galten bei Punks und Wavern als extrem *uncool*. Und das wollte nun wirklich niemand sein in den Achtzigern! Das schon länger versteckt im Jugendwortschatz schlummernde, aus dem Englischen entlehnte Adjektiv *cool* wurde in den Achtzigern zu dem Mode- und Allerweltswort, das es bis heute geblieben ist. Cool zu sein, sich Verhaltenslehren der Kälte und Entemotionalisierung angeeignet zu haben und diese zur Schau zu stellen, galt bei Punks, Wavern, Gothics und Poppern, also allen Jugendgruppen, die sich von der Sensibilität der Hippies, Spontis, Softies und Alternativen abgrenzen wollten, als höchst erstrebenswert.

Dennoch wurde die Mehrzahl der Elemente der Achtzigerjugendsprache natürlich von allen genannten Gruppen gleichermaßen genutzt. Sie alle verwendeten beispielsweise das schon seit den Siebzigern inflationäre, sexuell konnotierte Adjektiv *geil* als neutrale Lob- und Begeisterungsvokabel. Wie alltäglich der Ausdruck mittlerweile geworden war, bewies der Erfolg des britischen Popduos Bruce & Bongo 1986 mit ihrem Hit »Geil«, in dem unter anderem Discjockeys, Affen und Boris Becker als »geil« besungen werden. Soweit ich mich erinnere, gab es keinen deutschen Radiosender, der sich weigerte, das Lied zu spielen.

Rund um *geil* war mittlerweile eine ganze Wortgruppe entstanden. Mit Hilfe von Vorsilben wurden die Verben *aufgeilen*, *abgeilen* und *angeilen* gebildet. Diese »Vorsilbentechnik«, mit der aus einem primären Verbstamm durch das Davorsetzen von Präpositionen und Adverbien unterschiedliche Wörter mit teilweise ganz entgegengesetzten Bedeutungen geschaffen werden, hatte sich im Laufe der Siebzigerjahre in der Jugendsprache etabliert und ist bis heute produktiv. Beispiele aus der zeitgenössischen Fachliteratur, die ich hier um eigene Erinnerungen ergänze, sind *antörnen/anturnen, abtörnen/abturnen, antesten, austesten, durchhängen, rumhängen, abnerven, rumnerven, angraben, anbaggern, rumstressen, etwas draufhaben* und *draufsein*. Nach ähnlichem Muster entstanden in den Achtzigern aus dem einfachen *geil* die Adjektive *affengeil, turbogeil* und *endgeil*. Von einigen Zeitgenossinnen und -genossen wurde das als sprachliche Verarmung oder »Zusammenraffung der Sprachmittel« empfunden, weil sich so mit einem geringen Grundwortschatz auf einfachste Weise vielfältige Phänomene bezeichnen ließen.[288] Man konnte dann sogar zwei verschiedene Präpositionen und Adverbien miteinander kombinieren und sich beispielsweise *an etwas aufgeilen* oder *auf etwas abfahren*.

Abfahren war in der Bedeutung »emotional bewegt werden« ohnehin eines der wichtigsten Jugendwörter der Siebziger- und Achtzigerjahre. Meist war *auf etwas abfahren* lobend gemeint genauso wie das Adjektiv *abgefahren* – letzteres möglicherweise eine sich am Klang des Originals orientierende

Lehnübersetzung des englischen Hippieausdrucks *far-out*, »ungewöhnlich, toll«. Aber *abfahren* konnte auch eine eher unerwünschte Gefühlsregung bezeichnen, wie 1976 in der Zeitung »Die Zeit« in einem Text über die Autobiografie des »Rote Zellen«-Terroristen Bommi Baumann nachzulesen ist: »Baumann erzählt in einer Mischung aus Berlinerisch, Soziologisch und Hippie-Jargon (über den Tod von Benno Ohnesorg: ›... das hat mir echt einen irrsinnigen Flash denn gegeben, da ist in mir fürchterlich was abgefahren‹) aus seinem labilen Leben«.[289] Das Zitat ist übrigens ein interessanter Beleg für die Wandlung des Ausdrucks *Flash*, der ursprünglich eine reine Drogenerfahrung bezeichnet hatte, zum Wort für eine allgemeine psychische Bewegung. Daraus wurde dann die Redensart *das hat mich (total) geflasht* gebildet.

Ähnlich *geflasht* waren in den Achtzigern Wissenschaft und Verlagswesen von der Jugendsprache. In diesem Jahrzehnt erschien nicht nur die erste große wissenschaftliche Monografie über »Jugend und ihre Sprache« des hier schon mehrfach erwähnten Helmut Henne. Auch andere Autorinnen und Autoren wie die uns ebenfalls schon bekannte Eva Neuland begannen mit ihren Studien zum Jargon von Jugendlichen. Zudem wurde die Jugendsprache erstmalig in großem Maßstab kommerziell ausgeschlachtet, was sich bis heute fortsetzt. Der 1980 gegründete Eichborn Verlag schuf sich eine solide finanzielle Grundlage für seine spätere Hinwendung zu höherer Literatur durch den Riesenerfolg einer ganzen Reihe von Sammelbänden über »Sponti-Sprüche« mit Titeln wie »Ich geh kaputt. Gehst du mit?«, »Es wird Zeit, daß wir lieben«, »Nimm's leicht, nimm mich«, »Ohne Dings kein Bums« oder »Lieber intim als in petto«. Und das 1983 veröffentliche Lexikon »Laß uns mal 'ne Schnecke angraben« des Psychologen Claus Peter Müller-Thurau wurde zu einem Best- und Longseller, der viele Nachahmer fand.

Solche Wörterbücher werden in der Forschung zu Sprachgeschichte und Jugendsprache aus gutem Grund mit äußerster Skepsis betrachtet. Doch traf auf Müller-Thuraus Buch zu, was schon 1962 für »Steiler Zahn und Zickendraht« gegolten hatte: Obwohl natürlich kein einzelner Teenager jemals alle darin verzeichneten Wörter benutzte und manche davon vielen jungen Leuten unbekannt waren, müssen sie doch irgendwo in Gebrauch gewesen sein. Andernfalls wären sie wohl kaum im Laufe der folgenden Jahrzehnte ganz selbstverständlicher Bestandteil der allgemeinen Umgangssprache geworden. Das Wort *angraben* etwa aus dem Titel von Müller-Thuraus Buch wirkte 1983 auf viele Leserinnen und Leser sicher noch wie ein möglicherweise erfundener Exotismus, doch heute, knapp vier Jahrzehnte später, kennen es alle.

Thuraus Wörterbuch verzeichnet sehr viele Einträge, die zum Zeitpunkt seines Erscheinens schon veraltet waren und aus älteren Jugendsprache-Lexika stammten. Brandaktuell war 1983 aber der Eintrag *Null Bock*. Seine Bedeutung wird nicht erklärt, sondern als bekannt vorausgesetzt. Der Autor führt aus: »Null Bock gehört als Definitionsmerkmal der jungen Generation zweifellos zu den Wörtern, die Karriere gemacht haben.« Bereits ein Jahr zuvor berichtete »Die Zeit« über einen bildungspolitischen Skandal in Niedersachsen: »Es gibt Leute, die empören sich über die No-Future- und Null-Bock-Generation. Es sind manchmal dieselben Leute, die dafür sorgen, daß die junge Generation keine Zukunft hat.«[290] Das Schlagwort unterstellte der damaligen Jugend, sie sei desinteressiert und schlaff. Noch 1999 definiert der »Duden«: »Generation von Jugendlichen (besonders der Achtzigerjahre), die durch Unlust und völliges Desinteresse (›null Bock‹) gekennzeichnet ist«. *Null Bock* im Sinne von »keine Lust« gehört wie *Nullchecker* (ahnungsloser Mensch), *null Ahnung* (keine Ahnung) oder *er blickt null* (er versteht nichts) zu den für die Jugendsprache um 1980 typischen Prägungen mit *null*. In einem Artikel, in dem »Die Zeit« 1981 einen Hamburger Punk zu Wort kommen ließ, äußerte dieser sein Befremden über vermeintlich normale junge Männer, die gerne beim Krawall der Punks mitmischten: »Und dann kamen auch so Schläger-Heinzis aus anderen Stadtteilen an; Heinzis sind so Leute, mit denen ein Punk nichts zu tun haben will, Typen, deren Lebensbedürfnisbefriedigung oder wie das heißt darin besteht, daß sie jeden Tag zu Karstadt laufen und sich neue Klamotten kaufen und dafür dann jeden Tag zur Maloche rennen, obwohl sie null Bock darauf haben.«[291] So ein *Heinzi* hatte dann vermutlich eine Freundin, die eine *Tussi* war.

Glanz und Elend der *Tussi*
Eine Germanenprinzessin in der deutschen Jugendsprache

Die Entstehung des Wortes *Tussi* wird gemeinhin mit Heinrich von Kleist in Verbindung gebracht. Erst durch generationenlange Schullektüre von Kleists »Die Hermannsschlacht« sei *Thusnelda*, der für moderne Ohren gespreizt und komisch klingende Name der Gattin des germanischen Heerführers Hermann, zum Schimpfwort geworden. In der Folge habe man das Wort dann zu *Tussi* verkürzt. Das ist nicht wirklich falsch, muss aber eingeschränkt werden. Denn als das Wort *Tussi* aufkam, war Kleists Stück nahezu in Vergessenheit geraten und stand auf keinem Lehrplan mehr. Erst Claus Peymanns epochale Theaterinszenierung am Bochumer Schauspielhaus 1982 brachte es wieder ins Bewusstsein zurück, doch da war der Ausdruck *Tussi* für eine Frau schon ein paar Jahre alt.

Wahr ist, dass »Die Hermannsschlacht« im deutschen Kaiserreich und noch viel häufiger im Nationalsozialismus vor allem zu Propagandazwecken gespielt wurde. So wie der von den Römern Arminius genannte Germanenfürst die Besatzer mit List, Tücke und Gewalt aus dem Lande getrieben hatte, so sollten die Deutschen im Ersten bzw. Zweiten Weltkrieg eine Welt von Feinden überwinden. Kleist selbst hatte das Drama 1808 niedergeschrieben, um seine Landsleute zum Kampf gegen Napoleon anzustacheln.

Nie wurde die »Hermannsschlacht« häufiger gespielt als zur NS-Zeit. Allein für die Theatersaison 1933/34 zählte man 146 Aufführungen. Und der Präsident der Reichstheaterkammer tönte 1936: »Das wichtigste und heiligste Vermächtnis, das uns Kleist hinterlassen hat, ist der Anspruch, den Lebensinteressen des gesamten Volkes zu dienen.«[292] Angesichts der faschistischen Schwülstigkeit wirkte die Neudeutung des Namens *Thusnelda* für eine banale Frauensperson wie ein kleiner Akt ironischen Widerstands.

Greifbar wird das Wort *Thusnelda* im Sinne von »Braut, etwas einfältige Geliebte« in den Fünfzigerjahren, als die Generation, die zur Hitlerzeit die Schule besucht hatte, das Bücherschreiben begann. Martin Walser ließ 1960 in seinem Roman »Halbzeit« eine Figur sagen: »Ja, ja, der gute Josef-Heinrich, der fährt jetzt mit seiner neuen Thusnelda im sündigen Süden herum, und wir Dösköppe arbeiten uns krumm.«[293] Als witzig und irgendwie untauglich für echte Frauen galt der Name *Thusnelda* aber schon lange vor dem Nationalsozialismus. Zum Beispiel taucht im Jahr 1892 in einer Glosse im »Berliner Börsen-Courier« eine Dogge namens Thusnelda auf,[294] und auch in Lion Feuchtwangers Roman »Erfolg« von 1927/30 trägt eine Dogge diesen Namen.

In den Siebzigerjahren wurde dann der zum Gattungsbegriff gewordene Ausdruck *Thusnelda* zu *Tussi* verkürzt. Solche infantilen Bildungen auf *-i* waren in jenem Jahrzehnt ein wichtiges Merkmal der Jugendsprache. Bei den *Spontis*, den *Softies* und anderen wurde der Molotowcocktail zum *Molli*, das Flugblatt zum *Flugi*, der Student zum *Studi*, der Assistent zum *Assi* und der Chauvinist schrumpfte zum *Chauvi*. In West-Berlin nannte man Westdeutsche *Wessis*, und ein *Zivi* konnte sowohl ein Zivildienstleistender als auch ein Zivilfahnder der Polizei sein. Nach diesem Muster wurde nun die ohnehin schon ihrer altgermanischen Heldinnengröße beraubte *Thusnelda* noch weiter zur *Tussi* verkleinert.

Das Wort konnte zunächst relativ neutral gebraucht werden. In Hennes Buch über Jugendsprache, für das er Schülerinnen und Schülern Fragebögen vorgelegt hatte, steht es weit vorne bei den Ausdrücken für »Mädchen, Freundin«[295] Aber es war zu diesem Zeitpunkt schon abwertend im heutigen Sinne gebräuchlich: »Mädchen oder Frau, das bzw. die besonderen Wert auf ihr äußeres, auffällig gestyltes Erscheinungsbild legt und dadurch affektiert und oberflächlich wirkt«, wie das Digitale Wörterbuch der deutschen Sprache definiert. In einem Cartoon der Zeichnerin Franziska Becker reagieren Feministinnen in einem Frauenzentrum auf eine neue Besucherin ausgesprochen stutenbissig: »Wer is'n die aufgemotzte Tussi?«[296]

Von da an begann *Tussi* seine große Karriere, die rasch in die allgemeine Umgangssprache führte. Die Gebrauchshäufigkeit, die man anhand großer elektronischer Textkorpora nachverfolgen kann, stieg seit den frühen Achtzigern an, erreichte in den frühen Nullerjahren einen Höhepunkt und hält sich seitdem auf diesem Gipfelniveau. *Tussi* ist vermutlich das erfolgreichste Jugendwort der vergangenen Jahrzehnte – wenn man den Erfolg daran misst, dass der Ausdruck sich lange hält und irgendwann sogar von Erwachsenen ganz selbstverständlich gebraucht wird, ohne dass Jugendliche das noch als anbiedernd und unpassend empfinden. Deshalb hat sich *Tussi* dieses eigene Kapitel mehr als verdient.

Alles hat ein Ende, nur das *urst* hat zwei
Jugendsprache in der DDR

Gammler gab es auch in der DDR. Jedenfalls sahen das die SED, die Stasi und die Volkspolizei so. Seit Mitte der Sechzigerjahre bezeichneten sie alle möglichen Jugendlichen als *Gammler*, die die Haare etwas länger trugen und westliche Rockmusik hörten. Im Jahr 1966 berichtet die Berliner Stasi von einer Razzia gegen die »Konzentration sogenannter ›Gammler‹ und ›Beat-Anhänger‹ in der Umgebung des S-Bahnhofes Berlin-Schönhauser Allee«.[297] Man fotografierte die Verhafteten und nahm ihnen Gegenstände ab, die in der Asservatenkammer landeten: »Festgestellte faschistische Orden u. a. Erkennungszeichen, den Jugendlichen dieser Konzentration abgenommen, – ferner ein Handschutz, welcher als Schlagwerkzeug dienen sollte.« Die Fotos in den Akten zeigen eine Art Orden in Form eines Eisernen Kreuzes mit der Inschrift »1914 1918«, eine Plakette mit dem eingeprägten Namen der Gruppe »Rolling Stones« und einen primitiven selbst geschmiedeten Schlagring aus Blech. Die Jungen und Mädchen trieben sich, wie die Stasi beobachtet hatte, nachmittags und abends vor den Kinos »Scala« und »Colosseum« an der Schönhauser Allee herum. Auf den Überwachungsbildern sieht man junge Burschen mit sehr gemäßigten Beatles-Pilzköpfen und junge Mädchen mit Miniröcken.

Wie diese jungen Leute redeten, ist nicht überliefert – auch nicht von der Stasi. Sehr wahrscheinlich galt für sie schon, was der ostdeutsche Anglist Martin Lehnert in seinem Buch »Anglo-Amerikanisches im Sprachgebrauch der DDR« schreibt:

> »Seit den 50er Jahren folgten Jugendliche in aller Welt, so auch in der DDR, in ihrem Erscheinungsbild und ihrer Sprache immer stärker der amerikanischen Jugend. [...] Mit solcher von Anglo-Amerikanismen durchsetzten Jugendsprache will sich die heranwachsende Generation eigene Ausdrucksmöglichkeiten schaffen und sich damit zugleich von den Älteren abgrenzen. [...] Ihre den Älteren fremdartig bis unverständlich erscheinende modisch-saloppe anglo-amerikanische Ausdrucksweise bereitet den Jugendlichen ein zusätzliches Vergnügen. [...] Verwunderlich ist, daß bei der Übernahme von Anglo-Amerikanismen in die deutsche Sprache der DDR englische Sprachkenntnisse keine unbedingte Voraussetzung sind. Bekanntlich ist Russisch in der DDR die obligatorische erste Fremdsprache in den Schulen. Englisch wird – abgesehen von den Schulen mit erweitertem Sprachunterricht – nur mit wenigen Wochenstunden von der 7. Klasse an fakultativ unterrichtet.«[298]

Allerdings vollendete Lehnert sein Buch erst kurz vor der Wiedervereinigung, als in Ost und West die Anglifizierung der Jugendsprachen schon ziemlich weit fortgeschritten war. Genauso stammen die Beispiele, die er meist aus Sprachglossen, Karikaturen und Leserbriefen an die einzige Boulevardzeitung der DDR, die Berliner »BZ am Abend«, zitierte, aus den Achtzigerjahren: *clever, softy, happy, kuul, high, Streß*. Für die DDR-Gammler von 1966 dürfen wir annehmen, dass sich ihr Gebrauch von Anglizismen noch in Grenzen hielt – so wie bei ihren Brüdern und Schwestern im Geiste aus dem Englischen Garten in München.

Unfreiwillig komisch ist, wie Lehnert, Lehrstuhlinhaber

für Anglistik an der Berliner Humboldt-Universität und langjähriger Vorsitzender der Weimarer Shakespeare-Gesellschaft, einige jugendliche Redensarten als Lehnübersetzungen englischer Vorbilder interpretierte, die garantiert nicht aus dem Englischen stammen: Das Adjektiv *schau* (»toll, sehr gut«) etwa leitet er von *That's a show* ab. Tatsächlich war es aber, wie wir gelernt haben, schon in den frühen Sechzigerjahren in der gesamtdeutschen Jugendsprache gängig. *Er wird sauer* hält Lehnert für eine Lehnübersetzung von *he turns sour* und *ein Faß aufmachen* führt er auf *to make a fuss of* zurück. Die Lobvokabel *mächtig* in Formulierungen wie *mächtig stark* (»sehr gut«) soll nach dem Muster von englisch *mighty* gebildet sein. Ich glaube eher, dass im Fall von *mächtig* die Beliebtheit mit der dänischen Filmreihe »Die Olsenbande« zusammenhing, die im DDR-Fernsehen lief und deren Mitglieder ihren Chef immer mit »Mächtig gewaltig, Egon!« loben.

Interessanter als Anglizismen und abseitige Spekulationen über ihre Bildung sind die Besonderheiten, durch die sich die DDR-Jugendsprache von der des Westens unterschied. Das im Westen berühmteste Beispiel ist das Steigerungs-Adjektiv *urst* als Ausdruck höchster Vollendung. Lehnert führt eine Karikatur aus der »BZ am Abend« an, deren Schöpfer sich bemüht, aktuelles Jugenddeutsch zu imitieren. Darauf sieht man eine Statue der »nackten Jungfrau Carmen« und einen Oberschüler aus der 12a, der die so dargestellte Klassenkameradin vergeblich zum Tanz aufgefordert hat: »Obwohl der erfahrene Klassen-Eros die Aktion urst clever und softy anging, blieb Carmen trotz enger Love Tour hart. Und das beim gewaltigen Hi-Fi-Sound der Gruppe Cow Drivers. Mächtig stark von Carmen.«[299]

Im Leipziger Duden wird *urst* erstmals 1983 aufgeführt und ausdrücklich als der DDR-Jugendsprache zugehörig bezeichnet. Der West-Duden nimmt den Begriff 1991 auf, in der ersten Ausgabe nach der Wiedervereinigung, mit dem Hinweis »regional« und der Erklärung, es sei umgangssprachlich und bedeute »großartig, sehr schön‹«. Seine Verbreitung blieb jedoch immer auf Ostdeutschland beschränkt. Nach der Wende wurde *urst* von sprachlich arroganten Wessis als Kuriosität bestaunt: Hatten sich die Ossis doch tatsächlich angemaßt, eigene jugendsprachliche Vokabeln zu erfinden! Der ironische Gebrauch von *urst* war ein paar Jahre lang richtiggehend in Mode, selbst bei Westdeutschen. Mittlerweile gilt es aber sogar im Osten als veraltet. Ein Ost-Berliner Kollege versicherte mir, dass man *urst* vielleicht noch in Sachsen benutze, aber in Berlin sage das keiner mehr, schon gar kein Jugendlicher. Das ist ein klares Todesurteil, denn kein Berliner würde sich jemals dabei erwischen lassen, so zu reden wie ein Sachse. Dies galt schon zu Zeiten der DDR: Wie der Germanist und Sprachwissenschaftler Jürgen Beneke nachwies, war dezidiert Berlinisch zu sprechen gerade unter Jugendlichen ein Mittel zur Bildung einer Gruppenidentität, in der man sich nicht nur von Hochdeutsch sprechenden Erwachsenen abgrenzte, sondern ebenso von der sächsisch dominierten offiziellen Politik.[300]

Benekes Werk erschien erst 1989 kurz vor dem Ende der DDR. Das war kein Zufall, denn die germanistische Untersuchung von Jugendsprache war in der DDR lange durch ein Parteidogma behindert. Diesem zufolge differenzierte sich die Gesellschaft viel stärker durch Klassen- als durch Altersunterschiede. Es gebe junge Arbeiter und junge Bourgeois, aber keine alle Klassen übergreifende Jugend an sich mit einer gemeinsamen Sprache: »So war die Existenz eigener jugendsprachlicher Praktiken mit dem Klassenverständnis der marxistisch-leninistischen Weltordnung schlichtweg nicht vereinbar.«[301]

Ein anderes, besonders ertragreiches Wörterbuch der DDR-Jugendsprache wurde ebenfalls erst kurz vor der Abwicklung des Staats veröffentlicht.[302] Beim Durchblättern könnte man den Eindruck gewinnen, es habe womöglich noch ein weiteres viel genutztes Jugendwort gegeben, das exklusiv im deutschen Osten gebraucht wurde: *Wuhling*. In einem Dialog zu Beginn des Werks, mit dem die Verfasserin Margot Heinemann, Linguistikprofessorin in Leipzig, Jugendsprache illustrieren will, fragt ein Junge den anderen: »Gehste heute zu der Anmache.« »Nee, da ist mir zuviel Wuhling.«[303] Im Wörterbuchteil wird *Wuhling* erklärt als »Gedränge« und »Unruhe«. Ein zweites *urst*, also ein Jugendwort, das nur in der DDR gebräuchlich war? Doch die heiße Spur täuscht. *Wuhling* war in den Siebzigerjahren offenbar auch in verschiedenen westdeutschen regionalen Umgangssprachen von Hamburg bis Nordhessen im Sinne von »Unordnung« in Gebrauch. Es kommt wohl von *wühlen* und *Gewühl* und bezeichnet in der Seemannssprache schlecht aufgerolltes, durcheinander geratenes Tauwerk. Es ist leicht vorstellbar, wie es von da zur Bedeutung »Gedränge, Unordnung« kam.

Auch die restlichen Beispiele sind Belege dafür, dass die Jugendsprache zu diesem Zeitpunkt schon weitgehend gesamtdeutsch war: die *Tussi* steht im DDR-Lexikon ebenso wie *logo* (»logisch, selbstverständlich«), *nicht ganz echt sein*, *echt* (als inflationär gebrauchtes Steigerungswort), *ein Rad abhaben*, *Fete*, *abfahren auf etwas*, *antörnen*, *ausrasten*, *ausflippen*, *Bock haben*, *null Bock*, *bongen* (»verstehen«), *verklickern* (»erklären«), *affengeil*, *affenstark* oder *fetzen*. Dazwischen finden sich dann immer wieder Wörter und Wendungen, die im Westen zumindest nicht allgemein gebräuchlich waren, etwa die sehr dialektal anmutenden Ausdrücke *Leutschers* (»Leute«) und *Mecke* (»Frisur«) oder die Wendung *sich keine Waffel* (»Sorgen«) *machen*. Landestypisch war ferner der Ausdruck *Käthe* für eine Frau. Manche Wörter hatten eine andere Bedeutung als im Westen.

Mit *Joint* meinte man in der DDR offenbar eine normale Zigarette. Der *Stoff* konnte Geld oder ein Getränk bezeichnen. Die Autorin erklärt das damit, dass westliche »immer wiederkehrende Reizwörter als sehr eingängig von den Jugendlichen in der DDR zwar übernommen, aber mit neuen, den gesellschaftlichen Realitäten entsprechenden Inhalten versehen werden.« So meinte *Tramper* in der DDR etwas anderes als im Westen: Die Linguistin Heinemann erklärt es mit »Benennung für eine Person (meist Jungen), die relativ salopp und sportlich auftritt«.

Interessant sind zudem jugendsprachliche Versatzstücke, die aus westlicher Unterhaltungskultur stammten. Ein Beispiel für diese Art von kultureller Aneignung ist die Wendung *fix und foxi sein* (»erschöpft sein«) – ein Wortspiel mit den westdeutschen Comicfiguren Fix und Foxi. Hierzu gehört auch *Ägypten?* als »stereotype Antwort auf eine Frage, die man nicht beantworten will«. Nicht immer erschließen sich der Leipziger Professorin Heinemann die genauen Wege eines solchen Kulturtransfers. Sie scheint nicht zu wissen, dass *Ägypten?* aus einem berühmten Sketch des Komikers Otto Waalkes von 1979 kommt, in dem eine ziemlich dämliche Frau Suhrbier auf die Frage eines Quizmasters nach der Jahreszeit, die im Lied »Kling Glöckchen, kling« besungen wird, antwortet: »Ägypten?«. Damals ließ sich so etwas noch nicht innerhalb weniger Sekunden googeln.

Die Textbeispiele in Margot Heinemann Buch stammen teilweise aus der Literatur, sind also keine allzu verlässlichen Zeugnisse für authentischen Jugend-Sprachgebrauch. Das gilt ebenso für Ulrich Plenzdorfs »Die neuen Leiden des jungen W.« wie für Rolf Schneiders »Die Reise nach Jaroslaw«. Letzteres ist ein zu Unrecht vergessener Roman über ein junges Mädchen, das für einige Wochen aus seiner DDR-Intellektuellenfamilie im Plattenbau ausbricht, um als Tramperin in Polen die Heimat ihrer geliebten Oma zu suchen. Aus dem Buch zitiert Heinemann eine Passage über die Eltern der Protagonistin:

> »*Ich komme hier nicht drum herum, fünf Worte über die Greise zu sagen. Mein Greis ist ein dürrer Typ mit Halbglatze und vierzig. [...] Bis vor einem Jahr hätte ich gesagt, der Greis ist nicht umwerfend, aber er ist in Ordnung, Tatsache. Wahrscheinlich hätte ich vor einem Jahr auch dasselbe von der Greisin gesagt, und jedenfalls muß ich feststellen, daß sie ungeheuer rumort. Mann, die schafft sich!*‹«[304]

Wenn Rolf Schneider hier tatsächlich halbwegs authentisch die DDR-Jugendsprache von 1965 wiedergibt, dann hätte sich dort über Jahrzehnte ein Ausdruck für die Eltern gehalten, der schon 40 Jahre vorher üblich war. So schreibt Thomas Mann 1925 in seiner Novelle »Unordnung und frühes Leid« über den Wortschatz von Ingrid und Bert, den älteren Kindern der Familie Cornelius: »Die Großen verhandeln im Jargon des Kreises, einem Rotwelsch voller Redensartlichkeit und Übermut, von dem die ›Greise‹ selten ein Wort verstehen.« Wie wir in einem früheren Kapitel bemerkt haben, ist es nicht unwahrscheinlich, dass der Schriftsteller hier Elemente echter Jugendsprache verwendet, die er bei seinen Kindern Erika und Klaus Mann aufgeschnappt hat. Dann wäre *Greis* eines dieser Wörter, die sich manchmal jahrzehntelang über diverse Epochen der Jugendsprache halten.

Noch viel älter ist der sehr DDR-typische Ausdruck *Kunde*, der – wie wir im Gammler-Kapitel gesehen haben – zuerst Landstreicher bezeichnete und dann von den Wandervögeln ins Positive gewendet wurde. In der DDR waren seit den späten Siebzigerjahren *Kunden*, *Tramper* oder *Blueser* Selbstbezeichnungen von Angehörigen einer landestypischen Szene, deren Mitglieder sich von der offiziellen Jugendkultur des Staates absetzen wollten: Langhaarige, die – wenn sie sie auftreiben konnten – westliche Parkas trugen, dazu Jeans – oft 1000-mal geflickt. Sie hörten Rockmusik, bei der es sich nicht immer um Bluesrock im engeren Sinne handeln musste, und sie waren nonkonformistisch und antimilitaristisch eingestellt. Es gab Überschneidungen mit der Friedensbewegung. Ihr Lebensstil erinnerte in mancherlei Hinsicht an die Wandervögel. Oft schliefen sie draußen, wenn sie zu Konzerten in Dorfgasthöfen von Bands wie Monokel (deren Lied »Bye, bye Lübben City« eine Art Hymne der Szene war) oder Engerling reisten – der *Parka* diente dann wie bei den West-Gammlern 20 Jahre zuvor als Ersatzschlafsack. Die Wende, die von vielen politisch aktiven Bluesern, Trampern und Kunden mit eingeleitet wurde, machte dieser sehr speziellen Ost-Jugendkultur den Garaus.

Wer *simst,* kann leicht über seine eigenen *Dickies* stolpern

Die Neunzigerjahre

Das Jahrzehnt nach der deutschen Wiedervereinigung wurde von neuartigen globalen Trends geprägt, die auch die Jugendsprache beeinflussten. Junge Menschen definierten sich nicht mehr in erster Linie über die Musik, die sie hörten, oder über eine vage umrissene weltanschauliche Zugehörigkeit, sondern jetzt genauso über die neuen Trendsportarten und über ihre Aktivitäten im damals noch neuen, ziemlich rudimentären Internet.

Sport war vorher wie Essen gewesen – etwas, das man tat, ohne sich davon in irgendeiner Weise in seiner jugendlichen

Identität bestimmen zu lassen. Fußball oder Handball konnten Punks genauso spielen wie Alternative. Identitätsbildung fand höchstens in den Stadien statt, wo sich seit den Siebzigerjahren eine neuartige Fanszene etabliert hatte, die sich nicht mehr darauf beschränkte, den eigenen Verein anzufeuern. Oft wurden die Fans zu *Hooligans* oder *Hools*, die gewalttätige Auseinandersetzungen mit Anhängern anderer Fußballvereine suchten. Gefürchtet waren dafür schon in den Siebzigern die Hertha-Frösche oder die Dortmunder Borussenfront, die beide viele rechtsextreme Mitglieder hatten. Den Jargon dieser Szene kann man durchaus als eigene Jugendsprache ansehen. Eine seiner ältesten Hervorbringungen ist das Wort *Kutte* für eine Jeansweste oder abgeschnittene Jeansjacke, die mit Insignien des jeweiligen Lieblingsvereins benäht oder bemalt ist.

So richtig cool war das nicht. Jedenfalls nicht so cool wie Skateboardfahren. Das Skateboard war Ende der Fünfzigerjahre in Kalifornien erfunden worden, und bereits in den Sechzigerjahren wurde Skateboardfahren in den USA zum Modesport. Im Jahr 1967 erschien im deutschen »Micky Maus«-Heft eine Geschichte namens »Rollbrett-Tücken«, in der Donald Ducks Neffen Tick, Trick und Track Skateboard fahren. Doch erst in den Achtzigerjahren entwickelte sich eine entsprechende Skaterszene in Europa. In den Neunzigern schließlich entstand rund ums Skateboard eine globale Industrie mit eigenen Superstars. Wörter wie *skaten*, *Halfpipe* für eine Skateboardbahn, die aus ein halben Betonröhre besteht, oder *Ollie* für einen bestimmten Sprung kamen plötzlich auch in Deutschland in Gebrauch.

Das Verb *skaten* konnte aber schon früh ebenso ein Synonym für *inlinen* sein, also das Fahren mit *Inlineskates*, jener Art Rollschuhe, bei der die Räder hintereinander befestigt sind. Diese bald kurz als *Inliner* bezeichneten Fortbewegungsmittel begründeten in den Neunzigern einen ganz neuen *Fun Sport* – ein Ausdruck, der ebenfalls in diesem Jahrzehnt aufkam, um deutlich zu machen, dass es bei den so bezeichneten Sportarten nicht mehr um Tabellenstände und Vereinsmeierei ging. Weitere neue Fun-Sportarten waren Snowboardfahren und BMX-Radfahren, deren Terminologien hier vernachlässigt werden können, weil sie nicht allzu viele Spuren in der allgemeinen Jugend- und Umgangssprache hinterließen.

Zu guter Letzt erlangten in den Neunzigern noch zwei sportliche Tätigkeiten einen coolen Status, die schon lange in Deutschland betrieben wurden, aber vorher niemals im Trend lagen: Basketball und Body Building. Letzteres, das bis zum Beginn der Achtziger eine Beschäftigung für Halbweltfiguren und Schwule gewesen war, wurde im Zuge des wachsenden Zwangs zur körperlichen Selbstoptimierung in den Neunzigerjahren endgültig zum Breitenphänomen und bescherte der Jugendsprache das schöne Wort *pumpen* für »Gewichte stemmen«. Basketball, das zuvor als eine Beschäftigung für Typen galt, die für Fußball zu weich waren, bekam etwas von der Aura des Hip-Hops ab, weil es der bevorzugte Sport schwarzer amerikanischer Ghettokids war. Dank global berühmter Stars wie Larry Bird, Earvin genannt, Magic Johnson und Michael Jordan wussten plötzlich auch deutsche Jugendliche, was ein *Dunk* oder ein *No Look Pass* war.

Wer ordentlich *gepumpt* oder *gedunkt* hatte, der verfügte meist über ansehnliche Oberarme. Diese wurden seit etwa 1990 immer häufiger durch ein *Tattoo* verziert. Der englische Ausdruck verdrängte mehr und mehr das deutsche Wort *Tätowierung*. Eine Tätowierung war etwas gewesen, das Seeleute, Knastbrüder oder KZ-Häftlinge und SS-Leute trugen. Das neue Wort drückte aus, dass sich tätowieren zu lassen im Laufe des Jahrzehnts so selbstverständlich geworden war wie der Kauf einer neuen Hose. Am Ende musste man sich schon etwas Mühe geben, um sich noch abzusetzen – entweder mit *Tribals* (aufwendige Tattoos, die ethnische Motive zitierten) oder einem *Anzug* (eine Ganzkörpertätowierung). Auch *Piercing* – also das Durchbohren des Körpers mit Metallschmuck, der kein Ohrring ist – verbreitete sich seit den frühen Neunzigern ausgehend von den Schwulenszenen und bestimmten Punk-Fraktionen in die deutsche Massenmode und bescherte der Jugendsprache abgeleitete Ausdrücke wie *das Piercing, piercen* oder *gepierct sein*.

Die amerikanische Rap-Kultur und ihre in den Neunzigerjahren entstehenden deutschen Mutationen traten damals ihren Siegeszug an, der bis heute anhält. Mittlerweile ist Rap im Grunde die einzige verbliebene relevante jugendliche Musikkultur. Aus diesem Feld stammen Wörter wie *dissen* (»beleidigen« – ursprünglich in einer ritualisierten Form), *Bitch* (abwertend für sexuell verfügbare Frauen, dann auch anerkennend für eine selbstbewusste Frau, die sich über Regeln hinwegsetzt), *Homeboy* und die Kurzform *Homie* (»Freund, Vertrauter«), *Hood* (»Heimatkiez«, eigentlich ein Kurzwort für *neighborhood*, »Nachbarschaft«), *Hoodie* (Kapuzenpullover, wie er oft von Rappern getragen wurde, zunächst auch *Hoody* geschrieben), *burnen* (»besser sein als die anderen«), *Burner* (etwas besonders Tolles), *Sneaker* (»Turnschuh«), *Turntables* (»Plattenspieler«) und *scratchen* (»mit dem Hin- und Her-Bewegen der Schallplatte ein rhythmisches Geräusch erzeugen«).

Das musikalische Phänomen aber, das zumindest in Deutschland das Bild der Neunzigerjahre am stärksten prägte, war jene tanzbare elektronische Musik, deren diverse Spielarten unter dem Begriff *Techno* zusammengefasst werden. Berlin und Frankfurt gehörten zu ihren Weltzentren. Die sogenannte Love Parade, die in ihren Anfängen über den Kurfürstendamm und dann durch den Tiergarten zog, war so etwas wie ihr jährlich stattfindendes Woodstock. Aus der Technoszene stammen Wörter wie *Rave* (eine Tanzveranstaltung), *Chillout* (das rituelle Abklingen, nachdem man sich beim nächtelangen Tanzen verausgabt hatte) und das dazugehörige Verb *chillen* (»entspannen«). Hier trug man *Cargo Pants* oder *Cargos*, also zwischen Uniform und Handwerkerkluft changierende Hosen mit großen aufgenähten Taschen, und stakste auf *Dickies* genannten Schuhen mit extrem hohen Plateausohlen. Männer trugen oft einen *Goatee*, ein kleines Ziegenbärtchen am Kinn. Zudem setzte die Technofraktion durch, dass Lokale mit Tanz nunmehr nur noch *Club* genannt werden durften – wer in den Neunzigern noch von einer *Disco* sprach, war alt.

Jung waren in den Neunzigern die meisten *Nerds* und *Geeks* (diese Wörter hörte man damals zum ersten Mal in Deutschland), die schon wussten, was *Link*, *Browser*, *Chat*, *Avatar*, *Hacker* oder – beim Computer – *surfen* und *Virus* bedeuteten. Heute, wo diese Wörter selbstverständlicher Bestandteil unser aller Lebenswelten sind, kann man sich nur mehr schwer vorstellen, welcher Beigeschmack des Esoterischen diese Begriffe einst umgab. Erst Mitte der Neunzigerjahre ermöglichten Dienste wie CompuServe oder AOL weiteren Kreisen den Zugang zum Internet. Ein *Absturz* war damals für die meisten noch etwas, was man ausschließlich im Flugzeug fürchtete. *Andocken* hatte man nur im Zusammenhang mit Weltraumstationen oder Schiffen gehört. Am Ende des Jahrzehnts kam dann sogar schon das Wort *posten* für »etwas mehr oder weniger öffentlich im Internet veröffentlichen« auf, dass echte Relevanz aber erst seit Ende der Nullerjahre mit dem Siegeszug der sozialen Netzwerke erlangte.

Wichtiger war damals noch das Wort *simsen* – zwar hatten noch längst nicht alle einen Computer, aber schon viele ein Handy. Der Ausdruck *simsen* für das Versenden einer SMS dürfte in den späten Neunzigerjahren als echtes Jugendwort »von unten« entstanden sein, denn es waren Teenager, die die Kommunikation per SMS dem klassischen Telefonieren mit dem Mobiltelefon vorzogen. Das gefiel nicht allen. Angewidert beschrieb ein Journalist im Berliner »Tagesspiegel« 2001 eine Werbeaktion des Kaufhauses C&A, bei der Verliebte ihre Botschaften vom Handy aus direkt auf eine Videowand am Kudamm schicken konnten: »Lauter Hasenzähne, Bärchen, Igelchen und sonstige Kleintiere haben offenbar, schier platzend vor Liebe zueinander, zeitgleich zum Funktelefon gegriffen und ›gesimst‹ – ein schreckliches Wort für die zeitraubende Zeichenübermittlung mit Hilfe des allseits so beliebten ›Short Message Service‹.«[305] Man musste also eine Menge Daumenenergie entwickeln, bevor man *poppen* konnte – um dieses Wort bereicherten die Neunziger den Synonymschatz des Deutschen für die Ausübung des Geschlechtsverkehrs.

Krass ist wieder da

Die Rückkehr eines uralten Jugendwortes
mit neuer Bedeutung

Von der Jugendsprache heißt es, sie sei besonders schnelllebig. In der neuesten für Studierende gedachten Einführung in die Jugendsprachen-Forschung steht:

> »*Im Vergleich zum Wandel der Jugendsprache kommt der Wandel im Sprachgebrauch einer kompletten Sprachgemeinschaft geradezu behäbig daher. Der jugendsprachliche Wandel unterscheidet sich dabei insofern vom Gesamtwandel einer Sprache, als dass er eine beschleunigte Version, quasi einen sprachlichen Durchlauferhitzer desselben darstellt.*«[306]

Beim Gang durch 500 Jahre deutsche Jugendsprachen von Luther bis zur Gegenwart hat sich diese Theorie nur teilweise bestätigt. In der heutigen Zeit, in der neue Jugendwörter durch mediale Vernetzung immer schneller allgemein bekannt werden und sich dann auch wieder abnutzen, gibt es sicher einen relativ großen Anteil von Vokabeln, die rasch wieder veralten. Das wird beschleunigt durch die Tatsache, dass Jugendliche heute selbst in stärkerem Maße als in vergangenen Zeiten über ihre Jugendsprache reflektieren. Vor allem bei solchen sprachbewussten Jugendlichen gibt es einen richtigen Modedruck: Machte man sich bei extrem an Äußerlichkeiten orientierten Jugendgruppen der Vergangenheit wie Mods oder Poppern unmöglich, wenn man mit dem Pullover vom Vortag erwischt wurde, so gilt man heute – zumindest in der überaufgeklärten Jugendsprachavantgarde, die sich in sozialen Netzwerken oder auf Schulhöfen disst – als völlig zurückgeblieben, wenn man das jeweils aktuelle »Jugendwort des Jahres« nicht mindestens vor zwei Jahren aus seinem persönlichen Wortschatz gestrichen hat.

Andererseits erwiesen sich viele Jugendwörter doch als erstaunlich haltbar. Der Studentenwortschatz blieb über Jahrhunderte relativ stabil. Das kann man einerseits mit einer in früheren Epochen geringeren medialen Umschlagszeit erklären, andererseits dadurch, dass dieser Wortschatz für die akademischen Gruppen identitäts- und traditionsbildend wurde. So wurden alte Wörter und Redensarten von immer neuen Generationen genutzt, um sich abzugrenzen.

Aber selbst ohne solche institutionellen Beharrungskräfte hielten sich viele Jugendwörter über Jahrzehnte – und das keineswegs ausschließlich, indem sie quasi erwachsen wurden und in die allgemeine Umgangssprache eingingen, sondern tatsächlich im jeweiligen Jugendwortschatz. *Dufte* und *prima* waren vom Anfang des Jahrhunderts bis mindestens um 1970 in Gebrauch. Die Wandervogel-Wörter *Klampfe* oder *Kluft* habe ich in meiner eigenen *Jugend* in den Siebzigerjahren noch gehört und selbst verwendet. Meine Frau machte sich einmal im Beisein der Kinder darüber lustig, dass ich immer noch den Uralt-Jugendsprache-Ausdruck *Kumpels* benutze. Sie musste sich aber belehren lassen, dass zumindest Jungs auf Grundschulen dieses Wort immer noch gebrauchen. Überhaupt scheint es manchmal, als würden veraltete Jugendwörter zunächst mal innerhalb der Jugend von den Älteren an die Jüngeren abgegeben – so wie schon im 18. Jahrhundert die Schüler den Studenten Ausdrücke ablauschten. Meine Töchter im Grundschulalter sagen noch manchmal »Ich habe keinen Bock« oder »Das ist geil«, als wäre wir zurück in den Siebzigern. Die 13 Jahre alte Gymnasiastin hat sich das längst wieder abgewöhnt. Aber auch sie redet mich gerne mit *Alter!* an, als wären wir bei Udo Lindenberg 1974, und die bevorzugten Lobwörter *cool* und *krass*, die alle drei oft gebrauchen, haben ebenfalls schon mehrere Jahrzehnte auf dem Buckel.

Ich erinnere mich noch an eine Redaktionssitzung bei der Berliner »B.Z.« in den frühen Neunzigerjahren, bei der der für die tägliche Szeneseite verantwortliche Redakteur – ein Mann, der die Dreißigergrenze schon deutlich überschritten hatte – minutenlang, nur unterbrochen von einem gelegentlichen Koksschniefen, von irgendeiner Nachtlebenveranstaltung berichtete und schließlich endete: »Es war total krass.« Das war eindeutig für alle Zuhörenden als Ausdruck der Begeisterung zu erkennen. Der ungewohnte Wortgebrauch zauberte ein kleines ironisches Lächeln auf die Gesichter der meist älteren Anwesenden.

Damals begann der unaufhaltsame Siegeszug von *krass* als Nachfolger von *dufte, kolossal, geil, cool* und ähnlichen Jahrzehnte überdauernden Begeisterungsvokabeln. Er hat bis heute wenig an Schwung verloren. Am 20. September 2020 rezensierte eine Amazon-Kundin mein Buch »Verbrannte Wörter« über den nationalsozialistischen Sprachgebrauch mit einem einzigen begeisterten Satz, der Siebziger-Jugendsprache *(echt)* mit Neunziger-bis-heute-Jugendsprache mischte: »Echt krass, was man alles noch nicht wusste ...«

Den wenigsten Menschen dürfte bewusst sein, dass es sich hier um die Wiedergeburt eines sehr alten Jugendwortes handelt. Wie wir bei der Musterung der Studentensprache des 18. Jahrhunderts gelernt haben, bedeutete *crass* (damals noch wie das lateinische Ursprungswort *crassus*, »dick, grob, derb, plump«, mit c geschrieben) so viel wie heute *uncool* und bezog sich auf einen Studenten, der ganz neu und ahnungslos an die Universität gekommen war. Im 18. und 19. Jahrhundert vermengte man dieses Studentenwort dann mit dem alten deutschen *graß* (»heftig, schrecklich«), das noch in *grässlich* steckt. Es wurde zu einem negativen Steigerungswort in Verbindungen wie *krasser Luxus*, *krasser Egoismus* und besonders häufig *krasser Aberglauben*.

Sehr wahrscheinlich entstand der neue positive Gebrauch von *krass* im Umfeld der Technomusik. Dafür spricht nicht bloß meine Erinnerung an den Berliner Szeneredakteur, sondern auch, dass das Wort häufig in Erinnerung von Szeneveteranen im Rückblick auf die Neunziger verwendet wird. Im Techno-Blog »Partysan« wurde 2017 aus einem (fiktionalen) »Gespräch aus den 90ern« zitiert: »Krass, du hast ein Booking in Frankreich, jetzt hast du es geschafft.«[307] Und der »Tagesspiegel« ließ sich 2018 vom DJ-Veteran Tanith erklären, warum man in Berlin *Tekkno* statt *Techno* schrieb: »Wir wollten es krass, eher punkig als housig. Wir wollten Härte und dafür standen die zwei KK.«[308] Hier hat *krass* eindeutig den Sinn »extrem, verstörend, provokativ, hart«. Aber für die Nutzerinnen und Nutzer des Wortes waren das positive Attribute. Man kann sich leicht vorstellen, wie von dort *krass* dann mehr und mehr zu einer allgemeinen Lobvokabel wurde – wobei ja bis heute in fast jedem Gebrauch des Wortes das Erstaunen über etwas Außergewöhnliches und sogar Einschüchterndes mitschwingt.

Mit der Rückkehr von *krass* schließt sich ein Kreis. Die Idee zu diesem Buch und seinem Titel wurden geboren, als ich in Gesprächen Bekannte darüber belehrte, dass *krass* vor 250 Jahren schon mal ein Jugendwort gewesen ist. Was in der Zwischenzeit mit den deutschen Jugendsprachen passiert ist, wissen wir nun. Auch über das Wenige, das aus der nebligen Frühzeit der Studentensprache bis weit zurück zum Zitat aus den Luther-Tischgesprächen bekannt ist, wird sich mein Lesepublikum nun hoffentlich aufgeklärt fühlen. Nun soll diese Kulturgeschichte mit einem kurzen Überblick über einige Tendenzen der vergangenen 20 Jahre enden.

Der *Digga*, der *Babo* und ihr *mega Endgegner* – das *VSCO Girl*

Tendenzen der zeitgenössischen Jugendsprache seit 2000

Die Gegenwart ist nur sehr begrenzt Gegenstand dieses Buches. Aber da die Gegenwart, wenn man sie mit der Jahrtausendwende beginnen lässt, nun auch schon wieder gut zwei Jahrzehnte andauert, ist sie zum Teil bereits wieder Geschichte – und gehört damit doch zum Thema.

Der wichtigste Zug der Jugendsprache in den vergangenen Jahrzehnten ist, dass nun – etliche Jahrzehnte nach der Anwerbung der ersten Gastarbeiter – die Soziolekte der Migrantinnen und Migranten zu einer Quelle für den Jugendjargon geworden sind. Unter den »Jugendwörtern des Jahres«, die eine Jury im Auftrag des Langenscheidt-Verlags seit 2008 zu Werbezwecken wählt, waren mit *Babo* (»Anführer«), *Yalla!* (»Schnell!«), *Hayvan* (»Tier, Lümmel«) mindestens drei Ausdrücke aus Migrantensprachen wie dem Türkischen oder Arabischen.

Noch nachhaltiger hat das sogenannte Kiezdeutsch oder Kurzdeutsch auf die allgemeine Jugendsprache eingewirkt – also jene spezielle Form des Deutschen, die oft von Jugendlichen mit Migrationshintergrund benutzt wird. Beispielsätze aus dem linguistischen Lehrbuch dafür sind »Ich frag mein Schwester« (wobei das »ich« ausgesprochen wird wie im Berliner »nüscht«), »Wir sind Görlitzer Park«, »Danach ich ruf dich an«, »ischwör«.[309] Ein populär aufgemachtes Buch der Soziolinguistin Diana Marossek heißt »Kommst du Bahnhof oder hast du Auto?«[310] Um Jugendsprache handelt es sich dabei insofern, als diese Sprachform vor allem von Jugendlichen benutzt wird. Über deren Status gibt es verschiedene Theorien. Für viele Menschen ist das ein falsches Deutsch im Munde von Migrantenkindern, denen die überforderten Schulen ihres Einwanderungslandes kein korrektes Standarddeutsch beibringen konnten – wie sie es ja bei Dialektsprechenden seit mindestens 100 Jahren schaffen. Diese Annahme wird von der Linguistik, die den Gegensatz zwischen »richtig« und »falsch« mittlerweile über Bord geworfen und unter Faschismusverdacht gestellt hat, vehement abgelehnt. Laut der Berliner Professorin Heike Wiese, der medial präsentesten Expertin für das Thema, die zudem den Begriff *Kiezdeutsch* geprägt hat, handele es sich um einen neuen Dialekt.[311] Diana Marossek, die mit dem Begriff *Kurzdeutsch* operiert, hält diese Sprachform für das Ergebnis einer allgemeinen Tendenz im Deutschen, die bestenfalls bei Kindern aus Migrantenfamilien stärker ausgeprägt sei. Die Autorinnen und Autoren eines neuen Standardwerks zur Jugendsprache nennen es einen »Sprechstil«, gemäß der Definition von Stilen »als die Art und Weise des Sprechens in natürlichen Interaktionskontexten«, die gebildet werde, indem Stilmittel aus unterschiedlichen linguistischen Systemen oder Subsystem zu einem Merkmalsbündel kombiniert werden.[312] Man merkt das Bemühen um eine sehr offene Beschreibung, durch die sich keiner diskriminiert fühlen soll. Andere nennen es einen Soziolekt, eine durch den sozialen Status definierte Sprechweise. Ich neige zu der herzlosen Annahme, dass es sich um einen migrantenspezifischen restringierten Code handelt. Das gegensätzliche Begriffspaar »restringierter Code / elaborierter Code« wurde in Sechzigerjahren von dem britischen Soziologen Basil Bernstein geprägt. Der restringierte Code ist laut Bernstein eine von bildungsfernen Schichten gebrauchte Sprechweise mit einfacher Grammatik, einer begrenzten Anzahl von Wörtern – vor allem wenige Adverbien und Adjektive – und vielen Stereotypen und feststehenden Sprachbausteinen. Die Termini »restringierter Code / elaborierter Code« hat die Linguistik mittlerweile aus Gründen der Korrektheit über Bord geworfen, mir scheinen sie aber immer noch hilfreich.

Eine kreativ-humoristische Imitation eines extrem restringierten Codes war die Vong-Sprache, eine kurzlebige Mode der Jahre 2015 bis 2017. Sie benutzte bewusst barbarische Anglizismen, falsch verwendete Wörter mit ähnlichem Klang, eine veränderte Grammatik, absichtliche Rechtschreib- und Tippfehler sowie typografisch falsch gesetzte Leerzeichen, die sogenannten Plenks, etwa vor Fragezeichen oder Ausrufezeichen. Ein Beispiel aus der in Vong verfassten Bibelparodie »Hoylge Bimbel« des Satirikers Shahak Shapira soll genügen. Da spricht beispielsweise Gott zu Noah: »i han 1 Mission: Impossible for dich vong Challenge her. Du musst 1 flye Arche builden un 2 von jedem Animal rein pushen.«

Die Vong-Sprache war keine Jugendsprache, weil sie nie jemand außerhalb eines Facebook-Witzes benutzte. Komplizierter ist die Angelegenheit beim Kiezdeutsch. Denn es gibt Menschen, die gar nicht anders reden können. Das spricht gegen die Annahme, es handele sich um eine Jugendsprache, denn dies setzt meines Erachtens voraus, dass die Sprechenden in der Schule, auf Behörden oder am Arbeitsplatz das Register wechseln können. Andererseits wird Kiezdeutsch von deutschen Jugendlichen ohne Migrationshintergrund und von Migrantenkindern, die durchaus korrektes Standarddeutsch sprechen können, wie eine Jugendsprache benutzt: um sich identitätsstiftend abzugrenzen, aber auch – ganz wichtig – schlicht und einfach zum Spaß, aus Lust am Sprachspiel und am fast schon poetischen Experimentieren mit Wörtern und Stilen. Die Linguistik hat erkannt: »Ein Grund für das Nachahmen einer Varietät kann die Freude daran sein, jemanden auf die Schippe zu nehmen.«[313] Allerdings hat das bei nicht migrantischen Jugendlichen immer einen Hauch von sprachlichem Turkfacing – wie ich es in Anlehnung an das Blackfacing, die lange in Theatern und Shows geübte Praxis, dass Weiße sich das Gesicht schwarz schminken, genannt habe.[314] Der Unterschied zum herablassenden Witz wie bei der Vong-Sprache ist dann nur graduell.

Interessant ist, dass »biodeutsche« Jugendliche bei ihrer Imitation nicht nur Wörter und grammatische Besonderheiten übernehmen, sondern genauso die Aussprache und Sprachmelodie migrantischer Jugendlicher imitieren. Dass solches Sprechverhalten in manchen Kreisen als cool gilt, hat mit dem Aufstieg des deutschen Hip-Hops zu tun, der mittlerweile vor allem unter männlichen Jugendlichen die musikalische

Leitkultur schlechthin ist. *Babo*, das 2013 sogar zum »Jugendwort des Jahres« gewählt wurde, errang diesen Titel vor allem dank eines Songs des hessischen Rappers Haftbefehl, in dem er reimte:

> *»Chabos wissen wer der Babo ist*
> *Hafty Abi ist der der im Lambo und Ferrari sitzt*
> *Saudi Arabi money rich*
> *Wissen wer der Babo ist*
> *Attention mach bloß keine harakets*
> *Bevor ich komm und dir deine Nase brech.«*

Chabo ist ein Wort aus dem Romani, das laut dem Rapper selbst »Junge« bedeutet. *Harakets* heißt auf Türkisch »Faxen« oder »Bewegungen«. Für *Babo* werden verschiedene Ursprungssprachen angenommen wie Türkisch, Bosnisch oder Zazaisch, was zum multiethnischen Umfeld Haftbefehls gut passen würde. *Abi* wird sogar schon in aktuellen wissenschaftlichen Texten als die für das Kiezdeutsche typische »soziale Höflichkeitsform« und »männliche Anrede« erwähnt.

Kein Kiezdeutsch, aber ebenfalls mit einem leicht erkennbaren Migrationshintergrund verbunden sind Wörter wie *Hurensohn* oder *Ehrenmann*, die im Deutschen zwar schon bei Goethe und Schiller vorkamen, aber im Rap noch einmal reaktiviert und neu gedeutet wurden. Sie verweisen auf bestimmte Einwandererkulturen, in der der Begriff *Ehre* und ganz besonders die *Ehre der Mutter* einen höheren Stellenwert haben als in Deutschland, wo das Wort *Ehre* durch den Nationalsozialismus fast unmöglich gemacht wurde – »Meine Ehre heißt Treue« war der Wahlspruch der SS. Ein eher überraschendes Wort aus dem Rap-Slang ist das Schimpfwort *Lauch*, das mittlerweile weit über die Jugendsprache hinaus benutzt wird. Wie das harmlose Gemüse zu dieser Ehre kam, ist nicht ganz geklärt.

Auch englischsprachige Jugendwörter wurden zum Teil auf dem Umweg über den deutschen Hip-Hop in die Jugendsprache geschmuggelt, wie beispielsweise *Swag* durch Money Boy und sein Lied »Dreh den Swag auf«, eine Coverversion von »Turn My Swag On« des amerikanischen Rappers Soulja Boy.

Andere Wörter und Wendungen wie *YOLO* (Abkürzung für »You only live once«, also sinngemäß »Carpe diem«) gehen direkt auf amerikanische Stücke zurück – in diesem Fall auf »The Motto« von Drake. *YOLO* gehört zu den Abkürzungswörtern wie *LOL* (laughing out loud, »witzig«), *IMHO* (in my humble opinion, »meiner Meinung nach«), *ROFL* (rolling on floor laughing, »extrem witzig«) oder *BFF* (best friends forever, »beste Freundinnen«), die ursprünglich für die zur Kürze gezwungene Kommunikation per SMS geschaffen wurden. Die Nachrichten im Short Message Service der Handys waren früher auf 160 Zeichen beschränkt und kosteten jedes Mal 30 Cent. Die genannten Beispiele entsprechen aber nicht nur den Zwängen des Mediums, sondern einer den Jugendsprachen traditionell eigenen Freude an witzigen und verschlüsselnden Abkürzungen. Sonst hätten sie sich kaum gehalten, nachdem die Begrenzungen bei SMS und neueren Nachrichtendiensten wie WhatsApp aufgehoben wurden. Diese Abkürzungswörter lösen immer wieder besonders heftige kulturpessimistische Aufregung bei selbst ernannten Sprachschützern aus, die in ihnen eine Bedrohung des Deutschen sehen. Wahrscheinlich werden sie unserer Muttersprache aber auch nicht mehr schaden, als es ältere Schöpfungen wie *Stuka*, *KfZ* oder *Azubi* getan haben.

Ein weiterer Faktor, der seit 20 Jahren kontinuierlich auf die allgemeine Jugendsprache einwirkt, ist der Wortschatz der *Gamer*, wie Menschen, die digitale Spiele spielen, sich selbst nennen. Zwar gelangten schon in den Achtziger- und Neunzigerjahren, als die ersten Computerspiele aufkamen, vereinzelt Wendungen wie *Game over!* (»Alles vorbei«) in die Jugendsprache. Der sprachliche Einfluss dieser Sphäre nahm aber in dem Maße zu, wie digitale Spiele nicht mehr an eine Konsole oder einen Computer gebunden waren, sondern auf Smartphones – dem typischen Teenageraccessoire der Jetztzeit – überall und rund um die Uhr betrieben werden konnten. Seitdem Games nicht mehr nur allein gespielt werden, sondern vor allem in miteinander vernetzten Gruppen, differenziert sich die Gamersprache durch die Kommunikation in den begleitenden Chats immer weiter aus. Eine entsprechende Sammlung auf Wikipedia listet Hunderte solcher Ausdrücke, Abkürzungen und Chiffren auf,[315] darunter *Baserape* (wenn sich ein Teammitglied in die Basis der Gegenseite schleicht, um dort massiv *Killpoints* zu sammeln), *blockhitten* (angreifen und gleichzeitig blocken), *Godmode* (im Unverwundbarkeitsmodus sein), *Jitter* (Klicktechnik, bei der die Hand verkrampft), *Kappa* (Emoticon, das den vorstehenden Satz als sarkastisch gemeint kennzeichnet), *Noob* (nicht lernwilliger bzw. ignoranter Neuling), *Respawn* (Wiedergeburt eines Mitglieds der gegnerischen Partei) oder *zergen* (gemeinschaftlicher Angriff auf chancenlose Mitspielende). Die meisten von ihnen dürften außerhalb der Gamer-Gemeinschaft völlig unbekannt sein. Auffällig ist, dass mit *Bonjwa* (dominanter Spieler), *Chobo* (unerfahrener Spieler) und *Gosu* (herausragender Spieler) Ausdrücke aus dem Koreanischen in diesem Lexikon auftauchen. Der Einfluss Koreas auf die globale Jugendkultur ist nicht zuletzt dank der Welterfolge von Bands der landesspezifischen Unterhaltungsmusik *K-Pop* ohnehin kaum zu überschätzen.

Aus der Gamersprache längst in die allgemeine Umgangssprache gelangt ist der Ausdruck *Endgegner*. So wird beispielsweise in »World of Warcraft« ein besonders starker und widerstandsfähiger Gegner genannt, den der Spieler am Ende eines Spielabschnitts besiegen muss. Das Wort ist mindestens seit Mitte der Neunzigerjahre gebräuchlich und hat mittlerweile längst die erweiterte Bedeutung »Erzfeind« angenommen. So schrieb »Die Zeit« 2017 über Leipzig: »Merbitz ist Polizeipräsident Leipzigs, dazu noch Mitglied in Sachsens CDU-Landesvorstand – und damit so etwas wie der Endgegner des autonomen Connewitz.«[316] Und die »Süddeutsche Zeitung« zitierte 2019 einen Satz der Regisseurin Pinar Karabulut, die »Endstation Sehnsucht« von Tennessee Williams in Wien inszenierte, über Blanche DuBois: »›Die ist durch die Scheiße gegangen, aber immer wieder aufgestanden‹, sagt Karabulut, aus der die Sätze nur so heraussprudeln. ›Und nun trifft sie auf ihren Endgegner Stanley Kowalski, der ihre Identität auslöscht.‹«[317]

Keiner spezifischen Gruppe von Jugendlichen zuordnen lassen sich einige der erfolgreichsten Jugendwörter der vergangenen 20 Jahre: *Horst*, *Honk* und *Vollpfosten* bestätigen vielmehr, was seit Kindlebens Zeiten über nahezu alle Jugendsprachen gesagt werden kann: Dass sie besonders kreativ im Erfinden von Beleidigungen sind. *Horst* wurde zur Schmähung, weil der Vorname mittlerweile nur noch von mindestens 70 Jahre alten Männern getragen wird.[318] Besonders interessant und verwickelt ist die Etymologie von *Honk*, das schon im Amerikanischen ein abwertender Begriff für arme Weiße war. Ursprünglich bezeichnete man so in den USA Einwanderer aus Osteuropa. Es ist wohl entweder eine Verballhornung von *Hungarian* (»Ungar«) oder kommt von den *Hanaken*, einer Bevölkerungsgruppe im heutigen Tschechien, die schon im alten Europa als dumm beschimpft wurde und deren Name auf die Geschichte und Bedeutung des Schimpfworts *Kanake* einwirkte.[319] Gruppenunspezifisch ist vermutlich auch das Begeisterungsadjektiv *mega*, das die Nachfolge von *cool*, *geil* und *krass* angetreten hat und wie diese als superlativischer Wortbildungspartikel produktiv wird: *megamäßig, megakrass*.

All die beschriebenen Trends der zeitgenössischen Jugendsprache werden überlagert von einem Megatrend: der Kommerzialisierung. Um die Wende zu den Zehnerjahren herum brachten die beiden renommierten Wörterbuchverlage PONS und Langenscheidt jährlich neue Lexika mit Jugendwörtern heraus. Unseren 250 Jahre alten Freunden Salmasius und Kindleben würden die Augen übergehen, wenn sie sehen könnten, welch ein gutes, regelmäßiges Auskommen man heutzutage als Jugendwörterbuchverfasser haben kann.

Besonders die Wahl zum »Jugendwort des Jahres«, die Langenscheidt seit 2008 veranstaltet, ist jedes Mal ein viel beachtetes Medienereignis, bei dem auf Twitter oder Facebook noch jeder 35 Jahre alte *Horst* seine Einschätzung zum Urteil der Jury mitteilt. Die Veranstaltung gilt als totaler Fake, als reine Werbeshow. Die sich turnusmäßig wiederholende Kritik einerseits aus der Linguistik und andererseits von Leuten, die ihre ganz persönliche Jugendsprache nicht wiedererkennen, ist mittlerweile fester Bestandteil des jährlichen Rituals. Besonders heftig attackiert wurde die Jury beispielsweise, als sie 2016 die Wendung *fly sein* kürte. Da ich selbst einige Jahre Mitglied der Jury war, kann ich allerdings sagen, dass dort normalerweise sowohl sprachwissenschaftliche Fachkompetenz als auch eine möglichst breit aufgestellte jugendliche Street Credibility durchaus vorhanden sind – heute noch mehr als zu jener Zeit, in der ich der einzige Juror mit linguistischer Expertise war. Wer sich die Liste der »Jugendwörter des Jahres« seit 2008 ansieht, bekommt einen durch andere Quellen durchaus verifizierbaren Leitfaden zu neuesten Sprachentwicklungen. Selbst die anfänglich sehr ausgeprägte Schwäche der Jurys für lustige Wortbildungen wie *Gammelfleischparty* (»Party für Menschen über 30«), *Arschfax* (»Etikett, das aus der Hose hängt«) oder *guttenbergen* (»abschreiben«), die zwar kabarettistischen Humorwert hatten, aber nur von wenigen Jugendlichen benutzt wurden, hat mittlerweile nachgelassen.

Die jährlichen Wahlen und die einschlägigen Wörterbücher werden auch deswegen so intensiv rezipiert, weil Jugendlichkeit in unserer Gesellschaft ein Ideal ist, nach dem selbst Menschen fortgeschrittenen Alters noch streben. Die Linguistik resümiert indigniert: »Vor allem im Bereich der Werbesprache wird Jugendlichkeit propagiert, und als Vehikel dienen häufig vermeintlich jugendsprachliche Formulierungen, die oft sehr artifiziell wirken.«[320] Als Beispiel wird eine Werbung der Sparkasse auf Facebook im Jahre 2016 genannt, die lautet: »Gönn Dir ist einfach. Wenn man 1 gute Bank hat vong Vorsorge her.«

Geschickter gingen zwei Werbespots der Bausparkasse LBS mit jugendsprachlichen Versatzstücken um. Der eine zeigt 2006 eine Szene aus der Zeit um 1980, in der ein Junge offenbar nach der Konfirmation (die Jugendlichen sind alle festlich gekleidet) einen anderen fragt: »Und? Was hast Du'n so bekommen?« Als der antwortet: »N' Bausparvertrag«, kommentiert der Mofa-Fahrer lachend: »Wie uncool.« Jahrzehnte später treffen sie sich wieder. Als der Bausparvertrag-Konfirmand erfährt, dass der Mofafahrer immer noch »bei Mutti« wohnt, höhnt er: »Wie uncool«. Während es sich hier um zwei ironisch eingesetzte Zitate aus der Jugendsprache der Achtzigerjahre handelt, wagt die Werbung der gleichen Bausparkasse ein Jahr später deutlich mehr, indem sie das damals noch ganz neue Jugendwort *Digga* einsetzt. In dem Spot steht ein älterer Rockertyp im Vorgarten seines Reihenhauses. Eine Gruppe von Motorradfahrern kommt vorbei, hält an, und was zunächst nach Aggression aussieht, löst sich in einen nachbarschaftlichen Ratschlag auf, als der Oberrocker sagt: »Digga, guck mal! Du hast da 'ne Falte in der Markise. Wie sieht'n das aus?« Fazit der Werbung: »Entdecken auch Sie den Spießer in sich«. *Digga*, das als Anrede in den Nullerjahren allgegenwärtig war, kommt wohl übrigens nicht aus dem Englischen und hat nichts mit Goldgräbern – also *Diggern* – zu tun, sondern ist einfach eine hamburgische Aussprachevariante des Wortes *Dicker*.

Dass in all diesen Spots Männer die Hauptrolle spielen, hat wohl nicht allein mit der Zielgruppe von Bausparvertragswerbung zu tun – der einzige Mensch, den ich kannte, der schon mit 15 einen Bausparvertrag hatte, war tatsächlich ein Mädchen. Es entspricht auch einem Grundzug der Jugendsprachen in den 500 Jahren, die wir in diesem Buch gemustert haben: Dort gaben immer Männer den Ton an. Es waren die *Burschen*, die *Haupthähne*, die *Bachanten*, die *Swing-Boys*, die *Hähne* und die *Babos*, für die Frauen als *Besen*, *Ischen*, *Tussis* und *Bitches* immer nur Objekte waren.

Vielleicht ändert sich das allmählich durch die sozialen Netzwerke. Instagram und TikTok sind sehr weibliche Medien. Die größten Stars dort sind Mädchen wie die Stuttgarter Zwillinge Lisa und Lena oder die Amerikanerin Charli D'Amelio. Diese digitale Mädchenwelt hat ihre eigenen Ausdrücke – so wie vermutlich schon die meisten SMS-Abkürzungen von Mädchen geprägt wurden. Im Jahr 2019 war *VSCO Girl* einen Sommer lang mal das Schlagwort in den beiden genannten besonders jungen und besonders femininen Netzwerken. Mit dem Ausdruck bezeichnete sich ein Typus junger Mädchen selbst, die als Gruppenkennzeichen markenorientiertes Modebewusstsein mit ökologischer Nachhaltigkeit verbinden wollten und diesen eigentlich unauflösbaren Widerspruch mit Selbstironie auf die Schippe nahmen. Benannt wurden die *VSCO Girls* (sprich »Visco Girls«) nach einer seit 2011 existierenden Bildbearbeitungs-App mit zugehöriger Community. Dort, auf Instagram und auf Tik-

Tok, posierten die Mädchen mit den typischen Accessoires: *Scrunchies* (voluminöse, mit Stoff bezogene, geraffte Haarbänder) nicht nur im Haar, sondern auch mehrfach an den Handgelenken, Muschelketten, Freundschaftsarmbänder, Metallstrohhalme (Plastik ist böse!), ein lässiger Dutt, kein Make-up (oder zumindest eines, das aussieht, als trüge man keines), Polaroidkameras, Crocs, Birkenstock und noch viel mehr.[321]

Aber wo war die Jugendwort-des-Jahres-Jury, als man sie mal brauchte? Ausgerechnet 2019 fiel die Wahl wegen der Fusion der Verlage PONS und Langenscheidt aus, und 2020 war das erste feminine Jugendwort schon nicht mehr im Rennen. Dass die Jugendsprache in der Zukunft weiblicher werden wird, kann man trotzdem getrost prophezeien. So Burschen- und-Babo-zentriert wie in den vergangenen 500 Jahren kann es nicht weitergehen.

Eine andere fast todsichere Vorhersage ist, dass es in der Zukunft noch schwerer als bisher sein wird, zwischen Jugendsprache und allgemeiner Umgangssprache zu unterscheiden. Jugendlichkeit wird wohl noch eine ganze Weile das Ideal unserer Kultur bleiben. Irgendwann werden alle Jugendsprache nutzen, und es wird nur noch zwischen Jung-Jugendsprache, Alt-Jugendsprache, Midlife-Jugendsprache und Proto-Jugendsprache differenziert werden. Für meine acht Jahre alten Zwillingstöchter ist beispielsweise ein *Tattoo* etwas ganz anders als für ihre 13 Jahre alte Schwester – nämlich das, was wir als Kinder ein »Abziehbild« nannten. Eine aussagekräftige Langzeitstudie über den im Laufe eines Lebens sich verändernden Gebrauch von Jugendsprache bei möglichst vielen einzelnen Sprechenden wäre jetzt schon ein dringendes Desiderat der Forschung. Nicht nur die letzten Nicht-Jugendsprache-Sprechenden, die sich irgendwann in Bibliotheken, Klöstern und Altenheimen verstecken, werden es interessiert lesen.

Anhang

Anmerkungen

1. Stave, S. 154.
2. Henne/Objartel 1984, Bd. 1, S. 227.
3. Prokax, S. 365.
4. Salzmann, Bd. 1, S. 36 f.
5. Kluge, S. 27 f.
6. Wehler, S. 299.
7. Engel, S. 6.
8. Schelsky, S. 23.
9. Ebd., S. 25.
10. Zit. nach Schelsky, S. 25.
11. Ebd.
12. Fichte, S. 14.
13. Kindleben, S. 104.
14. Ebd., S. 174.
15. Zachariä, S. 6.
16. Goethe 1812, S. 251.
17. Goethe 1791/92, S. 785.
18. Ebd., S. 786 und 782.
19. Salmasius, S. 66.
20. Ebd., S. 75.
21. Goethe 1812, S. 249 f.
22. Salmasius, S. 66.
23. Kindleben, S. 11.
24. Ebd., S. 52.
25. Ebd., S. 51.
26. Götze, S. 2.
27. Ebd., S. 4.
28. Kindleben, S. 20.
29. Ragotzky, S. 80.
30. Kluge, S. 2.
31. Laukhard, Bd. 2, S. 116.
32. Götze, S. 14.
33. Ebd., S. 2.
34. Vgl. Kämper-Jensen, Heidrun: »Wortregister zur historischen Studenten- und Schülersprache«. In: Henne/Objartel 1984, Bd. 1, S. 73–299.
35. Salmasius, S. 77.
36. Heine, Heinrich: »Säkularausgabe«, Bd. 20, S. 29.
37. Goethe 1788?.
38. Vgl. »Goethe-Wörterbuch«. Herausgegeben von der Berlin-Brandenburgischen Akademie der Wissenschaften, der Akademie der Wissenschaften zu Göttingen und der Heidelberger Akademie der Wissenschaften. Kohlhammer, Stuttgart 1978–, http://gwb.uni-trier.de/de/ (abgerufen am 30. Januar 2021).
39. Augustin, S. 85.
40. Henne/Objartel 1982, S. 6.
41. Dieser Beleg sowie alle weiteren ohne Quellenangabe in diesem Kapitel nach dem »Goethe-Wörterbuch«.
42. Henne/Objartel 1982, S. 5.
43. Goethe 1812, S. 285.
44. Strauss, S. 13.
45. Goethe 1821, S. 378.
46. Henne/Objartel 1982, S. 5.
47. Kluge, S. 31.
48. Zit. nach Kluge, S. 32.
49. Ebd., S. 35.
50. Multibibus, § 9.
51. Schoch, S. 91.
52. Zit. nach Kluge, S. 148.
53. Schiller, Bd. 2, »Wallensteins Lager«, 7. Auftritt, S. 290.
54. Laukhard, Bd. 1, S. 94.
55. Ebd., Bd. 2, S. 117.
56. Ebd., Bd. 1, S. 98.
57. Ebd., Bd. 2, S. 120 f.
58. Ebd., Bd. 1, S. 98.
59. Kluge, S. 63.
60. Schiller, Bd. 1, »Die Räuber«, 2. Akt, 3. Szene, S. 539.
61. Heine, Heinrich: »DHA«, Bd. 6, S. 126.
62. Sachs, S. 74.
63. Zit. nach Avé-Lallemant, S. 172.
64. Schoch, S. 36.
65. Heine, Heinrich: »DHA«, Bd. 6, S. 216.
66. Wallis, S. 163.
67. Kindleben, S. 157.
68. Kluge, S. 57.

69 Novalis, S. 95.
70 Heine, Heinrich: »DHA«, Bd. 6, S. 86.
71 Ebd., S. 83.
72 Zit. nach Henne/Objartel 1984, Bd. 1, S. 29.
73 Heine, Heinrich: »DHA«, Bd. 11, S. 84.
74 Ebd., Bd. 5, S. 16.
75 Ebd., Bd. 11, S. 83.
76 Ebd., Bd. 6, S. 84.
77 Ragotzky, S. 41.
78 Heine, Heinrich: »DHA«, Bd. 6, S. 281.
79 Jahn 1810, S. 87 f.
80 Massmann, S. 24 ff.
81 Jahn 1828, S. 397.
82 Jahn 1810, S. 432.
83 Eichendorff 1826, S. 50.
84 Tagebucheintrag vom 5. März 1816; zit. nach Jarcke, S. 19.
85 Jahn/Eiselen, S. XXII.
86 Ebd., S. XIX.
87 Jahn 1806, S. XII.
88 Jahn/Eiselen, S. XXVI–XXVIII.
89 Jahn 1806, S. VII f.
90 Vgl. Heine, Matthias 2019, S. 90 ff.
91 Jahn 1810, S. 45.
92 Zit. nach Henne 1981, S. 23 f.
93 Ebd., S. 25.
94 Vgl. Heine, Matthias 2019, S. 102–107.
95 Allert, S. 50.
96 Zit. nach Strassner, S. 404.
97 Vgl. Heine, Matthias 2019, S. 187 ff.
98 Henne 1986, S. 24.
99 Henne 1981, S. 30.
100 Eichendorff 1834, S. 54.
101 Roquette, S. 7.
102 Zit. nach Mogge, S. 27.
103 Tychow, Fritz: »Tagesfragen – Wandern«. In: *Die Grenzboten*, Nr. 71/3 (1912), S. 331–333, hier S. 331.
104 Zit. nach Rehfeldt, S. 123.
105 Gillis, S. 156.
106 Zit. nach Henne 1981, S. 20.
107 Zit. nach Strassner, S. 401.
108 Laqueur, S. 46.
109 Ebd.
110 Ebd., S. 47.
111 Ahlborn, S. 109.
112 Laqueur, S. 50.
113 Ebd., S. 105.
114 Zit. nach Schwilk, S. 24.
115 Paasche, Hans: »Jung Deutschland«. In: *Der Vortrupp. Halbmonatsschrift für das Deutschtum unsrer Zeit*, Nr. 1/3 (1912), S. 65–71, hier S. 71.
116 Flex, S. 188.
117 Oelbermann/Tetzlaff, S. 9 f.
118 Tychow, Fritz: »Tagesfragen – Wandern«. In: *Die Grenzboten*, Nr. 71/3 (1912), S. 331–333, hier S. 332.
119 Schönbrod, Kurt: »Rund um uns«. In: *Der Vortrupp. Halbmonatsschrift für das Deutschtum unsrer Zeit*, Nr. 3/1 (1914), S. 27–28, hier S. 28.
120 Laqueur, S. 168.
121 Ebd., S. 150.
122 Zit. nach Laqueur, S. 152.
123 Ebd., S. 154.
124 Hesse, Bd. 8, »Die Morgenlandfahrt«, S. 327.
125 Horn, S. 91.
126 Zit. nach Horn, S. 91.
127 Laqueur, S. 61.
128 Ziesche, S. 13. Der in Kanada lebende Liedersammler Hubertus Schendel schickte mir freundlicherweise eine Kopie.
129 Zit. nach *Ybbser Zeitung*, 10. August 1929, S. 17. Hier wird als ursprünglicher Druckort der erbaulichen Geschichte »Der Ausreißer« die im Wiener Verlag Tyrolia erschienene Zeitschrift *Das Neue Reich* angegeben.
130 Vgl. Friedländer.
131 Vgl. *Keesings Archiv der Gegenwart*, 25. April 1934, S. 1396.
132 Laqueur, S. 211.
133 Kindleben, S. 155.
134 Eilenberger, S. 3.
135 Steinhäuser, S. 3.
136 Eilenberger, S. 257.
137 Ebd., S. 3.
138 Ebd.
139 Melzer 1928, S. 338.
140 Ebd., S. 343.
141 Ebd., S. 340.
142 Ebd., S. 341.
143 Mann 2002, S. 961.

144 Mann 1981, S. 147.
145 Ebd., S. 150.
146 Melzer 1931, S. 320.
147 Mann 1981, S. 165.
148 Melzer 1931, S. 270.
149 Mann 1981, S. 165.
150 Ebd., S. 175.
151 Ebd., S. 175 f.
152 Wilder, S. 76.
153 Ebd., S. 79.
154 Ebd., S. 113.
155 Kästner, S. 81.
156 Eilenberger, S. 21.
157 Melzer 1931, S. 281.
158 Kästner, S. 82.
159 Wilder, S. 80.
160 Ebd., S. 95.
161 Ebd., S. 113.
162 Vgl. Heine, Matthias 2019, S. 137 ff.
163 Manthei, S. 184.
164 Ebd., S. 184.
165 Ebd., S. 187.
166 Ebd., S. 185.
167 Colshorn/Colshorn, S. 167 f.
168 Manthei, S. 185.
169 Ebd., S. 189.
170 Rede an die Hitlerjugend während des Reichsparteitags in Nürnberg am 14. September 1935; zit. nach Hitler, Bd. 2, S. 533.
171 Bahlo et al., S. 22.
172 Kempowski, S. 76.
173 Bahlo et al., S. 23.
174 Kempowski, S. 64.
175 Ebd., S. 153.
176 Ebd., S. 65.
177 Bahlo et al., S. 23.
178 Kempowski, S. 61.
179 Ebd., S. 36.
180 Ebd., S. 137.
181 Röhrich, Bd. 4, »Üben – Spielverderber«, Sp. 1177.
182 »Mal tüchtig ausgemeckert«. In: *Völkischer Beobachter*, 3. März 1935, S. 28.
183 Polenz, S. 126.
184 Lapp, S. 59.
185 Zimmermann, S. 445.
186 Stave, S. 155.
187 Ortner, S. 109.
188 Zit. nach Lapp, S. 59.
189 Alle Beispiele aus Stave und Lapp.
190 Lapp, S. 62.
191 »Pepsi-Jingle«. In: *Der Spiegel*, Nr. 23 (1959), S. 32.
192 Stave, S. 162.
193 Ebd., S. 184.
194 Ebd., S. 189.
195 Lapp, S. 62.
196 Ebd., S. 61.
197 Ebd., S. 62.
198 Stave, S. 192.
199 Ebd.
200 Krüger-Lorenzen. Kurt: »Deutsche Redensarten – Und was dahinter steckt«. VMA-Verlag, Wiesbaden 1960; zit. nach Stave, S. 190 f.
201 Vgl. Paetel.
202 Paetel, S. 261.
203 Auswahl einiger Stichworte aus dem »Beat-Diktionär«, ebd., S. 261–265.
204 Paetel, S. 226–230.
205 Preuß, F.: »Die Sprache der Beatniks«. In: *Mitteilungsblatt des Allgemeinen Neuphilologenverbandes*, Heft 15 (1962), S. 97–105.
206 Berendt, Joachim-Ernst: »Hip«. In: *Twen*, Januar 1962; zit. nach https://www.waahr.de/texte/hip (abgerufen am 30. Januar 2021).
207 Carstensen/Busse, Bd. 2, »F–O«, S. 662.
208 Zit. nach Paetel, S. 222.
209 Brügge, Peter: »Flower Power auf Teutonisch«. In: *Der Spiegel*, Nr. 45 (1967), S. 214.
210 Shorris, Earl: »Dann verbrannten wir den Sarg«. In: *Der Spiegel*, Nr. 50 (1967), S. 193.
211 »Flucht aus dem U-Bahntunnel«. In: *Der Spiegel*, Nr. 21 (1983), S. 154.
212 Vgl. Greif et al.
213 Keeve, Viola: »Williamsburg – New Yorker Spielzeugland für Hipster«. In: *Der Spiegel*, 13. August 2003, https://www.spiegel.de/reise/staedte/williamsburg-new-yorker-spielzeugland-fuer-hipster-a-260234.html (abgerufen am 30. Januar 2021).
214 Greif et al., S. 30 f.

215 Vgl. Paetel, S. 225.
216 Vgl. Arbeitsgemeinschaft die Zentralschaffe.
217 Vgl. Welter.
218 Ebd., S. 5.
219 Stave, S. 194.
220 »Hamburg war ein Sexschock«. In: *Der Spiegel*, Nr. 37 (2000), S. 137.
221 Alle Zitate von mir mitprotokolliert in der bei *Apple TV* käuflichen deutschen Fassung von »A Hard Day's Night«.
222 Die bekannten Hitlergrüße sowie die Hakenkreuze in John Lennons Zeichnungen sind minutiös aufgelistet bei Broderick, George/Jama, Nicole: »The Beatles and Adolf Hitler. An Enquiry«. In: *pop-zeitschrift*, 8. Januar 2019, https://pop-zeitschrift.de/2019/01/08/the-beatles-and-adolf-hitlervon-george-broderick-und-nicole-jama08-01-2019/ (abgerufen am 30. Januar 2021).
223 Vgl. »The Beatles Nazi Hitlergruß in Hamburg, Deutschland«. Auf dem YouTube-Kanal *Paul Chikuma*, 13. März 2014, https://www.youtube.com/watch?v=LYu62r4ol_8 (abgerufen am 30. Januar 2021). Anders, als der Titel behauptet, ist das Filmchen aber in Melbourne aufgenommen. In Hamburg war der deutlich erkennbare Schlagzeuger Jimmie Nicol, der 1964 den erkrankten Ringo Starr bei zehn Konzerten vertrat, nicht dabei.
224 Melzer 1928, S. 378.
225 Tucholsky, S. 274.
226 Goetz, S. 97.
227 Reimann, S. 64.
228 Smolka, S. 14930.
229 Arbeitsgemeinschaft die Zentralschaffe, o. S.
230 Meinhof, S. 74.
231 Vgl. Autorenkollektiv am Psychologischen Institut der Freien Universität Berlin; hieraus zahlreiche Belege für *dufte* in: »DWDS – Digitales Wörterbuch der deutschen Sprache«, https://www.dwds.de/wb/dufte (abgerufen am 30. Januar 2021).
232 Fleischmann, Peter (Regie): »Herbst der Gammler«. Dokumentarfilm, BRD 1967. Abrufbar beim Streaming-Dienst *Vimeo*, https://vimeo.com/ondemand/herbstdergammler (abgerufen am 26. Januar 2021).
233 Küpper, S. 127.
234 Wispler, S. 76.
235 »Aktion ›Tramper‹«. In: *Die Zeit*, Nr. 30 (1961).
236 Kosel, S. 97.
237 Ebd., im Bilderteil o. S.
238 Ebd., S. 90.
239 Ebd., S. 92.
240 Ebd., S. 87.
241 Ebd., S. 97.
242 Zit. nach Farin, Klaus: »Gammler vs Provos«, 25. Februar 2010. In: Bundeszentrale für politische Bildung (Hrsg.): »Jugendkulturen in Deutschland«, Bonn 17. März 2010, https://www.bpb.de/geschichte/zeitgeschichte/jugendkulturen-in-deutschland/36168/gammler-vs-provos (abgerufen am 30. Januar 2021).
243 Kosel, S. 9.
244 Auffenberg, Bd. 5, »Sauerkraut-Suite«, S. 23.
245 Wawrzyniak/Keiner, S. 100.
246 Ebd., S. 99.
247 Vgl. das Drehbuchprotokoll in Wawrzyniak/Keiner, S. 183.
248 Genthe, S. 17.
249 Wawrzyniak/Keiner, S. 99.
250 Ebd., S. 185.
251 Ebd., S. 186.
252 In: *Konkret*, 30. Juni 1969, S. 54.
253 Neuland 2003, S. 147.
254 Gillis, S. 206.
255 Neuland 2003, S. 147.
256 Ebd., S. 148.
257 Ebd., S. 149.
258 Vgl. »Eine Welt gestalten, die es noch nie gab. Günter Gaus im Gespräch mit Rudi Dutschke«. ARD-Sendung vom 3. Dezember 1967; zit. nach dem Protokoll des RBB, https://www.rbb-online.de/zurperson/interview_archiv/dutschke_rudi.html (abgerufen am 30. Januar 2021).
259 Neuland 2003, S. 148.
260 Vgl. Jäger.
261 Neuland 2008, S. 124.
262 Jäger, S. 86.

263 Jäger, S. 88–89.
264 »Wir schießen, wenn man auf uns schießt«. In: *Der Spiegel*, Nr. 18 (1971), S. 32.
265 »Entebbe-Film – Wahnsinnig durchgeknallt«. In: *Der Spiegel*, Nr. 3 (1977), S. 62.
266 Steinhäuser, S. 19.
267 Schaeffler, S. 75.
268 »Jesus ist der letzte Schrei«. In: *Die Zeit*, Nr. 35 (25. August 1971).
269 Meinhof, S. 9.
270 Vgl. *bambule* in: »Deutsches Wörterbuch von Jacob Grimm und Wilhelm Grimm. Neubearbeitung«. Herausgegeben von der Akademie der Wissenschaften der DDR in Zusammenarbeit mit der Akademie der Wissenschaften zu Göttingen. 9 Bde. Hirzel, Stuttgart/Berlin 1983–2018, hier Bd. 4, Sp. 117. Digitalisierte Version in: »DWDS – Digitales Wörterbuch der deutschen Sprache«, https://www.dwds.de/wb/dwb2/bambule (abgerufen am 30. Januar 2021).
271 Vgl. die Sammlung von Plakaten und Flugblättern im »Bambulebuch«, https://archive.org/details/wildesHuhnUndBambule/Bambulebuch (abgerufen am 30. Januar 2021).
272 Vgl. Küpper/Küpper.
273 Vgl. Küpper.
274 Ebd., S. 151.
275 Welter, S. 61.
276 Auszugsweise abgedruckt in: *Der Spiegel*, Nr. 29 (1969), S. 53.
277 Henscheid, S. 58.
278 Ebd., S. 37.
279 Brügge, Peter: »›Du willst das Patriarchat in dir bekämpfen‹«. In: *Der Spiegel*, Nr. 47 (1976), S. 207.
280 Zur Bedeutungsgeschichte des Worts ausführlich: Heine, Matthias 2016, S. 75–79.
281 Vgl. Merian, Svende: »Der Tod des Märchenprinzen. Frauenroman«. Buntbuch-Verlag, Hamburg 1980, S. 80, 197 und 76; zit. nach »DWDS – Digitales Wörterbuch der deutschen Sprache«, https://www.dwds.de/wb/geil (abgerufen am 30. Januar 2021).
282 Henscheid, S. 37.
283 Vgl. *Fuzzi* auf: Duden online, https://www.duden.de/rechtschreibung/Fuzzi (abgerufen am 30. Januar 2021).
284 Vgl. Buurman et al.; *fussig* ist hier ohne eigenes Lemma, wird aber zum Beispiel in den Einträgen zu *anfühlen* und *weich* erwähnt.
285 *MADmag*-Interview mit Dieter Stein, 2011/12. Auf: *MADmag.de*, 19. August 2013, https://madmag.de/dieter-stein/ (abgerufen am 30. Januar 2021).
286 *Titanic*-Interview mit Herbert Feuerstein, 1995. Auf: *MADmag.de*, 19. August 2013, https://madmag.de/herbert-feuerstein-2/ (abgerufen am 30. Januar 2021).
287 Lapp, S. 68.
288 Ebd., S. 70.
289 »Das Buch des Bombenlegers«. In: *Die Zeit*, Nr. 28 (1976).
290 »Stingl for President«. In: *Die Zeit*, Nr. 1 (1983).
291 »Null Bock auf alles«. In: *Die Zeit*, Nr. 7 (1983).
292 Werber, S. 157.
293 Walser, Bd. 2, »Halbzeit«, S. 347.
294 Nachdruck in der deutschsprachigen *Indiana Tribüne*, Nr. 15 (21. April 1892), S. 3; Scan: https://newspapers.library.in.gov/cgi-bin/indiana?a=d&d=IT18920421&e=-------en-20--1--txt-txIN------- (abgerufen 30. Januar 2021).
295 Henne, S. 83 f.
296 »Oh, Helga!«. In: *Der Spiegel*, Nr. 27 (1981), S. 271.
297 Signatur: BStU, MfS, HA XX, Nr. 10055-10056, Bd. 2, Bl. 67–71; Scan in der Mediathek des Bundesbeauftragten für die Unterlagen des Staatssicherheitsdienstes der ehemaligen Deutschen Demokratischen Republik, https://www.stasi-mediathek.de/medien/anlagekarte-zu-gammlern-und-beat-anhaengern-in-berlin-schoenhauser-allee/blatt/67/ (abgerufen am 30. Januar 2021).
298 Lehnert, S. 28–32.
299 Ebd., S. 30.
300 Vgl. Beneke.
301 Vgl. Bahlo et al.
302 Vgl. Heinemann.
303 Ebd., S. 90.
304 Zit. nach Heinemann, S. 105.

305 »SMS-Kultur: Liebe auf Knopfdruck«. In: *Der Tagesspiegel*, 1. Mai 2001, https://www.tagesspiegel.de/berlin/sms-kultur-liebe-auf-knopfdruck/224040.html (abgerufen am 30. Januar 2021).
306 Bahlo et al., S. 13.
307 »Rave regiert die Welt – wie sich die Technoszene selbst zerstört«. Auf: *partysan.net*, 26. Dezember 2017, https://partysan.net/skillzbizz/rave-regiert-die-welt/ (abgerufen am 30. Januar 2021).
308 »30 Jahre Techno: ›Wir wollten es krass‹«. In: *Der Tagesspiegel*, 14. September 2018, https://www.tagesspiegel.de/kultur/dj-veteran-tanith-30-jahre-techno-wir-wollten-es-krass/23054648.html (abgerufen am 30. Januar 2021).
309 Bahlo et al., S. 158.
310 Vgl. Marossek.
311 Vgl. Wiese.
312 Bahlo et al., S. 159.
313 Ebd., S. 164.
314 Heine, Matthias: »In Wahrheit ist Kiezdeutsch rassistisch«. In: *Die Welt*, 30. Juni 2014, https://www.welt.de/kultur/article129622721/In-Wahrheit-ist-Kiezdeutsch-rassistisch.html (abgerufen am 30. Januar 2021).
315 Vgl. Wikipedia – Die freie Enzyklopädie (Hrsg.)/Wikipedia-Autor*innen (siehe Versionsgeschichte): »Gamersprache«. Datum der letzten Bearbeitung: 25. Januar 2021, 04:49 UTC, Versions-ID der Seite: 208041387, https://de.wikipedia.org/w/index.php?title=Gamersprache&oldid=208041387 (abgerufen am 30. Januar 2021).
316 Mania-Schlegel, Josa/Schönian, Valerie: »Leipzig-Connewitz – Ein reizendes Viertel«. In: *Zeit Campus*, Nr. 36 (2017), https://www.zeit.de/2017/36/leipzig-connewitz-autonome-linksextremismus/komplettansicht (abgerufen am 30. Januar 2021).
317 Dössel, Christine: »Endstation Aufbruch«. In: *Süddeutsche Zeitung*, 5. April 2019, S. 14, https://www.sueddeutsche.de/kultur/theater-endstation-aufbruch-1.4397997 (abgerufen am 30. Januar 2021).
318 Heine, Matthias: »Der Herbst des Horst – wie ein Name zum Witz wurde«. In: *Die Welt*, 25. April 2017, https://www.welt.de/kultur/article163980590/Der-Herbst-des-Horst-wie-ein-Name-zum-Witz-wurde.html (abgerufen am 30. Januar 2021).
319 Heine, Matthias: »Als alle Ungarn noch Honks waren«. In: *Die Welt*, 30. Juni 2019, https://www.welt.de/kultur/article194654225/Wie-der-Honk-zurueck-nach-Europa-kam-Herkunft-und-Bedeutung-des-Wortes.html (abgerufen am 30. Januar 2021).
320 Bahlo et al., S. 83.
321 Heine, Matthias: »Das wäre das ›Jugendwort des Jahres‹ geworden«. In: *Die Welt*, 17. Oktober 2019, https://www.welt.de/kultur/article202079488/Sprache-Das-waere-das-Jugendwort-des-Jahres-geworden.html (abgerufen am 30. Januar 2021).

Literatur (Auswahl)

Ahlborn, Knud: »Das Meißnerfest der Freideutschen Jugend«. Callwey, München 1913 (Neudruck in: Kindt, Werner (Hrsg.): »Grundschriften der deutschen Jugendbewegung«. Diederichs, Düsseldorf/Köln 1963, S. 105–115).

Allert, Tilman: »Der deutsche Gruß. Geschichte einer unheilvollen Geste«. Reclam, Stuttgart 2010.

Arbeitsgemeinschaft die Zentralschaffe (Hrsg.): »Steiler Zahn und Zickendraht. Das Wörterbuch der Teenager- und Twensprache«. Verlagsdruckerei Schnelldruck, Schmiden bei Stuttgart o. J. (1962).

Auffenberg, Joseph Freiherr von: »Neuere Dramatische Werke und Vermischte Schriften. In sechs Bänden«. Friedrich, Siegen/Wiesbaden 1844.

Augustin, Christian Friedrich Bernhard: »Idiotikon der Burschensprache«. In: Ders.: »Bemerkungen eines Akademikers über Halle und dessen Bewohner, in Briefen«. O. Verl., o. O. (Halle) 1795 (Nachdruck in: Henne/Objartel 1984, Bd. 2, S. 315–443).

Autorenkollektiv am Psychologischen Institut der Freien Universität Berlin: »Sozialistische Projektarbeit im Berliner Schülerladen Rote Freiheit«. Fischer, Frankfurt am Main et al. 1971.

Avé-Lallemant, Friedrich Christian Benedikt: »Das deutsche Gaunerthum in seiner social-politischen, literarischen und linguistischen Ausbildung zu seinem heutigen Bestande«. 4 Bde. Brockhaus, Leipzig 1858–1862.

Bahlo, Nils et al.: »Jugendsprache. Eine Einführung«. Metzler, Stuttgart 2019.

Beneke, Jürgen: »Die Stadtsprache Berlins im Denken und Handeln Jugendlicher«. Akademie der Wissenschaften der DDR, Zentralinstitut für Sprachwissenschaft, Berlin 1989.

Buurman, Otto et al.: »Hochdeutsch-plattdeutsches Wörterbuch. Auf der Grundlage ostfriesischer Mundart«. 12 Bde. Wachholtz, Neumünster 1962–1975.

Carstensen, Broder / Busse, Ulrich: »Anglizismen-Wörterbuch. Der Einfluß des Englischen auf den deutschen Wortschatz nach 1945«. 3 Bde. De Gruyter, Berlin et al. 1993–1996.

Colshorn, Carl / Colshorn, Theodor: »Märchen und Sagen«. Rümpler, Hannover 1854.

Eichendorff, Joseph Freiherr von: »Aus dem Leben eines Taugenichts und das Marmorbild. Zwei Novellen nebst einem Anhange von Liedern und Romanzen«. Vereinsbuchhandlung, Berlin 1826.

Ders.: »Dichter und ihre Gesellen. Novelle«. Duncker & Humblot, Berlin 1834.

Eilenberger, Rudolf: »Pennälersprache. Entwicklung, Wortschatz und Wörterbuch«. Trübner, Straßburg 1910 (Nachdruck in: Henne/Objartel 1984, Bd. 5, S. 345–416).

Engel, Johann Jakob: »Denkschrift zur Errichtung einer großen Lehranstalt in Berlin, 13. März 1802« (Abgedruckt in: Weischedel, Wilhelm et al. (Hrsg.): »Idee und Wirklichkeit einer Universität. Dokumente zur Geschichte der Friedrich-Wilhelms-Universität zu Berlin«. De Gruyter, Berlin 1960, S. 3–10).

Fichte, Johann Gottlieb: »Ueber die einzig mögliche Störung der akademischen Freiheit. Eine Rede beim Antritte seines Rektorats an der Universität zu Berlin den 19ten Oktober 1811 gehalten«. Wittich, Berlin 1812 (PDF bereitgestellt von der Humboldt-Universität zu Berlin, https://edoc.hu-berlin.de/handle/18452/915, abgerufen am 31. Dezember 2020).

Flex, Walter: »Der Wanderer zwischen beiden Welten. Ein Kriegserlebnis«. In: »Walter Flex. Gesammelte Werke«. 2 Bde. 4. erw. Aufl. Beck, München o. J. (1936).

Friedländer, Walter: »Jugendrecht und Jugendpflege. Handbuch des deutschen Jugendrechts«. Arbeiterjugend-Verlag, Berlin 1930.

Fröher, Lothar: »Der weite Weg. Die deutsche Jugendbewegung seit Ende des 19. Jahrhunderts«. Südmarkverlag, Heidenheim an der Brenz 1984.

Genthe, Arnold: »Deutsches Slang. Eine sammlung familiärer Ausdrücke und Redensarten«. Trübner, Straßburg 1892.

Gerber, Walter: »Zur Entstehungsgeschichte der deutschen Wandervogelbewegung. Ein kritischer Beitrag«. Gieseking, Bielefeld 1957.

Gillis, John: »Geschichte der Jugend. Tradition und Wandel im Verhältnis der Altersgruppen und Generationen in Europa von der zweiten Hälfte des 18. Jahrhunderts bis zur Gegenwart«. Beltz, Weinheim/Basel 1980.

Goethe, Johann Wolfgang von: »[Abschaffung der Duelle an der Universität Jena]« (ungedruckt, 1791/92). In: »Goethes Poetische Werke. Vollständige Ausgabe«. Bd. 10, Autobiographische Schriften 3. Teil. Cotta, Stuttgart 1954, S. 782–786.

Ders.: »Aus meinem Leben. Dichtung und Wahrheit. Zweyter Theil«. Cotta, Tübingen 1812 (Neudruck in: »Goethes Werke«. Hamburger Ausgabe in 14 Bänden herausgegeben von Erich Trunz, Bd. 9, Autobiographische Schriften 1. Wegner, Hamburg 1955).

Ders.: »Studenten Comment« (ungedruckt, 1788?). In: »Goethes Werke«. Herausgegeben im Auftrage der Großherzogin Sophie von Sachsen (Weimarer Ausgabe). Abt. 1, Bd. 42/2. Böhlau, Weimar 1907, S. 516 (Nachdruck in: Henne/Objartel 1984, Bd. 2, S. 313).

Ders.: »Wilhelm Meisters Wanderjahre oder die Entsagenden«. Cotta, Stuttgart / Tübingen 1821 (Neudruck in: »Goethes Werke«. Hamburger Ausgabe in 14 Bänden herausgegeben von Erich Trunz, Bd. 8, Romane und Novellen 3. Wegner, Hamburg 1955).

Goetz, Ruth: »Durch gute Lebensart zum Erfolg«. Hesse & Becker, Leipzig 1925.

Götze, Alfred: »Deutsche Studentensprache«. Verlag des Deutschen Sprachvereins, Berlin 1928 (Nachdruck in: Henne/Objartel 1984, Bd. 5, S. 417–434).Greif, Mark et al. (Hrsg.): »Hipster. Eine transatlantische Diskussion«. Edition Suhrkamp, Berlin 2012.

Heine, Heinrich: »Historisch-kritische Gesamtausgabe der Werke«. In Verbindung mit dem Heinrich-Heine-Institut herausgegeben von Manfred Windfuhr im Auftrag der Landeshauptstadt Düsseldorf (Düsseldorfer Heine-Ausgabe/DHA). Bd. 1–16. Hoffmann und Campe, Hamburg 1973–1997.

Ders.: »Säkularausgabe. Werke, Briefwechsel, Lebenszeugnisse«. Herausgegeben von den Nationalen Forschungs- und Gedenkstätten der klassischen deutschen Literatur in Weimar und dem Centre National de la Recherche Scientifique in Paris (Säkularausgabe). Akademie-Verlag et al., Berlin et al. 1970–.

Heine, Matthias: »Seit wann hat ›geil‹ nichts mehr mit Sex zu tun? 100 deutsche Wörter und ihre erstaunlichen Karrieren«. Hoffmann und Campe, Hamburg 2016.

Ders.: »Verbrannte Wörter. Wo wir noch reden wie die Nazis – und wo nicht«. Dudenverlag, Berlin 2019.

Heinemann, Margot: »Kleines Wörterbuch der Jugendsprache. Wörter, Wendungen, Texte«. 2. Aufl. Bibliographisches Institut, Leipzig 1990.

Henne, Helmut: »Jugend und ihre Sprache. Darstellung, Materialien, Kritik«. De Gruyter, Berlin / New York 1986.

Ders.: »Zur Sprache der Jugend im Wandervogel. Ein unbekanntes Kapitel deutscher Sprachgeschichte«. In: *Zeitschrift für germanistische Linguistik* 9/1 (1981), S. 20–33.

Henne, Helmut / Objartel, Georg (Hrsg.): »Bibliothek zur historischen deutschen Studenten- und Schülersprache«. 6 Bde. De Gruyter, Berlin / New York 1984.

Dies.: »Historische deutsche Studentensprache«. De Gruyter, Berlin / New York 1982.

Henscheid, Eckhard: »Dummdeutsch. Ein Wörterbuch«. Reclam, Stuttgart 1995.

Hesse, Hermann: »Gesammelte Werke in zwölf Bänden«. Suhrkamp, Frankfurt am Main 1987.

Hitler, Adolf: »Hitler. Reden und Proklamationen 1932–1945«. Kommentiert von einem deutschen Zeitgenossen (Max Domarus). 4 Bde. 4. Aufl. Pamminger & Partner, Leonberg 1988.

Horn, Elija: »Jugendbewegung und ›Indien‹: Zur Herausbildung eines jugendkulturellen Topos' um 1918«. In: De Vincenti, Andrea et al. (Hrsg.): »1918 in Bildung und Erziehung. Traditionen, Transitionen, Visionen«. Klinkhardt, Bad Heilbrunn 2020, S. 87–105.

Jäger, Siegfried: »Linke Wörter. Einige Bemerkungen zur Sprache der APO«. In: *Muttersprache* 80 (1970), S. 85–107.

Jahn, Friedrich Ludwig: »Bereicherung des Hochdeutschen Sprachschatzes versucht im Gebiethe der Sinnverwandtschaft, ein Nachtrag zu Adelung's und eine Nachlese zu Eberhard's Wörterbuch«. Böhme, Leipzig 1806.

Ders.: »Deutsches Volksthum«. Niemann, Lübeck 1810.

Ders.: »Neue Runen-Blätter«. Wild, Naumburg 1828 (Nachdruck in: »Friedrich Ludwig Jahns Werke«. Neu herausgegeben, mit einer Einleitung und mit erklärenden Anmerkungen versehen von Carl Euler. 2. Bd. 1. Hälfte. Lion, Hof 1886, S. 391–426).

Jahn, Friedrich Ludwig / Eiselen, Ernst Wilhelm Bernhard: »Die deutsche Turnkunst – zur Einrichtung der Turnplätze«. Selbstverlag, Berlin 1816.

Jarcke, Carl Ernst: »Carl Ludwig Sand und sein, an dem kaiserlich-russischen Staatsrath v. Kotzebue verübter Mord. Eine psychologisch-criminalistische Erörterung aus der Geschichte unserer Zeit«. Neue aus ungedr. Quellen verm. Bearbeitung. Dümmler, Berlin 1831.

Kästner, Erich: »Emil und die Detektive«. 5. Aufl. Atrium, Zürich 2020.

Kempowski, Walter: »Tadellöser & Wolff«. Goldmann, München 1980.

Kindleben, Christian Wilhelm: »Studenten-Lexicon«. Hendel, Halle 1781 (Nachdruck in: Henne/Objartel 1984, Bd. 2, S. 27–312).

Ders.: »Studentenlieder«. O. Verl., Halle 1781.

Kindt, Werner (Hrsg.): »Grundschriften der deutschen Jugendbewegung«. Diederichs, Düsseldorf/Köln 1963.

Klose, Werner: »Sprache der Aggression I: Hitlerjugend«. Textheft und Ergänzungsheft. Crüwell-Konkordia, Dortmund 1974.

Kluge, Friedrich: »Deutsche Studentensprache«. Trübner, Straßburg 1895 (Nachdruck in: Henne/Objartel 1984, Bd. 5, S. 93–236).

Kosel, Margret: »Gammler Beatniks Provos. Die schleichende Revolution«. Bärmeier & Nikel, Frankfurt 1967.

Küpper, Heinz: »Jugenddeutsch von A bis Z« (= Wörterbuch der deutschen Umgangssprache, Bd. 6). Claassen, Hamburg/Düsseldorf 1970.

Küpper, Marianne / Küpper, Heinz: »Schülerdeutsch«. Claassen, Hamburg/Düsseldorf 1972.

Lapp, Edgar: »›Jugendsprache‹. Sprechart und Sprachgeschichte seit 1945. Ein Literaturbericht«. In: *Sprache und Literatur in Wissenschaft und Unterricht* 20, Heft 63 (1989), S. 53–75.

Laqueur, Walter: »Die deutsche Jugendbewegung. Eine historische Studie«. Verlag Wissenschaft und Politik, Köln 1978 (Studienausgabe des erstmals 1962 erschienen Buches).

Laukhard, Friedrich Christian: »Leben und Schicksale«. 6 Bde. Michaelis & Bispink et al., Halle et al. 1792–1802 (Nachdruck der Ausgabe, 3 Bde. Zweitausendeins, Frankfurt am Main 1987).

Lehnert, Martin: »Anglo-Amerikanisches im Sprachgebrauch der DDR«. Akademie-Verlag, Berlin 1990.

Mann, Thomas: »Der Zauberberg« (= Thomas Mann. Große kommentierte Frankfurter Ausgabe. Werke, Briefe, Tagebücher, Bd. 5/1.). Fischer, Frankfurt am Main 2002.

Ders.: »Unordnung und frühes Leid«. In: »Thomas Mann. Gesammelte Werke in Einzelbänden«. Herausgegeben von Peter de Mendelssohn (Frankfurter Ausgabe). Späte Erzählungen. Fischer, Frankfurt am Main 1981.

Manthei, Erhard: »Die Sprache der Hitlerjugend«. In: *Jahrbuch der deutschen Sprache* 1 (1941), S. 184–190.

Marossek, Diana: »Kommst du Bahnhof oder hast du Auto? Warum wir reden, wie wir neuerdings reden«. Hanser Berlin, München 2016.

Massmann, Hans Ferdinand: »Kurze und wahrhaftige Beschreibung des großen Burschenfestes auf der Wartburg bei Eisenach am 18ten und 19ten des Siegesmonds 1817 (Nebst Reden und Liedern)«. O. Verl. (Frommann), o. O. (Jena) 1817.

Mehl, Erwin: »Jahn als Spracherzieher. Zum 200. Geburtstag des Turnvaters, geboren 11.08.1778 zu Lanz« (= Wiener Sprachblätter, Sonderheft 7 /»,Schriftenreihe des Vereines Muttersprache, Bd. 9). Verein Muttersprache, Wien 1978.

Meinhof, Ulrike Marie: »Bambule. Fürsorge – Sorge für wen?«. 4. Aufl. Wagenbach, Berlin 2002.

Melzer, Friso: »Die Breslauer Schülersprache«. In: *Mitteilungen der Schlesischen Gesellschaft für Volkskunde* 29 (1928), S. 331–399, und 31–32 (1931), S. 267–345 (Nachdruck in: Henne/Objartel 1984, Bd. 5, S. 435–582).

Mogge, Winfried: »›Ihr Wandervögel in der Luft ...‹. Fundstücke zur Wanderung eines romantischen Bildes und zur Selbstinszenierung einer Jugendbewegung«. Königshausen & Neumann, Würzburg 2009.

Müller-Thurau, Claus Peter: »Laß uns mal 'ne Schnecke angraben. Sprache und Sprüche der Jugendszene«. Econ-Verlag, Düsseldorf/Wien 1983.

Multibibus, Blasius (= Brathwaite, Richard): »Jus Potandi, Oder ZechRecht [...]«. O. Verl.,

o. O. (Leipzig) 1616 (Nachdruck der Ausgabe mit Nachwort von Michael Stolleis. Metzner, Frankfurt am Main 1982).

Neuland, Eva: »Jugendsprache. Eine Einführung«. Francke, Tübingen/Basel 2008.

Dies.: »Jugendsprachen als Indikatoren der Zeitgeschichte. Sprach- und kulturgeschichtliche Betrachtungen zu deutschen Jugendsprachen nach 1945«. In: Wengeler Martin (Hrsg.): »Deutsche Sprachgeschichte nach 1945. Diskurs- und kulturgeschichtliche Perspektiven. Beiträge zu einer Tagung Anlässlich der Emeritierung Georg Stötzels«. Olms, Hildesheim et al. 2003, S. 139–160.

Dies.: »Spiegelungen und Gegenspiegelungen. Anregungen für eine zukünftige Jugendsprachforschung«. In: *Zeitschrift für Germanistische Linguistik* 15 (1987), S. 58–82.

Novalis (= Friedrich Freiherr von Hardenberg): »Blüthenstaub«. In: *Athenaeum* 1 (1798), S. 70–106.

Objartel, Georg: »Sprache und Lebensform deutscher Studenten im 18. und 19. Jahrhundert. Aufsätze und Dokumente«. De Gruyter, Berlin/Boston 2016.

Oelbermann, Karl / Tetzlaff, Walter (Hrsg.): »Heijo der Fahrwind weht. Lieder der Nerother«. Wolff, Plauen im Vogtland 1933.

Ortner, Lorelies: »Wortschatz der Pop-/Rockmusik. Das Vokabular der Beiträge über Pop-/Rockmusik« (= Sprache der Gegenwart, Bd. 53). Schwann-Bagel, Düsseldorf 1982.

Paetel, Karl Otto (Hrsg.): »Beat. Eine Anthologie«. Rowohlt, Reinbek bei Hamburg 1962.

Polenz, Wilhelm von: »Der Büttnerbauer«. Fontane, Berlin 1895.

Prokax, Lizentius (= Pseudonym): »Beitrag zu des Herrn Robert Salmasius Wörterbuche der akademischen Kunstwörter [...]«. In: *Der Vergnügten Abendstunden Zweyter Teil* 44 (1749), S. 353–357, und 45 (1749), S. 361–365 (Nachdruck in: Henne/Objartel 1984, Bd. 2, S. 16–25).

Ragotzky, Carl Albert Constantin von: »Der flotte Bursch oder Neueste durchaus vollständige Sammlung von sämmtlichen jetzt gebräuchlichen burschicosen Redensarten und Wörtern [...]«. Rauck, Leipzig 1831 (Nachdruck in: Henne/Objartel 1984, Bd. 3, S. 191–304).

Rehfeldt, Martin: »Zwischen Booklet und historisch-kritischer Ausgabe. Zur Edition von Liedtexten«, in: Ammon, Frieder von / Petersdorff, Dirk von (Hrsg.): »Lyrik/Lyrics. Songtexte als Gegenstand der Literaturwissenschaft«. Wallstein, Göttingen 2019, S. 93–130.

Reimann, Hans: »Vergnügliches Handbuch der Deutschen Sprache«. Kiepenheuer, Berlin 1931.

Röhrich, Lutz: »Lexikon der sprichwörtlichen Redensarten«. 5 Bde. Herder, Freiburg et al. 1994.

Roquette, Otto: »Waldmeisters Brautfahrt. Ein Rhein- Wein- und Wandermärchen«. Cotta, Stuttgart /Tübingen 1851.

Sachs, Hans: »Hans Sachsens Dramen« (= Hans Sachsens ausgewählte Werke. Herausgegeben von Paul Merker und Reinhard Buchwald, Bd. 2). Insel-Verlag, Leipzig 1924.

Salmasius, Robert: »Kompendiöses Handlexikon der unter den Herren Purschen auf Universitäten gebräuchlichsten Kunstwörter [...]«. In: *Der Vergnügten Abendstunden Zweyter Teil* 8 (1749), S. 65–72, und 9 (1749), S. 73–79 (Nachdruck in: Henne/Objartel 1984, Bd. 2, S. 1–15).

Salzmann, Christian Gotthilf: »Carl von Carlsberg oder über das menschliche Elend«. 6. Bde. Crusius, Leipzig 1783–1788.

Schaeffler, Julius: »Der lachende Volksmund. Scherz und Humor in unseren Sprichwörtern, Wörtern und Redensarten«. Dümmler, Bonn 1931.

Schelsky, Helmut: »Einsamkeit und Freiheit. Idee und Gestalt der deutschen Universität und ihrer Reformen«. Rowohlt, Reinbek bei Hamburg 1963.

Schiller, Friedrich: »Sämtliche Werke«. 5. Bde. Hanser, München 1962.

Schoch, Johan Georg: »Comoedia vom Studenten-Leben«. Wittigau, Leipzig 1658 (Nachdruck der Ausgabe mit Einleitung und Erläuterungen nach der Ausgabe von 1658 neu herausgegeben von Wilhelm Fabricius. Seitz & Schauer, München 1892).

Schwilk, Heimo: »Ernst Jünger. Leben und Werk in Bildern und Texten«. Klett-Cotta, Stuttgart 1988.

Smolka, Karl: »Gutes Benehmen von A–Z. Alphabetisch betrachtet«. Verlag Neues Leben, Berlin 1957 (Nachdruck in: Zillig, Werner (Hrsg.): »Gutes Benehmen: Anstandsbücher von Knigge bis heute«. Directmedia Publishing, Berlin 2004).

Stave, Joachim: »Wie die Leute reden. Betrachtungen über 15 Jahre Deutsch in der Bundesrepublik«. Heliand-Verlag, Lüneburg 1964.

Steinhäuser, Karl: »Die Muttersprache im Munde des Breslauer höheren Schülers und ihre Läuterung im deutschen Unterricht« (= Wissenschaftliche Beilage zum Jahresbericht der evang. Realschule I.). Breslauer Genossenschafts-Buchdruckerei, Breslau 1906 (Nachdruck in: Henne/Objartel 1984, Bd. 5, S. 237–260).

Strassner, Ernst: »Zur Sprache der Wandervögel 1890 bis 1923«. In: *Neuphilologische Mitteilungen* 108,2 (2007), S. 399–421.

Strauss, Johann: »Die Fledermaus. Operette in drei Aufzügen«. Reclam, Stuttgart 1976.

Tucholsky, Kurt (als Wrobel, Ignaz): »Unterwegs 1915«. In: *Die Schaubühne* 13/2 (1917), S. 209–214 (Nachdruck in: »Kurt Tucholsky. Gesammelte Werke«. Herausgegeben von Mary Gerold-Tucholsky und Fritz J. Raddatz. Bd 1: 1907–1918. Rowohlt, Reinbek bei Hamburg 1975, S. 274–280).

Wallis, Daniel Ludwig: »Gebräuchlichste Ausdrücke und Redensarten der Studenten«. In: Ders.: »Der Göttinger Student. Oder Bemerkungen, Rathschläge und Belehrungen über Göttingen und das Studenten-Leben auf der Georgia Augusta«. Vandenhoeck & Ruprecht, Göttingen 1813, S. 140–181 (Nachdruck in: Henne/Objartel 1984, Bd. 3, S. 46–96).

Walser, Martin: »Werke in zwölf Bänden«. Herausgegeben von Helmuth Kiesel unter Mitwirkung von Frank Barsch. Suhrkamp, Frankfurt am Main 1997.

Wawrzyniak, Lisa / Keiner, Reinhold: »Zur Sache, Schätzchen. Die klassische Komödie des ›Jungen Deutschen Films‹«. MEDIA Net, Kassel 2011.

Wehler, Hans-Ulrich: »Vom Feudalismus des Alten Reiches bis zur defensiven Modernisierung der Reformära 1700–1815« (= Deutsche Gesellschaftsgeschichte, Bd. 1). 3. Aufl. Beck, München 1996.

Welter, Ernst Günther: »Die Sprache der Teenager und Twens« (= Schriftenreihe zur Jugendnot, Bd. 5). Dipa-Verlag, Frankfurt am Main 1961.

Werber, Niels: »Kleists ›Sendung des Dritten Reichs‹. Zur Rezeption von Heinrich von Kleists ›Hermannsschlacht‹ im Nationalsozialismus«. In: *Kleist-Jahrbuch* (2006), S. 157–170.

Wiese, Heike: »Kiezdeutsch. Ein neuer Dialekt entsteht«. 2., durchges. Ausg. Beck, München 2012.

Wilder, Billie: »Emil und die Detektive. Drehbuch von Billie Wilder frei nach dem Roman von Erich Kästner zu Gerhard Lamprechts Film von 1931«. Mit einem einführenden Essay von Helga Schütz und Materialien zum Film von Gabriele Jatho. edition text + kritik, München 1998.

Wispler, Leo: »Spiel im Sommerwind«. Köhler, Hamburg 1937.

Zachariä, Justus Friedrich Wilhelm: »Der Renommiste. Ein komisches Heldengedichte«. In: *Belustigungen des Verstandes und des Witzes* 6 (Januar–Juni 1744), S. 47–56, 172–186, 244–262, 338–356, 428–446 und 525–543 (Nachdruck unter dem Titel »Der Renommist. Ein scherzhaftes Heldengedicht« herausgegeben, mit Nachwort und Anmerkungen versehen von Detlef Ignasiak. Insel-Verlag, Leipzig 1989).

Ziesche, Alf: »Alf Zschiesche 1908–1992. Zeugnisse seines Schaffens«. Herausgegeben von Kurt Heerklotz und dem Weinbacher Wandervogel. Selbstverlag, Klein-Weinbach 1994.

Zimmermann, Theo: »Der praktische Rechtsberater«. Bertelsmann, Gütersloh 1957.

Alle Jugendwörter von A bis Z

A

abchecken 207
abfahren, auf etwas 217, 227
Abfuhr 49
abgebrannt 44, 49
abgebrüht 170
abgefahren 209
abgehoben 207
Abi 133
Abi (Anrede) 243
abknöpfen 46, 49
abkochen 97
abmurksen 49
abtörnen 217
achtmotorige Wildsau 157
affengeil 217, 227
affenstark 227
Ägypten? 228
Alte 177, 187
Alter! 237
andocken 234
angraben 219
Ankratz 174
Ansage mir frisch! 148
Anschiss 49, 56
Anschleiche 174
Anschmeiße 174
antiautoritär 197 f.
antörnen 217, 227
Apparat 171
Arsch auf Grundeis 189
arschweinlich 133
astrein 204
Athletenschlabber 146
aufgedonnert 49
aufgeilen 217
aufgekratzt 49
aufreißen 177
ausflippen 199, 201, 227
 ausgeflippt 200 f.
ausrasten 227
austesten 217

B

Babo 240, 243
Bachant 102
Backfisch-Aquarium 172
Badewanne 156, 173
Bambule 201
baribus 61
barmherzige Schwestern 14
Baserape 245
beat 161
Beatniks 161, 163, 168, 184
Bediene 174
bemoostes Haupt 43
berappen 49
Berliner 171
betroffen 208 ff.
Beziehungskiste 208
BFF 244
Biene 171, 177, 192
bier- 49
Biereifer 134
bierernst 49
Bill 85, 90, 94
Bitch 233
Blamage 49, 68, 70
blechen 49, 51, 73
Blocker 171
blockhitten 245
Bluejeans 173 f.
Blueser 229
Blueskunden 183
Bock haben 157, 227
bocklos 157
Bombe 171
bongen 227
Bonjwa 245
Brander 43
brav 33
Brüllaffe 146
Bude 49, 134
büffeln 53
Bulle 189

bummeln 49
burnen 233
Burner 233
Bursche 15, 22, 27, 32, 39 ff., 102
burschikos 50, 63
Bürste 171
Butze 146

C
Chabo 243
Chauvi 222
chillen 234
Chobo 245
clean 163
clever 224
Club 234
cold turkey 163
Conny-Pullover 155
Controlletti 211
cool 44, 138, 164, 170, 216, 231, 237, 246

D
dämmern 55
Dealer 160 f.
deponieren 41
Deposition 41, 45
Digga 248, 249
Direx 133
Disco 204
dissen 233
doof 140
Drahtkasten 173
Drahtkommode 173
draufhaben, etwas 217
drauf sein 217
Drüsenschau 171
Du Ei 147
Du Friesel! 144
dufte 11, 140, 158 f., 171, 177, 179 ff., 192, 236 f.
dufte Kante 171
Du Knülch! 144
Du Kürbis 147
Dumpfbacke 192
Durchblick 208
durchbrennen 49

durchhängen 217
durchknallen 199, 200
    durchgeknallt 199, 200
Du Staatsprothese! 144

E
echt 209, 227
Ehre 243
Ehrenmann 243
Ei 140
ein Rad abhaben 227
elefantös 142
en canaille besoffen 70
Endgegner 245
endgeil 217
Entenschwanzfrisur 155
Esels 48, 141
Eule 171
Ex! 60
Exis 12, 155 f., 176, 193, 215
Existenzialisten 155, 176

F
Fähnleinjude 146
Fahrgestell 171
Fahrtenmesser 126 f., 186
famos 49
faschistoid 196
Fass 157
Fassaden-Picasso 172
Fass aufmachen 170
Fechtier 69
feiern 203
fein 139
feiner Kerl 139
Fete 157, 203, 227
fetzen 203, 227
fetzig 203
Fez 140
fidel 49, 64
Fidibus 64
Finken 20, 68
fix und foxi 228
Flamme 171
Flash 218
Flegels 48, 141

Florbesen 14
flötengehen 49
flott machen 177
fly sein 247
foppen 49, 73
Franz 133
Freak 216
Fressalie 50, 60
Freundus 61
frevelhaft 144
Frust 208
frusten 208
Füchse 34 f., 40 ff., 99
Führer 101
fummeln 191
funky 163
Fuzzi 212

G

gamen 244
Gammelfleischparty 178
gammeln 154, 187
Gammler 182, 184, 223
Gau 91, 95 f., 100 f., 127
gay boy 163
Geeks 234
geflasht 218
Gefräßkuhle 146
gefrustet 208
Geige 171
geil 44, 138, 209, 211, 216, 217, 237, 246
Geldknecht 146
genieren 56
geschafft sein 158
Gewitterziege 157
Gichtstengel 156, 173
Giftzettel 202 f.
Gnoten 14
Godmode 245
Gorilla 157
Gosu 245
Gothics 215
gr8 145
Gras 163
Greis 135, 229

grooven 163
Gruftis 215
Gurke 157
Guru 125 f.
gut dem Dinge 148

H

haarig 140
Hahn 171
halbes Hemd 171
Halbstarke 12, 153, 155, 193
Happening 196
happy 224
Hasch 187
Haupthähne 80, 84 f.
Häuptling 99
Haushahn 41
Hayvan 240
Heil 100 f., 127
Heinzi 220
Herzliches Beinkleid! 133
Heuler 157
Hi! 204
high 204
hinterfragen 196
hip 164 f., 168
Hippie 168, 215
Hipster 163 ff., 169
Hirsch 171
Homie 233
Honk 246
Hood 233
Hoodie 233
Hools 231
Horde 99
Horst 246
Hospiz 35 f.
Hot 150, 154
Hotkoffer 150
hotten 150, 154
Hugo 187
Hundehütte 156, 173
Hurensohn 243
hutschen 34

I

Illusionsbunker 172
IMHO 244
inlinen 231
irgendwie 208
Ische 157, 171

J

Jeans 173
Joint 163, 228
Jubelrohr 173
Juchhe 146
Julmond 85, 88
Jungens 48
Junkie 163
Justaf 145
Juxier 69
jwd 133

K

Kanake 246
Kanne 156, 173
Kanone, unter aller 49
Kantaper, kantaper! 144
kantapern 145, 147
Kantapershausen 144
Kappa 245
Kater 51
Käthe 227
Kattunbesen 14
Keine Panik! 211
Kerls 48, 141
Kerlus 61
Kick 163
Kies 51
kiffen 188
Kiste 136, 139
Klampfe 114, 119 f., 237 ·
Klappe 140
kleben 140
klemmen 55, 140
klieren 140
Klimperkasten 173
Klos 31
Kloß 68
Kluft 101, 237

Knallkopp 146
Kneipe 49
Kneipier 69
Kniff 74
Knochenschleifen 142
knopfmachen 64, 67
knorke 11, 140, 180, 193
Koffer 202
kolossal 138, 237
kolossiv 139, 144, 147
Konifere 134
konsilieren 79
Koreapeitsche 171
krass 12, 37, 43 f., 49, 138, 157, 183, 237 f.
Krassität 43 f.
Krücke 171
Kulturbonze 146
Kümmeltürke 74 ff.
Kumpels 170, 177, 237
Kunde 140, 183, 229

L

Laden 140
landen können 177
Lappalie 50, 60
lässig 157
Lauch 243
läuft 170
Läuft bei dir 170
Leichenzehrer 133
Leutschers 227
Linkus 61
logo 227
LOL 145, 244
losfangen 133
Luftikus 59 ff.
Lulle 187, 204
Lusche 171

M

mächtig 158, 225
Macker 171
Mädel(s) 141
Mammonanbeter 146
Manichäer 34, 51
Mecke 227

mega 246
mein lieber Scholli 140
Milchzahn 171
mogeln 37, 49, 71, 74
Moneten 60
Moos 51
mords- 157
mucken 134
Mukker 31
Musensohn 41, 42
Muttergulden *siehe* Mutterpfennig
Mutterkalb 41
Mutterpfennig 41, 43

N

Negerschweiß 140, 142, 143
Nerds 234
Noob 245
null Ahnung 219
null Bock 219, 227
Nullchecker 219
Nymphen 14

O

Oberbachant 101
ochsen 53
Old-hit-Boy 150
Opfer 41
Osterhäschen 142

P

Pachant *siehe* Bachant
Pachantey 102
paffen 49
Parka 188, 230
Party machen 203
patent 56, 102
pauken 128
Pauker 127, 128
Pech 55
Pedant 32
Pennal 41
Pennäler 130
Penne 129
periren 34
pesen 140

Petimäter 32, 68, 69
Petze 130
petzen 49, 130
Pfanne 156, 173
Pfiff 74
Pfiffikus 60 f., 74
Pflaume 140, 157
pfundig 151, 157
Philister 14, 20, 43, 47, 51, 74, 76 f., 85
philiströs 70
piercen 233
Pimpf 140
pomadig 49
poppen 235
posten 234
poussieren 68, 70
prellen 30, 34, 41
Prelus 187
prepeln 146
prima 11, 151 f., 158, 236
primig 151
primstens 151
Profax 80
Proll 175
Prolo 175
proximativ 143
proximiert 144
Pudel 21 f., 80
pudern 178
Puff 64, 67
pumpen 232
pumpen, sich etwas 51, 73
  anpumpen 44, 51
Pumpier 69
Punker 216
  Punks 216, 231
Puppe 177
Pursche *siehe* Bursche

Q

Qualmtopp 146

R

Rabschnabel 41
Räckel 41
Rand 15

Randale 14, 15, 202
Randaleur 15
randalieren 15
Randalist 15
Ratzefummel 150
Renommist 18, 27, 40
Respawn 245
ROFL 244
Röhren 173
rumdrucksen 102
rumhängen 217

S

Säge 171
Sanitöter 146
sans Spieß 70
Sargnagel 130
sau- 49
sauer 225
saukalt 49
Sauklaue 140
Schaf 145
Schalltüte 146
Schanzier 69
schau 174, 176, 225
Schau 176, 179
schauderös 50, 70
Scheibenhonig 158
scheiße 197
Scheiße bauen 188
Scheiße mit reiße 148
Scheitelschoner 172
Scherenschleifer 41
Schieber 146
Schießbude 156
schießen 55
Schindhol 41
schlaff 191
Schlaffi 192
Schlamassel 49
Schlot 136
Schmöker 49
Schmu machen 74
schnallen, etwas 150
schnatzig 157

Schnurrbärte 14, 21 f., 80
Schnurren 80
schnurz 46 f.
schnurzegal 47
schofel 71, 74
Schwachmatikus 61
Schwanz 53
schwänzen 51 ff., 73
Schwitzkasten 140
Schwof 49
schwoofen 203
schwul 50
Schwulitäten 50, 59, 61
scratchen 233
sich einbringen 207
Siegesmond 87, 88
simsen 234
Sit-In 196
Skandal 49
skaten 231
Sneaker 233
Softies 208, 210
softy 224
spendabel 60
spicken 140
Spickzettel 141
spitze 157
Spontis 205 ff.
Spulwurm 41
Stall 146
Stammzahn 171
Stapler 171
Star 171
Staubbesen 14
stehen, auf etwas 157, 170
steiler Zahn 171
Stenz 177
stenzen 154
Sticks 174
Stoff 228
stoned 163
Stoßzahn 171
Streber 141
Stück mal 'n Rück 134
studentikos 63

Stullendampfer 146
Suite 57 ff.
Suitier 57 f., 69
sunnig 144
superrafitechnisch 157
surfen 234
Swag 244
Swing-Girl 150
Swingheinis 147
Swings 147

T

tadellos 140, 148
taff 154
Tangojüngling 149
Tatterich 49
Tattoo 232
Teach-In 196
Teds 215
Thing 102
Thusnelda 221
tierisch 209, 211
tippeln 112, 116
titschern 141
Tolle 149 f.
trampen 184
Tramper 184, 228 f.
Transuse 130
Traute 141
Treffer 55
Trip 204
trübe Tasse 157, 171
Tumult 14, 15
turbogeil 217
turnen 85, 90
Tussi 220, 222 f., 227

U

Ulk 49
umfunktionieren 196
uncool 216, 238
Uni 133
unterwandern 196
Üppikus 61
urst 174, 225 f.
uzen 141

V

verdonnern 49
verduften 49
verklickern 227
verknallen 49
Verlade 174
Verschiss 56
verzapfen 141
Vollpfosten 246
VSCO Girl 249

W

Wandervogel 104, 127
Wasserstoffhexe 146
Wessis 222
Wetzen 34
WG 206
Wichsier 69
Wonne 157
Wucht 157
Wuchtbrumme 171
wuchtig 157
Wuhling 227
Würg! 214
Wurst 46, 49
Wurzel 156, 173

Y

Yalla! 240
YOLO 244

Z

Zahn *siehe* auch steiler Zahn, Stammzahn, Milchzahn
zatzig 148
Zentralschaffe 171, 174, 180
zergen 245
Zicke 171
Zickendraht 171
Zivi 222
Zotier 69
zum Bleistift 133
Zupfgeige 112, 114

Personenregister

Adelung, Johann Christoph 92 f.
Adorno, Theodor W. 194
Albertus Magnus 71
Al Bundy 192
Allen, Woody 179
Augustin, C. F. B. 42 f., 55
Baader, Andreas 194
Bahrdt, Karl Friedrich 37, 65
Baumann, Bommi 194, 218
Baum, Vicki 47
Beatles 175
Benjamin, Walter 112
Börne, Ludwig 82 f., 96
Brandt, Rainer 177
Brathwaite, Richard 36
Brecht, Bertolt 120, 123
Breuer, Hans 114
Buchholz, Horst 158
Bürger, Gottfried August 141
Calloway, Cab 165
Döblin, Alfred 180, 189
Duden, Konrad 69
Eichendorff, Joseph von 89, 104
Engel, Johann Jakob 21, 30
Enke, Werner 190
Feuerstein, Herbert 214, 215
Fichte, Johann Gottlieb 24 ff.
Fischart, Johann 60
Fischer, Karl 100 ff.
Fischer, W. G. 37
Fuchs, Erika 50
George, Stefan 122
Gillespie, Dizzy 167
Goethe, Johann Wolfgang von 10, 28 f., 32 f., 49, 54 ff., 62, 64, 70, 78, 92, 243
Haftbefehl 243
Heine, Heinrich 53, 64, 70, 74 ff., 82 ff., 88, 95
Hesse, Hermann 113, 123
Hoffmann, Hermann 98 ff., 114
Humboldt, Wilhelm von 24
Jahn, Friedrich Ludwig 11, 81, 83, 85 ff.
Juncker, Jean-Claude 46
Jünger, Ernst 113
Kästner, Erich 11, 40, 138 ff.
Kempowski, Walter 148
Kerouac, Jack 161, 188
Kindleben, Christian Wilhelm 27, 37 ff., 45, 50, 61, 76, 128
Kisch, Egon Erwin 180
Kleist, Heinrich von 220
Kotzebue, August von 86 f.
Laukhard, Friedrich Christian 37, 48, 64 ff., 70, 78, 81, 89
Lindenberg, Udo 210 ff., 237
Luther, Martin 12, 17 f., 33 f., 52, 61
Mailer, Norman 161, 167
Mann, Thomas 49, 57 f., 131, 134 ff., 229
Marcuse, Herbert 194
McCartney, Paul 176
Meinhof, Ulrike 181, 201
Melanchthon, Philipp 17, 61
Money Boy 244
Novalis 77 f.
Plenzdorf, Ulrich 228
Sachs, Hans 72
Salmasius, Robert 30 ff., 45, 69, 80
Sand, Karl Ludwig 89, 97
Schiller, Friedrich 48 f., 56, 62 ff., 70, 71, 78, 92, 111, 141, 243
Schlegel, August Wilhelm 77 f., 89
Schlegel, Friedrich 77
Schleiermacher, Friedrich 25 f.
Schneider, Rolf 228
Shakespeare, William 19, 225
Stieler, Kaspar 52, 73
Strauss, Johann 57
Tagore, Rabindranath 125
Tucholsky, Kurt 140, 180
Villon, François 16
Waalkes, Otto 212, 228
Walser, Martin 221
Wilder, Billy 138 ff.
Wyneken, Gustav 106, 108, 111
Zachariä, Justus Friedrich Wilhelm 28, 35, 40
Zschiesche, Alfred 118, 120, 125

© Duden 2021   D C B A
Bibliographisches Institut GmbH,
Mecklenburgische Straße 53, 14197 Berlin

Redaktion Juliane von Laffert
Herstellung Alfred Trinnes
Layout Schimmelpenninck.Gestaltung, Berlin
Satz L101 Mediengestaltung, Fürstenwalde
Umschlagabbildung Hintergrund: © John Smith/stock.adobe.com
Graffiti: © johnjohnson/123RF.com
Umschlaggestaltung sauerhöfer design, Neustadt
Druck und Bindung CPI books GmbH, Birkstraße 10, 25917 Leck

Printed in Germany
ISBN 978-3-411-75448-9
Auch als E-Book erhältlich unter: ISBN 978-3-411-91311-4
www.duden.de

PEFC zertifiziert
Dieses Produkt stammt aus nachhaltig
bewirtschafteten Wäldern und kontrollierten
Quellen.
www.pefc.de